教育部人文社会科学研究青年基金项目
（"双碳"目标下中国能源安全统计测度及其经济效应研究，22YJC910014）
阶段性成果

# 资源依赖视角下环境规制对
# 中国绿色经济增长的影响研究

ZIYUAN YILAI SHIJIAOXIA HUANJING GUIZHI DUI
ZHONGGUO LÜSE JINGJI ZENGZHANG DE YINGXIANG YANJIU

赵 鑫 ◎著

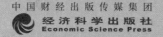

中国财经出版传媒集团
经济科学出版社
Economic Science Press

图书在版编目（CIP）数据

资源依赖视角下环境规制对中国绿色经济增长的影响
研究/赵鑫著. —北京：经济科学出版社，2022.8
ISBN 978 - 7 - 5218 - 3839 - 8

Ⅰ. ①资…　Ⅱ. ①赵…　Ⅲ. ①环境规划 - 影响 - 中国
经济 - 绿色经济 - 经济增长 - 研究　Ⅳ. ①F124.5

中国版本图书馆 CIP 数据核字（2022）第 119486 号

责任编辑：李　雪
责任校对：郑淑艳
责任印制：邱　天

资源依赖视角下环境规制对中国绿色经济增长的影响研究
赵　鑫　著
经济科学出版社出版、发行　新华书店经销
社址：北京市海淀区阜成路甲 28 号　邮编：100142
总编部电话：010 - 88191217　发行部电话：010 - 88191522
网址：www. esp. com. cn
电子邮箱：esp@ esp. com. cn
天猫网店：经济科学出版社旗舰店
网址：http://jjkxcbs. tmall. com
固安华明印业有限公司印装
710 × 1000　16 开　16.5 印张　260000 字
2022 年 8 月第 1 版　2022 年 8 月第 1 次印刷
ISBN 978 - 7 - 5218 - 3839 - 8　定价：82.00 元
（图书出现印装问题，本社负责调换。电话：010 - 88191510）
（版权所有　侵权必究　打击盗版　举报热线：010 - 88191661
QQ：2242791300　营销中心电话：010 - 88191537
电子邮箱：dbts@ esp. com. cn）

# 前　言

当前，中国环境问题突出，生态系统恶化的趋势尚未得到彻底扭转，生态文明建设存在巨大挑战。以资源枯竭、能源无序利用、气候变暖和雾霾污染等为特征的环境问题频发，粗放型的发展模式难以为继。尽管近年来环境规制力度不断增强，但传统大气污染物如 $SO_2$ 和 $NO_x$ 等在全球范围内仍位居高位。同时也应注意到，虽然中国拥有种类和总量丰富的自然资源，表现出的基本情况却不容乐观——人均占有量低、开发利用效率低下、资源消耗不可持续。因此，如何有效发挥环境规制应对环境污染的功效，同时合理利用自然资源禀赋以实现资源优化配置，最终促进经济绿色增长，是中国经济社会发展过程中亟待解决的一项重要课题。

本书围绕中国城市环境规制、资源依赖与绿色经济增长的关系展开研究。首先，在对三个主要研究对象的内涵予以界定的基础上，构建地级市层面绿色经济增长评价指标体系，提出改进的 DEA 方法——Metafrontier – Global – SBM（Slack-based Measure）超效率模型对中国 286 个城市绿色经济绩效

（GEPI）和绿色经济增长率（GEGI）及其分解项进行测度，利用改进模糊综合评价方法测算环境规制综合指数，并筛选资源依赖指标；其次，构建面板数据回归模型和遴选空间计量模型，检验环境规制对绿色经济增长的非线性影响的假说 1 和空间溢出及反馈效应的假说 2；最后，从资源依赖视角深入挖掘环境规制对绿色经济增长的作用机制，对"环境规制→资源依赖→绿色经济增长"中介传导机制的假说 3 进行验证，并进一步系统讨论了"环境规制→资源依赖→八个传导变量→绿色经济增长"的两步传导机制的假说 4。本研究尝试从环境规制、资源依赖和绿色经济增长的理论分析和实证检验层面，寻求环境规制破解我国城市绿色经济增长陷入"资源诅咒"局面的新思路。

本书得到如下主要结论：

（1）从 286 个城市环境规制综合指数的格局分布演变看，研究期间呈逐年上升趋势，且东部沿海地区普遍高于其他区域。从 GEPI 测算结果看，区域层面上，西部地区表现最佳，东部次之，中部最末；城市类型上，资源型城市略高于非资源型城市；省份层面上，上海和广东等地领先，重庆和青海较低；从地级市格局分布趋势演变看，GEPI 随时间推移大幅提高，且东北和东部沿海地区提升最明显。基于 Metafrontier - Malmquist 指数及其分解技术，将 GEGI 分解为群组内各城市对当期技术前沿面的"追赶效应"（EC）、"创新效应"（BPC）以及相对于全局前沿面的"技术领导者转移效应"（TGC），结果发现，我国城市绿色经济增长的主要驱动因素由 BPC 增长引起，表现出群组内各城市的"创新效应"；EC 同样为促进作用，反映群组内各城市对当期技术前沿面的"追赶效应"；而 TGC 不利于 GEGI 提高，即相对于全局前沿面的"技术领导者转移效应"未发挥应有的作用。

（2）我国城市环境规制对绿色经济增长存在 U 型非线性影响的假说 1 成立，即较弱的环境规制抑制绿色经济增长，超过一定阈值则变为促进作用；城市类型异质性研究发现，资源型城市相比非资源型城市更早达到 U 型曲线的极值点，即随着环境规制强度的增加，资源型城市环境规制政策更可能对绿色经济增长产生积极影响。

（3）总体和资源型城市样本存在非空间面板回归系数弹性被高估

的问题，且直接效应中存在反馈效应。结论显示总体样本环境规制一次项和二次项对绿色经济增长的溢出效应均为直接效应的 3.2 倍；环境规制一次项对绿色经济增长的反馈效应是直接效应的 1.67%，其二次项的反馈效应是直接效应的 1.62%，验证了假说 2。同时，假说 1 在空间计量模型中也成立。

（4）资源依赖在环境规制对绿色经济增长的影响中承担中介作用，即"环境规制→资源依赖→绿色经济增长"的传导机制成立，验证了假说 3。城市类型异质性检验表明，资源依赖对资源型城市表现出"资源诅咒"效应，而在非资源型城市表现为"资源福音"效应。

（5）通过将产业结构高级化、产业结构合理化、政府制度质量、对外开放、人力资本、科技创新、制造业发展和物质资本八个指标纳入分析框架，检验了两步传导机制"环境规制→资源依赖→八个传导变量→绿色经济增长"的假说 4，表明不同因素在环境规制、资源依赖和绿色经济增长关系中的作用不尽相同，且异质性检验结果也表现出差异性。

本书的创新之处有如下三点：一是对于绿色经济增长的测度方法，利用 SBM 模型与 Metafrontier 技术考虑非期望产出和技术集合异质性的优势，同时考虑全局参比的方法构建一个新的前沿面作为统一基准进行测算。二是将考察中国城市单一维度的经济增长问题提升到绿色经济增长层面，在考察绿色经济绩效的同时，从绿色经济增长率及其分解项的角度剖析其内在驱动因素。三是从资源依赖视角出发，将环境规制、资源依赖与绿色经济增长纳入统一的分析框架，并划分资源型与非资源型城市类型研究"资源诅咒"或"资源福音"效应传导机制的异质性。

本书在撰写过程中，得到安徽财经大学宋马林教授，合肥工业大学商玉萍博士，福建师范大学马晓伟博士、王江泉博士，安徽大学汪宸博士等的指导和帮助。同时，参考了国内外学者的研究成果，在他们的基础上加以继承并有所创新，在此向他们表示真挚的感谢！

在出版之际，我更加认识到，要想深入贯彻新发展理念，走好生态优先、绿色低碳发展道路，推动经济社会发展全面绿色转型，必须立足我国资源禀赋，在经济发展中促进绿色转型、在绿色转型中实现更大发展。由于笔者水平有限，书中难免有疏漏之处，恳请各位读者和同行专家批评指正，以便在后续研究中日臻完善。

2022 年 8 月

# 目录
CONTENTS

# 第一章

# 绪　　论

## 第一节　选题背景与意义

### 一、选题背景

随着改革开放四十多年来经济的高速增长，我国粗放型的经济发展模式产生了严重的资源和环境问题，自然资源耗竭和生态环境破坏逐渐成为中国经济增长的严重制约因素（陈诗一，2012）。人们普遍意识到经济增长不能以牺牲环境为代价，绿色发展成为整个社会的共同诉求。党的十八大以来，以习近平同志为核心的党中央把生态文明建设摆在更为突出的位置，以前所未有的决心和力度推进生态文明建设，要通过建设美丽中国实现中华民族的永续发展。在党的十九大报告中，习近平总书记将保护生态环境提升到建设生态文明和美丽中国的高度，指出："建设生态文明是中华民族永续发展的千年大计，必须树立和践行绿水青山就是金山银山的理念，坚持节约资源和保护环境的基本国策，统筹山水林田湖草系统治理，实行最严格的生态环境保护制度，形成绿色发展方式和生活方式，坚定走生产发展、生活富裕、生态良好的文明发展道路，建设美丽中国，为人民创造良好生产生活环境，为全球生态安全做出贡献"[1]。2018 年 3 月，国务院组建自然资源部，整合了国土资源

---

[1]　习近平. 决胜全面建成小康社会，夺取新时代中国特色社会主义伟大胜利——在中国共产党第十九次全国代表大会上的报告［R］. 2017.

部、国家发展和改革委员会、住房和城乡建设部、水利部、国家林业局、农业部、国家海洋局和国家测绘地理信息局与自然资源管理相关的职责，形成了统一的自然资源管理部门，为我国生态文明建设和绿色发展提供了重要的机构保障。2019 年 3 月 5 日，在第十三届全国人民代表大会第二次会议上，李克强总理在政府工作报告中专门指出，"绿色发展是构建现代化经济体系的必然要求，是解决污染问题的根本之策。要改革完善相关制度，协同推动高质量发展与生态环境保护"①。在 2020 年 10 月举行的十九届五中全会上，习近平总书记对"十四五"时期我国经济社会发展提出了 6 个方面的主要目标，其中就包含生态文明建设的新目标，要达到"生态文明建设实现新进步，生产生活方式绿色转型成效显著，主要污染物排放总量持续减少，生态环境持续改善，生态安全屏障更加牢固，城乡人居环境明显改善"。同时也提出实现这一新目标的"推动绿色发展，促进人与自然和谐共生"的举措。② 2022 年 1 月 24 日，习近平总书记在中共中央政治局第三十六次集体学习中强调要注重处理好四对关系，首先强调的便是发展和减排的关系。他指出"减排不是减生产力，也不是不排放，而是要走生态优先、绿色低碳发展道路，在经济发展中促进绿色转型、在绿色转型中实现更大发展。③"上述论断为本书开展绿色经济增长研究提供了充分依据和明确目标。

环境规制是指政府通过设定技术标准、征收环境税等途径，对企业环境外部行为进行强制约束或激励的过程（Song et al.，2020）。环境规制力度的加大，首先会提高企业的生产成本，以利润最大化为目标的企业将通过技术创新、减少资源依赖程度或改变其产品结构以消化生产成本的增加，因此环境规制政策的实施对城市经济发展与环境保护具有极为重要的影响。经济的快速增长推动工业化和城镇化进程的加快，资源枯竭、环境污染和生态破坏等问题在城市层面表现得更加显著，特别

---

① 李克强．政府工作报告——2019 年 3 月 5 日在第十三届全国人民代表大会第二次会议上［R］. 2019.
② 习近平．中国共产党第十九届中央委员会第五次全体会议公报［R］. 2020.
③ 新华社．习近平主持中共中央政治局第三十六次集体学习并发表重要讲话［EB/OL］. http://www.gov.cn/xinwen/2022-01/25/content_5670359.htm.

是雾霾等环境问题在城市的大面积集中爆发，将城市的经济发展与生态环境保护问题摆在了公众和政府面前（Zhao et al.，2019）。城市作为现代经济社会发展的主要载体，在保护自然资源和改善生态环境方面发挥着至关重要的作用，实现城市经济的绿色发展是现阶段中国经济绿色转型的关键环节。

与绿色经济增长密切相关的另一个典型事实是，资源依赖程度较高的城市可能面临着更为严重的资源和环境问题。2013 年国务院发布《全国资源型城市可持续发展规划（2013～2020 年)》①，将资源型城市定义为以本地区矿产、森林等自然资源开采和加工为主导产业的城市，并明确中国拥有 262 个资源型城市，占全国城市总数的 40%。资源型城市作为基础能源和重要原材料的供应地，以资源依赖型的经济发展模式为典型特征，20 世纪 80 年代以来，由于开发强度大加之资源综合利用水平低，同时忽视生态环境保护，资源型城市相继进入成熟期和衰退期，被迫陷入"矿竭城衰"甚至"矿干城亡"的窘境（邵帅等，2013）。能否实现城市绿色经济增长是转变经济发展方式的重要环节，然而，资源型城市大多存在生产技术落后、过度依赖自然资源和产业结构单一的问题，面临着经济结构失衡、失业和贫困人口较多、低水平产能重复建设、接续替代产业发展滞后、生态环境恶化等复杂矛盾，亟待加大创新资源投入，提升科技竞争力，推动构建多元化现代产业体系（邵帅和杨莉莉，2010）。

因此，从资源依赖的视角探究如何通过环境规制实现我国城市资源环境保护与经济发展的双赢，对推动建设资源节约型和环境保护型的"两型社会"，最终实现新时代发展要求下的绿色经济增长具有重要意义。

## 二、选题意义

基于以上现实背景，本书将研究对象聚焦于环境规制、资源依赖与

---

① 《国务院关于印发全国资源型城市可持续发展规划（2013～2020 年）的通知》，http：//www.gov.cn/zwgk/2013－12/03/content_2540070.htm.

绿色经济增长三者之间的关系和作用机制，关注到资源禀赋在城市发展过程的重要作用以及不同城市资源依赖程度的差异，尝试从资源依赖的视角探讨环境规制对我国城市绿色经济增长的影响，旨在从资源依赖的崭新视角寻求环境规制提升中国城市经济绿色增长的理论支撑，这对提升中国城市绿色经济增长来说无疑是一个重要的研究课题，同时具备鲜明的理论意义与现实意义。

## （一）理论意义

本研究的理论意义在于如下两个方面：一方面，厘清资源依赖在环境规制影响绿色经济增长中的作用，对于丰富资源依赖视角下环境规制对绿色经济增长影响的相关理论具有重要价值。环境规制对经济增长的影响一直以来都是学术界研究和讨论的重点。现有文献对环境规制与绿色经济增长之间，以及资源禀赋与绿色经济增长之间关系的话题进行了充分探讨，这些成果的主要特征在于虽然关注到两两之间的影响机制，但对"环境规制→资源依赖→绿色经济增长"的路径特征未予以足够重视，鲜有将三者纳入同一框架体系进行理论与实证研究。从逻辑上看，环境规制作为政府一项以非市场途径对资源环境利用的直接干预政策，能通过"遵循成本""创新补偿"等途径影响绿色经济增长，也能通过"替代效应""补偿效应"等途径影响资源依赖水平。而资源禀赋作为经济生产过程中的投入品，又是造成"资源诅咒"的直接原因。另一方面，现有成果更多是针对国家或省域等宏观层面，较少将地级市作为研究样本。而在少数以城市为研究样本的成果中，亦未关注资源依赖程度的差异，将全部城市样本一概而论。本研究筛选出我国 286 个地级市样本，并在此基础上划分 97 个资源型和 189 个非资源型城市进行异质性分析，在前人研究基础上做进一步细化，从更加微观细致的视角探讨，从而获取更为翔实丰富的结论。

## （二）现实意义

中国在新时代背景下区域发展格局发生巨大转变，不同类型城市面临的经济基础、资源禀赋和社会生态环境差别迥异。中国政府的经济发展愿望十分强烈，高度重视环境规制政策的制定和实施。同时，各地开始将环境质量改善状况纳入政绩考核体系，环境规制不仅要为经济发展留有适当空间，更要以生态环境的持续改善为终极目标。21世纪以来，伴随着中国现代制造业、互联网产业、高科技产业的快速发展，资源型城市面临着严重的"经济转型难""环境治理难"等问题，由于产业发展对资源依赖性较强，采掘业占二次产业的比重超过20%，导致人才、资金、科技等要素集聚能力弱，严重制约经济与资源环境间的协调发展。破解"资源诅咒"之难题，既是中国经济实现高质量发展的关键，又是资源依赖地区推进经济绿色转型的必经之路。与此同时，环境规制政策作为实现中国经济绿色转型的重要推动力，其实施力度的大小也会影响本地资源依赖水平，有效的环境规制不仅可以满足公众的环保诉求，而且有效促进地区产业结构的调整，倒逼地区资源密集型、污染密集型产业进行清洁生产改造，减缓对当地自然资源的依赖程度，从而实现绿色经济增长效率提升。因此，对环境规制、资源依赖与绿色经济增长的研究具有较为重要的现实意义。

## 第二节　研究思路与方法

### 一、研究思路

本书的研究思路围绕"文献分析—理论假说—实证分析—政策建议"展开。首先，通过对国内外现有文献中与利用 DEA 方法对绿色经济增长进行测度、环境规制与绿色经济增长以及资源依赖与绿色经济增长三方面有关的内容进行梳理，总结和述评现有研究成果尚待完善之处。其次，提出本研究所要探讨的环境规制、资源依赖与绿色经济增长的关系及作用机制的理论假说，从资源依赖视角分析环境规制对城市绿色经济增长的作用机制。在此基础上，借助共同前沿技术与 DEA 方法的结合，科学合理地测算中国城市绿色经济绩效指标

（GEPI）和绿色经济增长指标（GEGI）。进一步，对环境规制对绿色经济增长的非线性影响及空间关系进行检验，同时考虑资源依赖差异，将总体城市样本分为资源型城市与非资源型城市进行异质性分析。再次，将资源依赖指标纳入研究框架，对资源依赖的中介传导机制和两步传导机制进行检验。最后，综合前面的实证研究结论，尝试从资源依赖视角寻求环境规制破解我国绿色经济增长陷入"资源诅咒"局面的新思路。

## 二、研究方法

本研究基于统计评价方法、计量经济和地理信息系统等多种前沿统计学、经济学和地理学理论，在积极吸收和借鉴国内外最新研究成果的基础上，以定性和定量、理论分析和实证分析相结合的科学方法展开研究，强调实际数据支撑，着重于定量分析，落脚于政策支持，具体研究手段如图1-1所示。

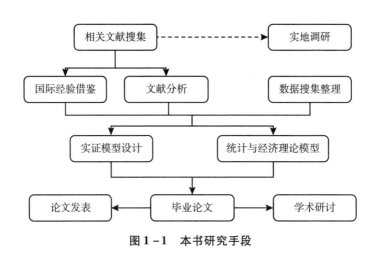

图1-1　本书研究手段

一是文献分析法。本研究首先通过搜集和分析大量文献，全面把握国内外相关研究进展状况。对现有研究成果进行梳理和述评，找出本书拟解决的关键问题与突破口，厘清研究思路。此外，在研究中很多地方都借鉴了现有文献的统计方法和统计数据，在前人研究成果的基础之上对研究方法和数据进行拓展。因此，大量文献资料是开展本研究的重要基础，文献分析法为本研究的纵深发展奠定了基石。

二是比较分析法。本研究对很多结论采用分组对比分析的方法，从多个方面进行系统的比较分析。在对中国城市环境规制、资源依赖和绿色经济增长测度结果的分析中，综合利用了分层面（全国、省级、地市级）、分区域（东部、中部、西部）和分类型（资源型城市、非资源型城市）对比的方法，同时对绿色经济增长的测度结果在同一年份在不同城市间进行横向比较，以及对绿色经济增长及其分解项进行不同年份下的纵向比较。

三是实证分析法。本研究先后采用了非参数技术分析的 DEA 方法、模糊综合评价法、面板 OLS、固定效应模型、（动态）空间计量模型、中介效应模型等实证分析方法和模型对相关内容进行研究。具体而言，本研究利用改进的模糊综合评价方法计算衡量环境规制的综合指数；采用 Metafrontier – Global – SBM 超效率 DEA 方法测算城市绿色经济增长指标；利用面板 OLS、固定效应模型、（动态）空间计量模型、中介效应模型等计量经济学模型，对 286 个城市总体样本以及 97 个资源型城市和 189 个非资源型城市分样本的环境规制对绿色经济增长的非线性影响、空间关系，以及环境规制、资源依赖与绿色经济增长之间的关系及传导机制进行分析探讨。

# 第三节　研究内容与框架

## 一、研究内容

本书以中国环境规制对城市绿色经济增长的影响和以资源依赖为中介视角的作用机制为研究重点展开讨论，在利用科学的测算方法对城市绿色经济增长进行准确测度的基础上，对中国 286 个地级市环境规制、资源依赖与绿色经济增长的关系及影响机制进行研究，以期从资源依赖视角考察环境规制对绿色经济增长的影响，为破解城市绿色经济增长陷入"资源诅咒"困境寻找新思路，为环境规制提升中国城市绿色经济增长提供相关政策建议。本书的章节内容安排如下：

第一章为绪论。第一节阐明本选题的背景和意义，包括理论意义与现实意义。第二节对本书的研究思路与研究方法进行概述。第三节对本书的研究内容和研究框架进行总结。第四节提出本书的创新之处。

第二章为概念界定与理论基础。第一节对本书主要涉及的环境规制内涵及分类、绿色经济增长的概念以及资源依赖相关概念进行详细说明。第二节对本书的理论基础进行阐述，包括环境规制、绿色经济增长和资源诅咒三个方面的内容。第三节为本章小结。

第三章为文献综述。第一节从绿色经济增长的测度进行文献梳理，分别基于不同绿色经济增长的衡量指标和不同 DEA 测度方法进行论述。第二节从环境规制对绿色经济增长的线性影响和非线性影响两方面归纳总结现有研究成果。第三节对资源依赖与绿色经济增长的关系以及资源依赖对绿色经济增长影响的不同传导机制进行文献梳理。第四节为文献述评。

第四章为资源依赖视角下环境规制影响绿色经济增长的理论假说。第一节为环境规制对绿色经济增长影响的理论假说。从环境规制对绿色经济增长的非线性影响的假说 1 和环境规制对绿色经济增长影响的空间关系的假说 2 进行理论分析，第二节为环境规制、资源依赖与绿色经济增长的理论假说。从资源依赖中介传导机制的假说 3 和资源依赖两步传导机制的假说 4 展开理论探讨。第三节为本章小结。

第五章为环境规制、绿色经济增长与资源依赖指标测度。第一节利用改进的相对偏差模糊矩阵评价法测算出环境规制综合指数。第二节基于改进的 DEA 模型对绿色经济增长进行测度，充分考虑到技术集合异质性带来的测度偏误问题，利用 Metafrontier – Global – SBM 超效率 DEA 模型测算绿色经济绩效，并对绿色经济增长率进行测度及分解以探讨其内在影响因素。第三节为本章小结。

第六章为环境规制对绿色经济增长影响的实证检验。本章主要对理论假说 1 和假说 2 进行研究设计和实证检验。第一节为研究设计，构建环境规制对绿色经济增长的非线性影响与空间关系检验模型。第二节为环境规制对绿色经济增长的非线性影响实证检验，采用非空间面板数据模型并基于城市类型异质性进行分样本检验。第三节为环境规制与绿色经济增长的空间关系实证检验，利用空间计量模型对环境规制对绿色经济增长影响的空间溢出效应和空间反馈效应进行检验，同样区分城市类型进行了异质性分析，并通过改变空间权重矩阵以及利用动态空间面板模型进行了稳健性检验。第四节为本章小结。

第七章为环境规制、资源依赖与绿色经济增长关系的实证检验。本章主要检验理论假说 3 和假说 4。第一节为研究设计，设定了中介传导机制检验模型和两步传导机制检验模型。第二节为资源依赖的中介传导机制检验，从资源依赖的空间交互效应和空间中介效应两个方面进行检验，证实了资源依赖的中介作用。第三节为资源依赖的两步传导机制检验。将产业结构、政府制度质量等八个指标考虑进资源依赖与绿色经济增长之间存在"资源诅咒"或是"资源福音"效应的传导路径中，考察资源依赖的两步传导机制是否成立，同时进行了分样本的城市类型异质性分析。第四节为本章小结。

第八章为研究结论与政策建议。第一节为研究结论，对本研究的主要内容和主要结论进行总结。第二节为政策建议，根据环境规制、资源依赖与绿色经济增长的关系及作用机制，从六个方面提出相关政策建议以期促进我国绿色经济增长。第三节为研究展望。主要依据本书在研究中面临的困难和局限性提出存在的不足及未来进一步的研究方向。第四节为本章小结。

## 二、研究框架

秉持提出问题、分析问题和解决问题的研究思路，本书研究内容的整体技术路线或研究框架如图 1 - 2 所示。

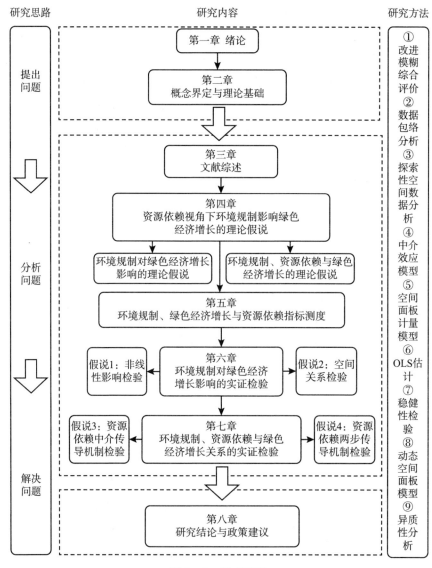

**图 1 – 2　技术路线**

# 第四节　创 新 之 处

本选题聚焦资源依赖视角下环境规制对中国城市绿色经济增长的影

响进行研究，一方面对不可直接观测的绿色经济增长进行科学测度，另一方面探讨环境规制、资源依赖与绿色经济增长之间的关系及作用机制。与现有研究成果比较，本书的创新之处可以体现在如下三个方面：

（1）现有研究较少关注假设所有 DMUs 均有相同生产前沿面的不合理性，忽视了不同 DMUs 之间存在的技术异质性，如果不加区分构建同一个前沿面则可能会导致估计偏误。因此，本书利用 SBM 模型与 Metafrontier 技术考虑非期望产出和技术集合异质性的优势，同时考虑全局参比（Global Reference）的方法是将不同考察期的同一样本视为不同 DMUs 并混合成一个集合，在此集合基础上构建一个新的前沿面作为统一基准进行测算，最终构建出的 Metafrontier – Global – SBM 超效率 DEA 模型，在测算城市绿色经济增长方面将具有更大的优势。

（2）现有研究更多关注环境规制与经济增长的关系，毋庸置疑，经济增长反映出城市的经济发展运行状况，但忽视了城市经济系统运行的整体性，从而限制了城市"经济—资源—环境"的协调发展，在经济高质量绿色发展的新时代要求下不仅要关注经济增长，更要重视居民生活质量、生态环境、资源保护等方面的良性发展。因此，本书将考察中国城市单一维度的经济增长问题提升到绿色经济增长层面，利用科学的测度方法测算我国城市绿色经济增长状况，不仅从绿色经济绩效层面进行分析，更得益于测算方法的优势，进而可以从绿色经济增长率及其分解项的角度，考察绿色经济增长的内在影响机制。

（3）本书从资源依赖视角出发，将环境规制、资源依赖与绿色经济增长三者纳入同一框架体系，对环境规制、资源依赖与绿色经济增长三者之间的中介机制进行考察，与此同时，在区分资源型和非资源型城市类别的基础上考察资源依赖与绿色经济增长之间"资源诅咒"或"资源福音"效应的两步传导机制。这将是对现有环境规制对中国城市绿色经济增长影响的研究框架的有益补充，也将在实践上为我国城市实现绿色经济增长提供更加系统全面的经验研究基础。

# 第二章

# 概念界定与理论基础

## 第一节 概念界定

### 一、环境规制内涵及分类

#### （一）环境规制的内涵演变

在对环境规制的概念界定进行具体讨论之前，有必要先理解"规制"（regulation）一词的含义。规制也称为管制，指政府通过制定相应的规范或规则对经济社会的生产和生活进行强制干预或调节的手段。马歇尔（Marshall，1890）是最早将"外部性"（externalities）这一概念应用于解决环境问题的学者。随后，庇古（Pigou，1920）提出根据排污者对环境造成污染的危害程度进行征税，以税收的形式弥补排污者生产的私人成本和社会成本之间的差距。这被称为"庇古税"（Pigovian tax）的税收政策为解决环境的外部性问题提供了崭新的思路，被认为是环境规制的指导性理论（马丽，2015）。此后，科斯（Coase，1960）提出的科斯定理从初始权力的赋予出发为解决外部性问题又提供了另一种途径。在庇古税和科斯定理的基础上，越来越多的学者开始展开传统环境规制理论的探索（植草益，1992；施蒂格勒，1996）。

　　国内外学术界对于环境规制（environmental regulation）概念的界定随时间发展经历了一个不断完善的过程，并且相伴这一过程的是对于环境保护日益迫切的需求，因此环境规制的发展源自对环境保护认知的逐渐成熟（张成等，2011）。环境规制也属于规制的范畴，是政府以环境保护为目的，以制定和实施相应的政策措施、法律法规等从而干预和控制市场经济活动的行为，其是为了从环境和自然资源的外部性出发，解决因公共产品外部性而导致的市场失灵问题，最终实现经济与资源环境的协调发展（高苇，2018）。对于环境规制的界定，最初是指政府以禁令、门槛准入制度等为手段，以保护资源和改善环境质量为目的，对资源环境主体进行直接干预和控制的非市场行为（刘丹鹤，2003）。随着人类社会资源环境的形式发生变化，这种以政府直接进行干预为手段而市场和企业没有发挥空间的环境规制政策的问题逐渐暴露出来，一系列经济手段和市场机制政策如环境税、环境政策、排污费制度等的运用同样使环境资源的保护目的得到实现，因此环境规制的概念由单纯的政府对经济主体的直接干预和控制的行政法规，延伸至包括了市场机制政策和经济手段等以市场自由调节为手段的形式（吴巧生和成金华，2004）。此后，由于经济的快速发展带来的环境问题日益严峻，世界各国民众对于环境保护的诉求更为迫切，一些以生态标签、环境资格认证和环保协议等方式展开的自愿性环境规制手段被再一次纳入环境规制的概念框架（张瑞，2013）。赵玉民等（2009）进一步扩大环境规制的内涵，在上述概念的基础上以其约束性为属性，将环境规制的概念扩大至包括上述显性环境规制以及内在与个体的无形的环保思想、观念、认知和态度等隐性环境规制。赵敏（2013）从经济学理论高度追溯环境规制的理论内涵，认为环境规制是使环境污染的外部性内部化，从而达到保护环境和提升社会福利的目的，将先前环境规制仅仅以保护环境为目的的社会属性扩大至兼顾社会经济福利的经济属性。以上环境规制内涵的演变过程可见表 2 - 1。

表 2 - 1　　　　　　　　环境规制内涵的演变过程

| 时间区间 | 内涵 | 目的 | 提出主体 | 规制对象 | 规制工具 | 性质 |
|---|---|---|---|---|---|---|
| 20 世纪 70 年代以前 | 初始内涵 | 环保 | 国家 | 个人、组织 | 命令控制型 | 约束性 |
| 20 世纪 70 ~ 80 年代 | 第一次修订后内涵 | 环保 | 国家 | 个人、组织 | 命令控制型、市场激励型 | 约束性 |
| 20 世纪 90 年代以后 | 第一次修订后内涵 | 环保 | 国家、企业、产业协会等 | 个人、组织 | 命令控制型、市场激励型、自愿型 | 约束性 |
| 2009 年 | 赵玉民等 | 环保 | 国家、企业、产业协会等 | 个人、组织 | 命令控制型、市场激励型、自愿型、隐性规制 | 约束性 |

资料来源：赵玉民，朱方明，贺立龙. 环境规制的界定、分类与演进研究［J］. 中国人口·资源与环境，2009，19（6）：85－90.

## （二）环境规制的分类

对于环境规制工具类别的划分，当前学术界并未形成统一的标准。在国际上，如植草益（1992）从直接规制和间接规制两个方面进行分类，直接规制类型由经济和社会两种规制构成，间接规制主要指不公平竞争。帕尔加和惠勒（Pargal & Wheeler，1995）首次提出环境规制可以分为正式环境规制和非正式环境规制两类，将政府采取的保护环境的政策法规作为正式环境规制，而将非正式环境规制定义为当正式环境规制手段失灵时，由企业或产业协会等团体利用谈判或协商等方式与污染排放企业达成减排降污目的的环境规制手段。伊拉尔多等（Iraldo et al.，2011）基于环境规制对规制对象约束方式的不同，将环境规制分为直接管制型环境规制、经济型环境规制和软工具型环境规制三类。伯歇尔（Böcher，2012）以环境规制对公众行为的影响为划分依据，将环境规制划分为管制型、合作型、经济型和劝导型四种类型。国内学者对于环境规制工具的分类也有不同的标准和方式，如赵玉民等（2009）依据环境规制的目标、对象、规制提出的主体和规制的性质将环境规制分为显性和隐性两种类型，其中显性环境规制包括命令控制型环境规制、以市场为基础的激励型环境规制和自愿型环境规制，隐性的环境规制则主要指那些无形的环保思想、环保观念、环保意识、环保态度和环保认知等。原毅军和刘柳（2013）、张平等（2016）将环境规制类型分为费用型和投资型两种类型。彭星和李斌（2016）将环境规制区分为命令控制型环境规制、经济激励型环境规制和自愿意识型环境规制。

　　基于上述对于环境规制内涵的演变和对环境规制工具分类方式的理解，本书认为环境规制的内涵包括如下三个方面：首先，环境规制的执行主体既包含国家政府，又包含企业、产业协会等非政府团体和社会公众；其次，环境规制的目的既包含以保护环境为目标的社会性，又包含以促进经济增长和社会福利最大化的经济性；最后，环境规制是以破坏环境为规制对象的具有约束力的行为手段。因此，本书将环境规制的概念界定为是政府、企业或社会公众为实现环境保护或改善社会福利，以政策法规或制定标准的方式对经济主体破坏环境的行为进行约束。

## 二、绿色经济增长概念界定

### （一）国际界定

　　在国际学术界，学者并未给绿色经济增长的概念以明确定义，绿色经济增长的思想主要源自人类对经济社会发展与生态环境之间关系的思量，对此有相应的提法包括"可持续发展""绿色经济""绿色增长"和"低碳经济"等。对于绿色经济增长相关理论的研究，国际上最早可以追溯到由梅多斯等于1972年出版的《增长的极限》（*Limits to Growth*），该报告首次提到"持续增长"和"均衡发展"的说法，报告认为如果人类对经济增长速度不加以约束将会造成资源耗竭和生态环境破坏，最终导致人类社会的崩溃。这种将单纯追求经济增长可能导致危机的意识可以作为绿色经济增长的思想基础。世界环境与发展委员会（WECD）发表《我们共同的未来》（*Our Common Future*）研究报告，将"可持续发展"（sustainable development）定义为既能满足当代人的需求，又不会对后代人寻求满足自身需求的能力构成危害的发展形式，这种发展形式提倡的是建立在生态承载力之上的经济、社会和生态相对全面、协调、同步的发展机制（Bruntland，1987）。这一报告为国际社会在发展经济的同时注重环境与资源保护，最终实现可持续发展奠定了思想和理论基础。"绿色经济"（green economy）的概念最早出现于英国经济学家皮尔斯等（Pearce et al.，1989）的《绿色经济的蓝图》（*Blueprint for a Green Economy*）一书，认为经济发展必须将自然生态环境的承受能力考虑在内，并建议将具有破坏环境和消耗资源的活动代价纳入国家经济平衡表中。"低碳经济"（low carbon economy）的概念由英国政府于2003年颁布的能源白皮书《我们能源的未来：创建低碳经济》（*Our Energy Future – Creating a Low Carbon Economy*）中首次提出，其本质是借助低碳技术创新、管理创新以及产业结构调整等手段，在提高能源利用效率的同时为最大化减少温室气体排放贡献力量。联合国第五届亚太环境与发展会议首次提出"绿色增长"（green growth）的概念，认为绿色增长是实现可持续发展的关键战略，并将绿色增长定义为环境可持续的经济增长。

21世纪以来，面对日益扩张的能源资源消耗和环境恶化等严峻形势，国际社会广泛呼吁经济、资源和环境协调发展的发展模式，绿色经济增长相关概念得到学者的广泛认同并推进其深入研究。伊金斯（Ekins，2000）认为可持续发展是实现经济增长的同时不增加环境负担，即实现经济增长与环境保护两者之间的脱钩发展，追求的是生态效率或环境绩效的提高。布朗（2003）在《B模式：拯救地球延续文明》（*B Model：Saving the Earth and Extending the Civilization*）中提出一种新的将生态资源纳入经济系统的发展B模式，为经济与资源环境的可持续发展提供崭新的视角。吉丁斯等（Giddings et al.，2002）认为可持续发展是一个有争议的概念，其理论是由人们和组织的不同世界观形成的，而这些世界观反过来又影响问题的形成和行动的提出，可持续发展通常表现为环境、社会和经济之间的交集，被认为是独立的但有联系的实体。肯尼特和海因曼（Kennet & Heinemann，2006）认为绿色经济学将经济学定位在一个非常长期的、全球范围的、整体的现实环境中，并将其作为自然的一部分，它还将差异、多样性、公平和包容纳入其社会和社区的概念中，并予以颂扬，其哲学是像往常一样管理自然的经济而不是管理商业的环境。巴维耶尔（Barbier，2011）认为绿色增长、提高能源效率和清洁能源技术以及可持续发展经常被国际决策者视为互补的目标，各个国家应该进行"低碳革命"，使人类从生态系统获得的全球利益与人类愿意为维持和保护生态系统支付的费用之间架起一座桥梁，而全球绿色新政是实现经济复苏的关键策略。兰德斯（2013）在《2052：未来四十年的中国与世界》（2052：*China and the World in the Next Forty Years*）报告中指出自然资源、经济、气候、能源和城市化等诸多方面存在亟待解决的问题，同时在报告中预测了未来 40 年世界宏观经济可能的走向。至此，绿色经济增长的必要性和发展方向在全球范围内得到广泛认可。

（二）国内界定

中国对于绿色经济增长相关理论的创新之处在于提出了具有中国特色的"绿色发展"概念。戴星翼（1998）在《走向绿色的发展》一书中首次明确使用"绿色发展"一词，其在书中阐释了"通往绿色发展之路"与"可持续性地不断增加"之间的关系。在此之后，随着研究的逐步深入，绿色增长、绿色经济、低碳经济和可持续发展的理念被纳入绿色发展的理念框架之下。国内学者主要从绿色发展的概念及内涵、绿色发展战略与模式转型以及绿色发展的驱动或制约因素三方面展开绿色发展相关研究（诸大建，2008；张璐和刘鹏，2020）。如胡鞍钢（2004）认为绿色发展的核心要义是以人为本，就是要为追求人类的可持续发展对生态环境采取保护措施。蒋南平和向仁康（2013）认为绿色发展应建立在"资源能源合理利用，经济社会适度发展，损耗补偿互相平衡，人与自然和谐相处"的基础上。黄茂兴和叶琪（2017）认为绿色发展是继中国提出生态文明理念之后又提出的践行生态文明理念的具体行动，对生态文明建设起到了统一思想、明确目标、引领路径的作用。关于绿色发展战略与模式转型的研究较多（兰竹虹，2008；黄茂兴和杨雪星，2015）。陈端计（2011）认为可持续发展是当代人类的主题，而绿色发展是实现中国"十二五"发展转型升级的必由之路。孙毅和景普秋（2012）以资源型地区为研究对象，认为在绿色发展和可持续发展的理念下，资源型地区可以通过产业绿色转型和经济发展方式绿色转变，最终实现经济发展和生态环境保护的双赢局面。许宪春等

（2019）从绿色发展和大数据的视角出发，认为绿色发展是经济、社会和环境三者的相互协调，大数据在传统产业转型升级、需求结构优化和经济提质增效等方面起着重要作用，应该利用好大数据手段实现中国绿色发展。关于绿色发展驱动或制约因素的研究也十分丰富（李晓西，2012；彭斯震和孙新章，2014）。如邬晓燕（2014）认为中国要实现从黑色发展到绿色发展的转型，必须从科技创新体制、绿色企业文化建设、政策变革与制度建设、公共政策伦理建设和消费文化建设等途径着手。任胜钢和袁宝龙（2016）认为长江经济带要想实现产业绿色发展，必须朝着调整能源结构、推进现代农业生态化、传统工业高端化、新兴产业规模化和现代服务智能化五个方向进行转型。钟茂初（2018）指出实现区域绿色发展必须树立生态环境承载力约束理念，要充分考虑生态环境维护、生态环境损害、生态环境治理三类问题。

基于现有文献对于绿色经济增长相关概念的界定，同时兼顾本研究的目的，本书将绿色经济增长的概念界定为，在平衡经济产出的前提下使得资源投入和污染物排放最小化。这里的资源包括社会资源和自然资源两类，其中社会资源主要指促进经济增长的物质资本和人力资本，自然资源则主要指与人类生产和生活息息相关的土地、水和能源。对绿色经济增长的概念进行界定将为本书测度中国城市绿色经济增长提供选取投入产出指标的参考依据。

## 三、资源依赖相关概念

在从资源依赖视角对环境规制与绿色经济增长关系的研究中，有必要区分资源依赖（resource dependence）与资源禀赋（resource abundance）概念的差异。简单来说，资源禀赋反映一个国家或地区各类自然资源的总量，或者说是可利用于社会经济发展的自然资源的数量。从理论上说，尚未开采出来的自然资源对经济和社会是不产生影响的，因此资源禀赋仅指可利用于社会经济发展的自然资源的数量。资源禀赋在世界经济发展的进程中，不仅直接或间接地影响人类福利，而且关系地球生态系统的稳定运作。通常意义上的资源禀赋包含了自然资源和社会资源，具体指一国拥有的各种要素的丰歉，如劳动力、资本、土地、技术、管理等的丰裕程度，在文献研究中资源禀赋也被称为资源丰裕度。资源丰裕度的度量指标可以分成绝对度量指标和相对度量指标两类。自然资源的绝对丰裕度一般通过一个国家或地区拥有的自然资源的总体水平进行衡量，在此基础上，将人口数量或者地域面积因素纳入度量标准就反映了自然资源丰裕度的相对水平。

资源依赖不同于上述自然资源丰裕度的意义，资源依赖则是反映一个国家或地区经济对自然资源生产的依赖程度，这种依赖在资源型产业对地区经济的产业结构、对外开放、人力资本、科技创新以及发展速度和方向等方面的影响上具有一定程度的影响，即资源型产业在一个地区实现资源环境和经济增长协调发展的绿色经济增长方面具有重要的作用和影响。资源丰裕度与资源依赖之间存在一定关系，一般来说，资源丰裕度高的地区更加青睐利用自然资源带来的优势，重视初级产品部门的建设，从而容易形成资源依赖。但是这并非证明资源丰裕地区一定会产生资源依赖，或者资源匮乏的地区一定不会形成资源依赖的现象（Coxhead，2007）。

基于以上对资源依赖与资源丰裕度区别的讨论，本研究认为，一方面，资源丰裕因地质活动带来总量的增长明显低于资源开发导致的总量减少，因此资源丰裕一般呈现逐渐减少的趋势，但这种趋势具有相对稳定性，是影响经济社会的外生变量，而资源依赖受社会、经济、政治等影响显著，因而不具有相对稳定性，应将其视为内生变量。另一方面，资源丰裕并非表示资源产量或出口量大，可能大部分自然资源都用于本国制造业发展。本书后续研究所讨论的是资源依赖的概念，这一概念需要进行明确。

# 第二节 理论基础

## 一、环境规制理论基础

### （一）市场失灵

经济学研究的重点领域之一在于如何充分利用市场的调节能力优化

资源配置。在新古典经济学中，完全竞争的市场环境有利于实现资源配置最大化。基于一系列理想化的假定，如信息对称、不存在外部性、无公共物品等，经济要素在市场上自由流动，"经济人"在追求自身利益最大化的过程中，可以实现帕累托最优状态。然而，在现实世界中，这些完美的假定难以得到满足，无法使得资源配置实现帕累托最优状态，从而产生市场失灵状态。市场自身调节受限为政府直接干预市场提供了理论基础。当市场对资源配置失效时，便需要政府以"看得见的手"代替"看不见的手"，对资源进行有效配置。在资源环境领域，环境作为一种资源，其自身特有的公共性、外部性、产权模糊、信息不对称、经济主体的有限理性等导致市场机制无法实现环境资源的帕累托最优配置，从而引发环境污染等问题。环境资源市场失灵为政府采用命令控制型的环境规制措施提供了坚实的理论基础。造成环境资源市场失灵的原因主要有以下三个方面。

**1. 环境资源的公共物品特性**

公共物品是相对于私人物品而言的，指的是公共使用或者消费的物品，其最基本、最重要的两个特征是非竞争性和非排他性。非竞争性指的是一个人对公共物品的消费不会影响其他人消费该物品并从中获得效用。换言之，在给定的生产水平下，另一个消费者消费该物品的边际成本为零。非排他性指的是一个人在消费一种公共物品时，并不能排除其他人消费该物品，无论他们是否付费；或者排他成本非常高。当一种产品具备上述两个条件之一时，就会造成市场失灵。

自然界中的大部分环境资源，如空气、河水等都是同时具备非排他性及竞争性的公共物品，即任何社会成员都可以无条件地享用环境资源并获得效用。随着环境资源占有量的增加，社会个体获得的效用会越大。当环境自我更新能力不足时，环境问题会随之产生。环境资源的稀缺性导致环境资源竞争性的存在，即使用环境资源是需要支付成本的。然而，环境资源的非排他性导致环境资源产权模糊，个体使用者无须向任何人支付成本，最终又因非排他性使得环境成本不可避免地由所有社会成员共同承担。因此，在个人权益、共同成本的驱使下，每个个体为追求个人效用最大化而无节制地索取有限的环境资源，引发"公地悲剧"。

**2. 环境资源的外部性**

外部性又称为溢出效应，指的是某个人或者某个群体的行为对其他人或者群体产生的受益或者受损影响。外部性分为正外部性和负外部性。在经济学领域，正外部性指经济个体的行为使他人或者社会受益，而受益者无须花费任何代价。负外部性指经济个体的行为使他人或者社会受损，而造成负外部性结果的个体却并没有为此承担任何成本。由此可见，外部性产生的根源在于私人边际生产成本或私人边际收益与社会边际生产成本或社会边际收益不一致。当出现外部性时，市场机制使得经济行为主体遵循的价格只反映了经济活动的私人边际成本或私人边际收益，却无法准确反映包含了外部性在内的社会边际收益或者社会边际成本。在这种情况下，经济主体根据市场信号做出的经济决策会导致资源配置偏离帕累托最优状态，从而引发市场失灵。

环境资源具有典型的外部性特征。一方面，当社会成员因为保护环境而取得清洁的水源和空气时，不仅环境保护者可以消费良好的环境资源，环境保护的非参与者也会因为环境的非排他性而免费享受这一福利。因此，私人边际收益低于社会边际收益。另一方面，当污染性企业引发环境资源的负外部性时，由于环境资源产权模糊，其他经济主体将共同承担环境污染成本。此时，私人边际成本低于社会边际成本。综上所述，环境资源的外部性使得资源配置扭曲，无法实现帕累托最优状态。

**3. 环境资源市场信息不对称**

信息不对称指的是交易中的个人掌握的信息不同。在市场经济活动中，不同行业的人员对各类信息的了解程度有所差异。掌握信息比较多的一方往往处于主动的、有利的地位，而掌握信息比较少的一方往往处于被动的、不利的地位。环境规制中的各成员间也存在着信息不对称的现象。例如，污染企业深知自身污染行为产生的影响，但是其他经济主体对这一影响并没有明晰的认识。受机会主义的影响，污染企业将隐瞒对自己不利的信息而放大对自己有利的信息。换言之，公众将不会了解实际污染后果，或者对实际污染后果知之甚少，从而导致环境恶化的市场失灵现象。

## （二）庇古税

英国经济学家庇古（Pigou）于1920年在《福利经济学》中提出采用税收或者补贴的方式，使得外部污染成本内部化，以解决环境污染问题，主要体现了污染者付费原则（Pigou，1920）。具体方式为，对造成环境污染的厂商征税，采用税收的方式弥补私人边际成本与社会边际成本之间的差距，使两者之间差值为零。庇古税是环境税的一种，主要用于解决环境污染问题。它根据污染物排放量或者经济活动对环境的危害程度确定纳税义务，是一种从量税。庇古税的单位税额取决于经济活动的边际社会成本与边际效益相等的均衡点，此时对污染物排放的税率为最佳税率。庇古认为，市场配置失效的主要原因在于经济人的私人成本与社会成本不一致，私人最优状态导致社会非最优状态。那么，采取征税的方式使得私人成本与社会成本相等，私人利益与社会利益相等，资源配置便可以达到帕累托最优状态。

人类活动产生的污染物超过环境的自净能力，引发环境污染问题，对人类的生产生活产生消极影响。"受污染的环境"可以看作一种"厌恶品"，只要人们不对该种厌恶品进行生产消费活动，那么环境污染引发人们生活质量下降的可能性就会大大降低。然而，不幸的是，环境污染不仅是一种厌恶品，它还是厌恶公共品，如前文所述，经济主体无法向他人提供报酬或者索要补偿，使得环境问题逐渐恶化。庇古税可以帮助实现资源的有效配置，在减少污染的同时实现帕累托最优状态。原因如下：第一，经济活动的污染现象导致经济主体被征税，企业作为"理性经济人"，出于少交税的目的，为实现生产成本最小化，将控制污染行为；第二，企业通过技术创新减少支付未来税收。综上所述，企业将通过衡量维持污染水平的纳税金额与减少污染水平的所获收益来指导经济活动，使得控污成本与税率相等，达到污染最优水平。庇古税对外部的不经济具有矫正作用，能够避免税收的扭曲性作用。

## （三）科斯定理

庇古税对解决环境问题产生了重要的影响，然而，出生于英国的美国经济学家罗纳德·科斯认为负外部性产生的原因主要在于产权的不明晰，借助于产权的手段可以解决环境污染的负外部性问题。在特定的条件下，经济活动的外部性可以通过谈判而得以解决。科斯本人从未将定理写成文字，目前关于科斯定理，比较普遍且认可的说法是，只要财产权是明确的，且交易成本为零或者很小，那么无论最初将产权赋予谁，市场均衡的最终结果都会实现帕累托最优。

（四）波特假说

波特和范德林德（Porter & Van der Linde，1995）通过理论分析与案例研究指出恰到好处的环境规制措施能够激励创新，部分或完全抵消环境规制成本，提高企业在国际市场上的竞争力，促进环境保护与企业竞争力实现双赢，这便是著名的波特假说。这种"双赢"可能性的存在主要基于以下五个原因：一是环境规制引导企业意识到资源利用效率存在不足之处并指明了技术进步的方向；二是环境规制提升企业生态环境保护意识，反过来，企业环保意识的提升有助于更好地执行环境规制措施；三是环境规制有助于降低企业环保投资行为的不确定性；四是环境规制为企业带来技术进步的压力，从而"倒逼"企业进行技术创新；五是改变传统的市场竞争环境。波特假说理论的提出为学者研究环境规制与生态环保、经济增长之间的关系提供了崭新的视角（Ambec & Barla，2005）。随着研究的深入，波特假说理论的内涵愈加丰富。如贾菲和帕尔默（Jaffe & Palmer，1997）将波特假说分为强波特假说、弱波特假说和狭义波特假说三种。强波特假说理论认为，环境规制措施激励企业进行技术创新，提高生产率，补偿环境规制成本并提高企业竞争力。弱波特假说理论认为，环境规制措施有助于企业进行技术创新，但并不能确定这种创新会对企业造成正向影响还是负面效应。狭义波特假说理论则强调，适当的环境规制措施能激励企业进行技术创新。

（五）环境库兹涅茨曲线

20世纪50年代美国经济学家西蒙·史密斯·库兹涅茨在研究人均收入水平与分配公平程度之间关系时发现，收入不均现象随着经济增长先升后降，呈现倒 U 型曲线关系。这一曲线被称为"库兹涅茨曲线"（Kuznets Curve），又称"倒 U 曲线"（Inverted U Curve）。在环境经济学中，当一个国家经济发展水平较低的时候，环境污染的程度较轻，但是随着人均收入的增加，环境污染由低趋高，环境恶化程度随经济的增长而加剧；当经济发展达到一定水平后，即到达某个临界点或称"极值点"以后，随着人均收入的进一步增加，环境污染又由高趋低，其环境污染的程度逐渐减缓，环境质量逐渐得到改善，这种现象被称为"环境库兹涅茨曲线"（Environmental Kuznets Curve，EKC）。后来，不同学者利用不同地区的经验数据验证了环境库兹涅茨曲线理论是成立的。在经济发展初期，由于社会规模扩张和社会结构变迁的消极作用，人均收入水平较低，环境污染程度随着人均收入的提高而上升。当社会经济发展到一定水平后，技术变迁和社会结构转变对环境产生积极的改善作用，人均收入水平提高且生态环境质量水平趋于提高。

## 二、绿色经济增长理论基础

### （一）经济增长理论

#### 1. 古典经济学

经济学家最初研究资源与经济增长的关系时，多集中在土地问题方面。古典经济学家代表人物威廉·配第（William Petty）在《赋税论》中提出"土地是财富之母，劳动是财富之父"的观点，充分肯定了自然资源之一的土地对于经济发展的重要性。法国古典政治经济学主要代表人弗朗索瓦·魁奈（Francois Quesany）认为土地是创造收入的关键因素，富裕的国家由于拥有大量的土地资源和生产要素，每年都能促使财富增加。安·罗伯特·雅克·杜尔哥（Anne - Robert - Jacques Turgot）基于魁奈的研究，形成经济学著作《关于财富的形成和分配考察》（*Reflections on the Formation and Distribution of Wealth*），认为自然资源是一切工业的原材料，在社会劳动中占据至关重要的地位，而土地则是一切财富中首要且唯一的来源。英国古典经济学家亚当·斯密（Adam Smith）于 1776 年在《国民财富的性质与原因的研究》（*An Inquiry into the Nature and Causes of the Wealth of Nations*）中提出了绝对优势理论，认为国与国之间绝对成本的差异是国际贸易产生的原因。假如某国生产商品的成本低于其他国家，那么该国无疑具备该产品的绝对优势，从而进行出口贸易；反之则进口。各国依据自身绝对优势形成国际分工格局，提供交换产品，促使劳动、资源实现最优配置。基于绝对优势理论，大卫·李嘉图（David Ricardo）在其代表作《政治经济学及赋税原理》中提出了比较成本贸易理论，后人称为"比较优势贸易理论"。比较优势理论认为，国际贸易的基础是生产技术的相对差别，而非绝对差别，以及由此产生的相对成本的差别。每个国家都应根据"两利相权取其重，两弊相权取其轻"的原则，集中生产并出口其具有"比较优势"的产品，进口其具有"比较劣势"的产品。比较优势贸易理论在更普遍的基础上解释了贸易产生的基础和贸易利得，大大发展了绝对优势贸易理论。约翰·斯图亚特·穆勒（John Stuart Mill）认为劳动和自然资源是生产必备要素，生产的增长收益取决于劳动、资本和自然资源。如果上述三种要素受到限制，那么经济增长会随之受到限制。

古典经济学通过研究土地与经济发展的关系，得出的结论对后来关于资源与经济增长的关系研究具有借鉴意义。但是，古典主义对于资源与经济的关系研究始终处于萌芽阶段，并未形成系统的理论体系。

**2. 新古典经济增长理论**

经济增长理论被正式纳入宏观经济学研究范围，或者说最早建立现代经济增长模型的是哈罗德（Harrod）于 1939 年和多马（Domer）于 1947 年所作的开创性研究。为了建模的方便，哈罗德和多马为模型设立了许多苛刻的假设条件。1956 年，以索洛（Solow，1956）、斯旺（Swan，1956）等为代表的新古典经济学家对哈罗德 - 多马模型提出了质疑，并在此基础上进行改进，构建了更一般的经济增长模型，即带有外生储蓄率的新古典增长模型：索洛 - 斯旺模型。该模型假设储蓄可以完全转化为投资、生产要素边际递减、生产要素之间具有可替代性（Solow，1994）。新古典增长理论认为资本积累的过程便是经济增长的过程，而投资收益率决定了资本积累，简言之，投资收益率决定了经济增长。在规模报酬不变的情况下，资本与劳动的比率唯一决定人均收入水平。换言之，若想持续不断地提高人均收入水平，就必须不断地提高资本—劳动比率。投资收益率与资本的边际收益相同，因此，资本—劳动比率也是唯一决定资本边际收益的要素。然而，由于边际报酬递减，资本与劳动比率的提升反而导致资本的边际收益降低。新古典经济增长理论认为，经济长期增长取决于技术进步，而非资本积累和劳动力的增加。

**3. 内生增长理论**

就理论而言，新古典增长模型的一个主要缺陷表现为只有在假设外生给定的技术进步前提下才能得到稳定的经济增长。但是，技术进步的源泉在哪里呢？罗默（Romer）于 1986 年和卢卡斯（Lucas）于 1988 年开创的内生增长理论为这个关键问题提供了一些初步回答，从而在 20 世纪 80 年代末又掀起了研究经济增长理论的热潮。知识和技术进步是经济增长的重要因素，它使得劳动效率得到明显提高。现代经济社会正是由于知识和技术的不断进步，才使得在同样的资本和劳动投入下得到了比过去多得多的产品。内生增长理论把知识的增长纳入经济的内部因素之中，以明确的方式建立知识积累模型，并要研究知识如何产生，资源如何配置到知识的生产中去等问题，从更深的层次上来研究经济增长的基本问题。因此，在建立经济增长模型时，把技术进步纯粹视为外生因素的做法实际上与现实不符，应该把教育与研究开发部门也包括进来。通常，人们把这类模型简称为 R&D 模型。内生增长理论将知识、人力资本和创新作为经济增长的动力，认为这三种要素可以通过技术外溢增加其他生产要素的收益，实现整体规模收益递增。

（二）可持续发展理论

经济发展引发的资源环境问题促使人们思考如何更加理性地看待发展，逐渐形成可持续发展理论。事实上，可持续发展理论并非只是西方国家的产物。早在中国战国时代，孟子就有云："不违农时，谷不可胜食也；数罟不入洿池，鱼鳖不可胜食也；斧斤以时入山林，材木不可胜用也"，在一定程度上体现了中国特色的可持续发展理念。1962 年，美国生物学家蕾切尔·卡逊（Rachel Karson）在《寂静的春天》（*Silent Spring*）

一书中讲述了农药对人类生存环境产生的危害，该书一经出版，立刻引发了社会公众对环境问题的关注，各类环保组织纷纷成立。1972 年 6 月联合国在斯德哥尔摩召开"人类环境大会"，并签署人类环境宣言，人类环境保护事业拉开了帷幕。同年，《增长的极限》研究报告指出，人口与经济增长将导致自然资源枯竭、生态破坏、环境污染问题。如果人类不转变掠夺式的发展方式，终有一天将走向灭亡，这为人类敲响了保护环境的警钟。20 世纪 80 年代开始，始见于《寂静的春天》一书中的"可持续发展"一词逐渐流行。1987 年，世界环境与发展委员会正式提出"可持续发展"的概念，得到了国际社会的广泛共识。报告指出，可持续发展指的是既满足当代人的需要，又不损害后代人满足需求的能力的发展。1992 年 6 月，联合国环境与发展大会（UNCED）在巴西里约热内卢举行。会议通过了关于环境与发展的《里约环境与发展宣言》（又称《地球宪章》）和《21 世纪行动议程》《气候变化框架公约》《保护生物多样性公约》等一系列文件，明确提出了可持续发展战略，将发展与环境保护紧密地结合在一起，使得可持续发展理论由探索阶段进入全球行动阶段。1994 年，中国发布《中国 21 世纪议程》，成为中国实施可持续发展的纲领性文件。

### （三）绿色增长理论

绿色增长是在可持续发展的框架下提出的，目前广泛认可的是经济合作与发展组织（OECD）给出的定义，即绿色增长是指在确保自然资产能够持续为人类幸福提供各种资源和环境服务的同时，促进经济增长和发展。"绿色增长"既追求经济增长和发展，同时又防止环境恶化、生物多样性丧失和不可持续地利用自然资源。它在强调经济、资源、环境协调发展的同时，还强调通过改变消费和生产模式完善社会福利、改善人类健康状况、增加就业并解决与此相关的资源分配问题。皮尔斯等（Pearce et al.，1989）最早在《绿色经济的蓝图》中提及"绿色经济"，并将其定义为"一种能够实现可持续发展的经济形势"。2005 年，联合国亚洲及太平洋经济社会委员会（ESCAP）提及"绿色增长"，认为绿色增长对于实现可持续发展意义重大，并将"绿色经济增长"定义为在维持环境可持续性发展的前提下实现的经济进步和增长。2011年，OECD 认为，自然资源资产在促进经济增长和发展的同时，能够源源不断地为提高人类福利提供不可或缺的资源以及环境服务，便实现了绿色经济增长。2011 年，联合国环境规划署（UNEP）提出，绿色经济增长指的是在提升人类福祉与社会公平的同时，显著降低环境风险和生态稀缺性，通过协调环境资源、经济、社会三方面的战略来提高资源环境的可持续性发展，并促进经济长期均衡发展。①

### 三、资源诅咒理论基础

20 世纪 50 年代，以普雷比施和桑热（Prebisch & Singer）为代表的经济学家着手研究自然资源丰裕度对国家经济发展的影响。他们发现，随着自然资源开发程度的深入，国家经济并没有得到相应的增长。为了更好地解释这一现象，普雷比施和桑热基于贸易条件的视角对这一现象进行分析。他们认为，根据比较优势理论②，世界各国形成"富有的工业化国家"和"贫穷的初级产品出口国"的格局（Prebisch，1959）。"富有的工业化国家"基本由发达国家组成，"初级产品出口国"一般是发展中国家，负责提供粮食和原材料。然而，根据比较优势理论形成的"初级产品"与"工业品"的分工并不能产生互惠互利局面，反而使得两类国家的贸易条件不断恶化（Singer，1950）。更进一步地，由于初级产品不具有收入和需求价格弹性，工业化国家和初级产品出口国贫富差距逐渐扩大。可以这么说，自由贸易的发展仅仅为发达国家带来了经济利益。③

20 世纪 60 年代，荷兰地区发现大量石油和天然气，随着开采量的增加，荷兰石油、天然气行业迅速发展，相应的产品出口增加，国际收支出现顺差，荷兰经济发展水平持续上升。然而，由于石油、天然气的

---

① 联合国环境规划署. 绿色经济报告 [R]. 2011.
② 比较优势理论由大卫·李嘉图提出，根据该理论，开展国家贸易要根据"两害相权取其轻，两利相权取其重"的原则，发挥自身的比较优势。
③ 这一理论被称为贸易条件恶化论，又被称为"普雷维什－辛格假说"。阿根廷经济家劳尔·普雷维什 1949 年向联合国拉丁美洲和加勒比经济委员会提交的报告《拉丁美洲的经济发展及其主要问题》中对此进行了系统的阐述，之后又经过了索洛和辛格的完善。

急速发展，其他行业如农业、制造业等遭受严重的打击，导致荷兰通货膨胀严重、制造业产品及农产品出口下降、失业率上升，经济发展下行，国际竞争力大大下降。陷入同样困境的还有委内瑞拉（石油）、塞拉利昂（钻石）、安哥拉（石油和钻石）等国（O'Neil，2010）。1977年，英国杂志《经济学》（*The Economist*）首次使用"The Dutch Disease"描述这一现象，后来被称为"荷兰病效应"①。

奥蒂（Auty，1993）在研究矿产国家经济发展问题时，首次提出了"资源诅咒"（resource curse）概念，并将其定义为丰富的自然资源对于国家经济增长而言可能不是福音而是一种诅咒，大多数自然资源丰富的国家反而比资源匮乏的国家经济增长得更慢。自此，对资源诅咒理论的研究日渐丰富。邵帅和杨莉莉（2010）对资源诅咒做出了更全新的解释：自然资源诅咒指的是一国或者地区的经济由于对自然资源产业的过度依赖，而引起一系列不利于长期经济增长的负面效应，最终拖累区域经济增长的现象。随着研究的深入，学者们不再仅仅研究资源诅咒对经济发展的影响，而是基于社会发展的视角，探究资源诅咒引发的社会问题。齐义军（2012）将可持续发展引入资源诅咒概念中，认为资源丰富的国家或地区的资源开发并没有带来可持续发展，反而使本地区整体陷入了不可持续发展的状态。梅冠群（2013）进一步研究发现自然资源的开发与资源产业的发展对经济增长及经济社会的健康发展产生了严重的负面影响。

## 第三节　本章小结

本章对相关概念予以界定，并阐述本研究的理论基础。第一节对涉及的三个重点对象的概念进行界定，即环境规制的内涵及分类、绿色经济增长和资源依赖的概念。首先，通过对环境规制概念演变的梳理，将环境规制定义为"政府、企业或社会公众为实现环境保护或改善社会

---

① The Dutch Disease. The economist, 1977: 82 – 83.

福利，以政策法规或制定标准的方式对经济主体破坏环境的行为进行的约束"。其次，通过对国际、国内绿色经济增长概念的界定情况进行梳理，将绿色经济增长概念界定为"在平衡经济产出的前提下使得资源投入和污染物排放最小化"。最后，对资源依赖与资源禀赋概念进行区分，认为资源禀赋反映一个国家或地区的自然资源总量，是绝对度量值；资源依赖反映一个国家或地区经济对自然资源生产的依赖程度，是相对度量值。对三者概念的界定是顺利开展本研究的重要基础性工作之一。第二节对理论基础加以论述，围绕环境规制理论、绿色经济增长理论和资源诅咒理论三个部分开展。具体来说，环境规制的基础理论包括市场失灵、庇古税、科斯定理、波特假说、环境库兹涅茨曲线。绿色经济增长的理论基础包括经济增长理论、可持续发展理论和绿色增长理论三个部分。资源依赖与绿色经济增长之间的关系是否存在"资源诅咒"现象是本研究探讨的一个重点，因此对资源诅咒理论的来源及定义进行了梳理，为后面探讨环境规制、资源依赖与绿色经济增长的关系及影响机制奠定理论基础。

# 第三章

# 文　献　综　述

　　中国的经济增长与环境治理问题一直受到国内外学者的广泛关注。本章分为四节：首先，对国内外利用数据包络分析（data envelopment analysis，DEA）方法对绿色经济增长进行测度的研究进行文献梳理，提出现有研究方法的不足之处，从而加以改进；其次，对环境规制与绿色经济增长的关系及影响机制研究进行讨论，发现目前研究忽视城市资源依赖在其中作用的缺陷；再次，梳理资源依赖与绿色经济增长之间关系及作用路径的研究，为环境规制、资源依赖与绿色经济增长三者之间的关系及影响机制构建理论基础；最后，通过对现有研究文献的简要评述提出进一步的研究方向。

## 第一节　绿色经济增长测度研究综述

### 一、基于不同衡量指标的测度

　　对于绿色经济增长测度的研究，由于其本身无法直接观测，因此需要借助于数学规划或计量经济学的方法，学术界尚无公认的测度方法（李江龙和徐斌，2018）。目前使用较为广泛且有效的方式是非参数技术效率分析方法之一的 DEA 方法。该方法最早由美国学者查恩斯等（Charnes et al.，1978）提出，在 40 余年的发展中，众多学者对这一方法的理论基础不断完善和拓展。DEA 的优势在于可以评价多个投入和产出单元，同时不必对投入和产出之间的函数形式进行假定，因此被认为是测度绿色经济增长的有效方法（Li & Hu，2012；林伯强和刘泓汛，2015）。国内外学者构建了生态效率、能源效率、环境效率和生态福利绩效等指标来度量绿色经济增长水平，对不同区域或行业（产业）层面的绿色经济增长状况进行评价与测度研究。

在不同区域层面，李胜兰等（2014）在费雷等（Faere et al.，1989）提出存在非期望产出的 DEA 模型基础上，进一步依据迪克霍夫和阿伦（Dyckhoff & Allen，2001）与科尔霍宁和卢普塔维克（Korhonen & Luptacik，2004）提出的将非期望产出作为投入的方法，测算出反映中国 30 个省（市）经济发展和生态环境状况的生态效率水平。师博和沈坤荣（2008）运用超效率的 CRS – DEA（Constant Return to Scale，CRS）模型对中国省际层面的全要素能源效率进行测度分析。杨俊等（2010）将污染变量作为具有弱可处置性的非期望产出，测算了中国 1998 ~ 2007 年省际环境效率。宋等（Song et al.，2020）利用全局参比的超效率 SBM – DEA（Slack-based Measure，SBM）模型对中国 286 个地级市的生态效率进行测算分析。龙亮军（2019）运用两阶段非合意产出的 Super – NSBM 模型和 Window – DEA 模型对中国 35 个主要城市 2011 ~ 2015 年的生态福利绩效进行分阶段的测度研究。

对于不同行业或产业层面的研究，本马和胡（Honma & Hu，2014）利用班克等（Banker et al.，1984）提出的 VRS – DEA（Variable Return to Scale，VRS）模型对 1995 ~ 2005 年日本与其他 14 个发达国家在工业层面的能源效率进行测算和比较。蒙和明（Moon & Min，2020）以韩国能源密集型产业的企业为研究对象，在现有两阶段 Network – DEA 模型基础上进行扩展，提出一种多阶段 Network – DEA 模型来区分纯能源效率和经济效率。邹倩等（2018）以大庆市石化企业为研究对象，分别构建 CCR 和 BCC 的 DEA 模型对石化企业生态效率进行测度。

## 二、基于不同 DEA 方法的测度

从研究方法上看，众多学者利用不同类型的 DEA 方法对绿色经济增长问题展开研究，并在此基础上进一步考察绿色经济增长的影响因素

（方琳和仇方道，2019；Ruan et al.，2020）。一些学者利用 SBM 模型处理非期望产出的优势进行研究，如罗海霞和段永峰（2018）利用超效率 SBM 模型对内蒙古的城市绿色经济效率进行测度分析，同时通过灰色关联分析对影响绿色经济效率的因素进行探讨，结果表明产业结构、经济规模、市场化程度和对外开放程度对绿色经济效率的影响较大。利和德万（Li & Dewan，2017）利用超效率 SBM – DEA 模型，同时结合沙普利（Shapley）分解和分位数回归，对中国的 116 个资源型城市全要素能源效率进行测度以及对主要影响因素进行研究，结果发现大多数资源型城市处于无效状态，消费支出、地方政府支出和职业学校的可获得性是对效率产生显著负面影响的三个主要决定因素。在此方法的基础上，邓波等（2011）基于中国 2008 年省域截面数据，利用能够剔除外部环境和随机误差影响的三阶段 DEA 模型对区域生态效率进行实证研究。曹建忠和汪海风（2016）以 115 个资源型地级行政区为研究对象，利用考虑非期望产出的动态 SBM 共同边界模型对 2005～2012 年的转型效率进行测算，将这些资源型城市按照成长型、成熟型、衰退型和再生型四种类型进行了分类研究。赵等（Zhao et al.，2020）以中国 286 个地级市为研究对象，利用考虑非期望产出的全局参比 SBM 超效率 DEA 模型，测算中国地级市层面 2003～2016 年的生态效率，在此基础上检验了资源依赖在产业结构合理化和产业结构高级化对生态效率影响路径中的作用。

## 第二节 环境规制与绿色经济增长研究综述

### 一、环境规制对绿色经济增长的线性影响

现有对环境规制与绿色经济增长线性关系的研究，主要是从环境规制对经济增长短期产生的"遵循成本"（Cost of Compliance）和长期是否形成"创新补偿"（Cost-saving Innovation）两个角度考察两者之间的正相关或负相关关系。根据"遵循成本"理论，环境规制会产生遵循

成本从而阻碍新厂商的形成并降低企业的盈利能力。如利用美国工厂观测数据研究发现，《清洁空气法案》降低了制造业厂商全要素生产率，这一结论削弱了环境法规是无成本甚至有利于被监管的论点（Greenstone et al.，2012）。同时"污染天堂"假说也证明，在短期内较严格的环境规制将提高企业的生产成本，引致企业从本地区迁出到环境规制更为宽松的地区，而企业的迁出不利于本地经济发展。

与此相反，"创新补偿"理论则认为环境规制将"倒逼"企业增加清洁生产研发投入，转变生产方式，弥补"遵循成本"的负面效应，同时达到改善环境的目的。不同学者对不同国家、不同地区、不同时段的样本进行研究得到不同的结论，这使得对两者间关系的争论愈加激烈。传统的古典经济学理论和早期的实证研究认为，严格的环境规制政策将会增加企业的治污和排污成本，降低企业的竞争力和生产率，抑制经济增长。例如，有研究发现美国1973～1985年的污染排放成本超过政府购买商品和服务总成本的10%，使得国民生产总值下降了19.1个百分比（Jorgenson & Wilcoxen，1990）。针对20世纪70年代美国五种高污染行业（如造纸、化工等），发现环境规制造成美国制造业生产率下降了10%～30%（Barbera & Mcconnell，1990）。赵霄伟（2014）利用城市工业面板数据研究发现，全国层面和分区域层面的环境规制对经济增长均表现为减缓的作用。另有学者认为适当的环境规制能刺激企业投资与环境技术改造和环境管理创新，在生产过程中催生创新补偿效应，获得市场上的竞争优势。也有学者通过案例分析提出环境规制实质上是对企业施加了创新压力，有利于促进企业技术改进，而且带来的创新效应会超过成本效应，进而促进全要素生产率提升，提高企业的生产率和市场竞争力（Porter & Van der Linde，1995）。有些学者的实证检验也表明适当的环境规制能刺激创新、促进生态创新和提高市场绩效（Ramanathan et al.，2017）。

## 二、环境规制对绿色经济增长的非线性影响

现有环境规制对绿色经济增长的非线性影响研究，多数从技术创新视角和产业结构升级视角展开讨论。

### （一）技术创新视角下环境规制与绿色经济增长研究

从技术创新的视角对环境规制影响绿色经济增长的研究，主要是在"波特假说"（Porter Hypothesis）提出之后展开的。有学者利用一组制造业面板数据对波特假说进行检验，发现以成功申请专利数量衡量的技术创新不仅能抵消环境规制带来的遵循成本从而激发企业创新，还能提高企业竞争力，这一结论被认为是对波特假说的加强（Jaffe & Palmer，1997）。也有学者在对丰田混合动力汽车和日产电动汽车的研究中同样发现，环境规制对公司的创新能力具有显著增强效果（Debnath，2015）。有些学者对 2005～2015 年中国工业部门省级面板数据的研究中发现，短期内环境规制对中国工业部门的研究和创新能力具有抵消作用，但随着环境规制的不断加强，将迫使行业通过提高技术创新能力来降低污染治理成本，从而产生补偿效应，最终环境规制与技术创新之间呈 U 型关系（Ouyang et al.，2020）。在国内，黄德春和刘志彪（2005）在引入技术系数的环境规制均衡模型基础上，以海尔集团为例验证了波特假说。张成等（2011）对中国 30 个省市、区工业部门的环境规制强度与企业生产技术进步之间的关系进行检验，在验证波特假说存在性的同时验证了两者之间的非线性关系。蒋伏心等（2013）对环境规制影响技术创新的直接效应和间接效应进行了研究，其结论支持波特假说且会通过 FDI、人力资本和企业规模产生间接影响。

现有直接考察环境规制通过技术创新影响绿色经济增长的研究，主要集中在全国或部分区域层面。如李斌和彭星（2013）利用中国 30 个省（市、区）1999～2010 年面板数据考察命令控制型环境规制、技术创新与低碳绿色经济发展之间的关系，结果表明当前环境规制工具设计不能对技术创新产生激励，因此较难支持经济的低碳绿色发展。王国印和王动（2011）对 1999～2007 年中国中东部地区的研究表明，环境规制刺激企业技术创新从而推动经济增长的波特假说在较为落后的中部地区未能得到有效支持，而存在于较为发达的东部地区。曹等（Cao et al.，2020）对长三角地区环境规制与经济增长之间的关系及影响机制进行了研究，结果发现技术创新和资源消耗是环境规制影响经济增长的重要机制。

## （二）产业结构视角下环境规制与绿色经济增长研究

污染天堂假说（Pollution Haven Hypothesis）认为环境规制门槛的高低决定了污染密集型行业的转移，而污染密集型产业对于一个地区的经济增长和环境保护产生影响。一些学者关注环境规制对产业结构的影响，如原毅军和谢荣辉（2014）将环境规制区分为正式和非正式两种类型，研究发现两类环境规制工具对中国 30 个省域产业结构调整具有正向作用。钟茂初等（2015）从产业结构转移和升级两个角度考察中国省级层面环境规制对产业结构调整的作用，发现环境规制达到一定门槛值后倒逼产业结构调整。还有学者对中国省级面板数据进行研究发现，污染避难所假说成立与否和环境规制的类型以及产业特征有关（Zheng & Shi，2017）。沈坤荣等（2017）以中国 2004～2013 年 285 个地级市层面面板数据为研究对象，对环境规制是否引起污染就近转移问题进行研究，发现污染迁出地的环境规制对污染迁入地的产业结构污染程度具有加剧的负面影响。李虹和邹庆（2018）利用中国 2005～2016 年 282 个城市面板数据对环境规制、资源禀赋和产业转型之间的关系进行研究，发现环境规制对资源型和非资源型城市的产业结构合理化或高级化均有有利影响。

另有一些学者从产业结构对绿色经济增长的影响展开研究，这些研究大多从产业结构对环境质量（环境效率）或经济增长两方面分别进行探讨，仅有少数研究直接关注到产业结构与绿色经济增长之间的关系（赵领娣等，2016；李子豪和毛军，2018）。多数学者对产业结构对环境污染或经济增长的作用研究是建立在环境库兹涅茨曲线（Environmental Kuznets Curve，EKC）框架之上（Grossman & Krueger，1994）的。对于产业结构与环境污染的研究有如下观点：土地价格、劳动力和资本的价格决定了一个国家制造业中污染行业占比，而降低制造业行业中污染产业的比例有利于降低污染排放（Cole，2000）。从贸易的视角论述了国别之间的结构效应有利于降低污染排放（Antweiler et al.，2001）。近年来，有利用中国地级市的面板数据分析发现经济结构变动会提高粉尘和二氧化硫的排放，但会降低氮氧化合物的排放，且其影响效应在不同的发展阶段存在异质性（He & Wang，2012）。从中国省级制造业结构升级的视角研究低碳减排效应（Shao et al.，2016；Li et al.，2019）。还有一些研究则偏向于探索产业结构对环境效率的影响，如研究产业结构水平对生态经济效率的作用，发现近十年来中国产业结构水平和生态经济效率均有所提高，且两者之间为正相关关系（Han et al.，2018）。对产业结构影响产业能源效率的研究结果表明调整省际产业结构能有效提高产业能源效率（Xiong et al.，2019）。

根据产业经济学的经典理论，通常认为产业结构调整是经济增长的重要推动力。例如，黄亮雄等（2012）对中国 30 个省份产业结构对单位 GDP 能耗的影响进行研究，发现产业结构调整有利于本地区节能减排，但存在显著恶化其他地区单位 GDP 排污及能耗效应。孙叶飞等（2016）从城镇化发展的角度考察产业结构与中国经济发展，认为"结构红利"随产业结构变迁逐渐减弱，但产业结构变迁的经济增长效应依然存在。钱争鸣和刘晓晨（2014）对环境管制、产业结构调整和绿色经济效率进行了研究，发现环境管制通过影响产业结构调整升级促进地区经济绿色发展。另有一些学者的研究显示产业结构对地区绿色经济增长并未产生提升作用。如李子豪和毛军（2018）认为产业结构的工业化直接对本地区的绿色发展产生负面影响，彼此相邻地区存在的"逐底竞争"也对绿色发展产生负面效应。傅元海等（2016）从制造业结构合理化和高级化两个角度考察制造业结构变迁与经济增长效率的关系，结果发现制造业结构高度化与经济增长效率之间为负相关关系，而制造业结构合理化促进经济增长效率提升。郭存芝等（2014）对 33 个资源型城市可持续发展影响因素进行研究，发现以第三产业比重衡量的产业结构对可持续发展具有负向影响。

## 第三节　资源依赖与绿色经济增长研究综述

### 一、资源依赖与绿色经济增长的关系

对于自然资源禀赋与经济增长两者之间关系的研究，学界的结论各

异（Mirza et al.，2019）。主要的观点可以分为两类：

（1）第一类观点认为，丰裕的自然资源是一个国家或地区的福祉，是地区财富增长的基础，它们往往能够促进经济高速增长（Murphy et al.，1989；胡援成和肖德，2007；González-Val & Pueyo，2018）。在这类认为自然资源禀赋与经济增长之间呈现正相关关系的研究中，学者们通常采用直接或间接两种方式进行验证。

第一，直接验证自然资源对经济增长的促进作用。首先，丰富的自然资源能够吸引 FDI，是经济增长的基础。一个自然资源丰富的贫困国家或地区，其拥有充足的劳动力而可利用的投资匮乏，则可以通过出口自然资源初级产品获得收入并吸引外资流入，从而迅速参与国际分工并将收入转化为物质资本或人力资本，推动工业发展进而实现经济增长（Rosenstein – Rodan，1943）。其次，不同自然资源禀赋往往影响一国产业结构。第一产业的发展受到的自然资源禀赋约束最强，而资源禀赋的种类和结构也影响着一个地区的第二产业布局（陈国阶，1994）。自然资源丰富的地区更易于发展资源型产业，从而趋向于发展成为资源依赖型经济体（邵帅和杨莉莉，2010）。明确了中国国内资源开采消费的关键部门，其中最重要的供应链路径来自资源开采部门，最终以建筑部门结束，资源型地区只有积极促进产业结构转型才能实现可持续发展和碳排放效率提升（Wang et al.，2019）。自然资源禀赋对制造业结构具有重大影响，进而影响二氧化碳排放（Li et al.，2019）。最后，自然资源的开发和利用能够更好地促进技术进步。自然资源禀赋的固定性以及与其他生产要素之间的不可替代性，会促进研发投入的增加，从而实现资源增长型技术进步（罗浩，2007）。资源开发会对创新活动产生挤出效应，但是如果考虑到生产要素配置效率，那么负向作用将会转变为正向的促进效应（邵帅和杨莉莉，2011）。只有鼓励科技创新，提升产业核心竞争力，才能有效利用资源，实现地区经济的可持续发展（马宇和杜萌，2013）。自然资源的稀缺性会促进节约资源的技术研发（Tsuboi，2018）。丰富的自然资源有利于一个国家内的可再生能源生产（Ahmadov & Borg，2019）。

第二，从验证"资源诅咒"现象不存在的角度间接证明两者之间的正相关关系。国外学者对资源诅咒的研究中，戴维斯（Davis，1995）

最早对资源诅咒进行了证伪，将研究对象设定为 22 个资源型和 57 个非资源型经济体，发现矿产资源经济体并不存在资源诅咒。赖特和泽卢斯塔（Wright & Czelusta，2004）认为传统检验方法将矿产出口与自然资源禀赋等价的做法是有偏的，认为跨国层面存在资源诅咒的证据并不充分，并利用美国、加拿大等资源丰裕国家经济发展成功的案例反驳资源诅咒假说。布鲁奇维尔和比尔特（Brunnschweiler & Bulte，2008）利用跨国截面数据证明丰裕的自然资源对经济增长具有显著的促进作用，否认资源诅咒假说。国内学者也从不同层面得出中国不存在资源诅咒的结论，张贡生和李伯德（2010）从自然资源指标设计缺陷、经济增长速度快慢的界定、忽视区域异质性等五个方面对资源诅咒假说进行了驳斥。赵新宇和范欣（2013）以人均生态足迹为自然资源禀赋的测度指标，研究发现自然资源对经济增长整体上表现为促进作用，资源诅咒现象在中国省际层面尚未出现。胡尧和严太华（2019）借助准实验模型对 2003～2015 年中国 280 个微观地级市面板数据的资源诅咒存在性进行检验，结论从地级市层面否定了资源诅咒观点。

（2）第二类观点认为，自然资源丰裕的地区的经济发展速度反而滞后于自然资源稀缺地区，这一现象就是所谓的"资源诅咒"（Resource Curse）。资源诅咒的概念最初是由奥蒂（1993）提出，随后萨克斯和瓦尔纳（Sachs & Warner，1995，1997，1999，2001）对资源诅咒开展实证研究，构建的 Sachs – Warner 模型（简称 S – W 模型）成为研究资源诅咒理论的基础。目前国内外的学者主要从资源诅咒存在论和资源诅咒有条件存在论方面验证其存在性：

第一，资源诅咒存在论观点认为自然资源禀赋阻碍了经济的增长（Gylfason & Zoega，2006；Brunnschweiler & Bulte，2008；Sala-i-Martin & Subramanian，2003；徐康宁和韩剑，2005）。吉尔法松等（Gylfason et al.，1999）采用两部门随机内生增长模型对 1960～1992 年 125 个国家的横截面和面板数据进行实证分析，证实了资源诅咒的存在。徐康宁和王剑（2006）首次实证检验了资源诅咒在中国省际层面的存在性。邵帅和杨莉莉（2010）在控制时期和地理因素并考虑潜在内生性的条件下，利用 1997～2006 年中国 27 个地级煤炭城市数据进行实证检验，证实资源诅咒存在。陆等（Lu et al.，2019）以小范围区域为研究视角，结合中国各类资源型城市如庆阳、金昌、白银等，通过计算资源诅咒系数解释和分析资源诅咒效应，结果表明无论资源型城市处于资源开发的早期、中期还是晚期，经济发展都在一定程度上受资源诅咒效应困扰。

第二，资源诅咒条件存在论认为自然资源禀赋对经济增长的影响并非呈现简单的线性关系，资源诅咒只有在某些条件下才存在（邵帅等，2013；万建香和汪寿阳，2016）。首先，指标选取和研究方法的不同会导致结论差异。在控制制度质量、开放程度和初始收入三个因素并使用工具变量修正解释变量的内生性时，资源诅咒便不再成立（Arezki & Ploeg，2007）。分别以人均自然资源资本和自然资源资本占总资本比重衡量自然资源禀赋，结果显示前者促进经济增长而后者产生抑制作用（Ning & Field，2005）。姚毓春和范欣（2014）利用生态足迹模型测度自然资源，以1991~2011年中国省际面板数据为基础，借鉴 S－W 模型对自然资源与经济增长的关系进行实证研究，结果表明整体性及分阶段研究均表现为 U 型关系，验证了条件资源诅咒存在论。

其次，不同类型的自然资源对经济增长的影响结果也可能不同。奥蒂（2001）首次将自然资源的类型划分为"点资源"（point resources）和"散资源"（diffuse resources），"点资源"诸如棉花、烟草、石油和矿产等所有权较为集中的资源，它们一般被少数财团控制，容易滋生寻租和腐败等现象，从而引起资源诅咒，"散资源"主要包括玉米、小麦等农产品，这些资源未被少数人掌控，所有权较为分散，从而利于民主制度的产生。有学者区分自然资源的类型对尼日利亚资源诅咒问题进行研究，结果表明仅石油和矿产资源会引起资源诅咒，因此资源诅咒是有条件存在的（Sala-i-Martin & Subramanian，2003）。

最后，探讨不同经济要素如人力资本、物质资本和制度质量等的作用也会得到不同结论。胡援成和肖德勇（2007）对中国省际层面资源诅咒的研究发现，人力资本的投入对经济增长克服资源诅咒存在门槛临界值，表明了资源诅咒的条件存在性。博斯基尼等（Boschini et al.，2007）从制度质量角度考察，发现如果制度质量足够高，资源诅咒是可以逆转的，证实了条件存在论。万建香和汪寿阳（2016）首次将社会资本引入对资源诅咒的探讨，以社会资本与技术创新的交叉因子为门槛变量，发现跨越门槛值之后资源对经济增长的诅咒效应逐渐由强变弱、消失甚至转化为福音。

经济增长是对经济运行状况的描述，但不能说明整个社会的发展状况。因此，一些学者从 GDP 增长之外的指标衡量社会发展状况，考察其与资源依赖两者间的关系（张野等，2018）。有学者以人类福利变量替代 GDP 增长指标研究其与资源开发之间的关系，结果显示自然资源禀赋对人类福利的改善具有抑制作用（Bulte et al.，2005）。有学者选择包含经济发展水平、教育程度和生活质量的人类发展指数（Human Development Index，HDI）描述一个地区的综合发展状况，利用 2000 ~ 2011 年中国省际面板数据发现 HDI 和资源开发程度的资源诅咒在全国范围内确实存在（Huang et al.，2014）。还有学者利用 GDP 增长率与资源－环境成本比反映地区经济发展质量，发现国家层面不存在资源诅咒且各区域呈现不同的结果（Xu，2016）。丁从明等（2018）首次利用 CFPS（2010）微观数据对自然资源和居民人均收入之间的关系进行检验，估计结果显示资源诅咒在中国村（居）层面存在。鲁永刚和张凯（2019）利用世界银行对中国 109 个样本城市调查数据，从经济结构、创新基础、环境污染、对外开放和民生保障五个方面构建度量城市经济发展质量的综合指标，研究显示过度的资源产业依赖阻碍政府效率提升，从而抑制经济高质量发展。

在新时代经济高质量绿色发展的理念之下，各个国家更加关注居民生活水平提升、生态环境改善和资源保护等发展质量的提高。为了详实地刻画资源—环境—经济的协调发展情况，一些学者借助全要素生产率（total factor productivity，TFP）、生态效率或绿色增长的概念考察资源诅咒现象（茶洪旺和郑婷婷，2018）。利用规范分析的方法探讨资源诅咒发生的条件，发现由于资源的开发，TFP 可能与自然资源存在倒 U 型曲线关系（Shao & Yang，2014）。邵帅等（2013）从 1998 ~ 2010 年中国 220 个地级市面板数据入手，利用 DEA － Malmquist 指数法测算样本城市各年的 TFP 增长率，进而从人均 GDP 增长和 TFP 增长两个维度考察资源依赖对经济发展效率的影响，结论支持资源诅咒条件存在。黄建欢等（2015）

从生态效率视角考察中国省际层面资源诅咒命题是否成立，得到肯定的结论。李江龙和徐斌（2018）利用非径向方向距离函数构造绿色经济增长评价指标，从能源环境绩效的视角研究资源丰裕度如何影响经济发展，发现丰裕的自然资源会对地级市层面的绿色经济增长造成诅咒。

## 二、资源依赖对绿色经济增长影响的传导机制

伴随着对资源诅咒议题讨论程度的逐步加深，学者们开始将研究重心转移到自然资源如何影响一个国家或地区经济发展的问题上，从而寻找破解资源诅咒的办法。由于我国对于资源诅咒的研究起步较晚，目前符合中国特点的区域层面资源诅咒传导机制的研究仍然处于较为初级的阶段，以下分别从国外和国内两个方面梳理资源诅咒传导机制的文献。

### （一）国际研究

目前国际上对资源诅咒传导机制的研究大体分为贸易条件恶化、价格波动影响、荷兰病效应、制度质量弱化和挤出效应五大类：

（1）贸易条件恶化。最早涉及资源诅咒的经济学理论可以追溯到 20 世纪 50 年代末期，由著名的阿根廷发展经济学家普雷维什（Prebisch）提出的"中心–外围"理论（Core & Periphery Theory）以及普雷维什与德国发展经济学家辛格（Singer）提出的"贸易条件恶化理论"（Deteriorating Trade Terms Theory），被用于解释资源诅咒产生的原因。两个理论是对同一个事物从不同的角度的分析，均能够对自然资源丰裕国家相比资源贫乏国家贫困化更加严重的原因进行解释。"中心–外围"理论从产业链的视角对整个贸易活动的结果进行阐释，有学者指出在传统的国际劳动分工下，世界经济被分成了两个部分：一个是"大的工业中心"；另一个是"为大的工业中心生产粮食和原材料"的"外围"。在这种"中心–外围"的关系中，"工业品"与"初级产品"之间的分工并不像古典或新古典主义经济学家所说的那样是互利的，反而由于技术进步及其传播机制在"中心"和"外围"之间的不同表现，两个体系之间的关系是不对称的（Prebisch，1950）。对此，其进一步指出："从历史上说，技术进步的传播一直是不平等的，这有助于使世界经济因为收入增长结果的不同而划分成中心和从事初级产品生产的外围"。贸易条件恶化理论则

更倾向于从国际贸易条件视角表达一种贸易条件变化的过程（Prebisch，1959）。有学者认为两类国家在影响劳动力供给、需求和价格因素以及初级产品和制造品的供给和需求方面情况各不相同，因此不受限制的贸易对发展中国家的贸易条件和国际收支是不利的（Singer，1950）。

（2）价格波动影响。通常来说，资源价格在较长一段时期内会表现为波动态势，国际初级产品市场价格的剧烈波动将会极大影响政府财政收入，从而造成一国宏观经济波动。奥蒂（2001）认为由资源价格波动引起的财政收入波动可能是引起资源诅咒的原因之一，正是由于自然资源的供给弹性非常低，较小的价格波动也会引起需求量大幅波动，因此价格波动会对一国的投资、收入分配、教育投入等产生负面影响。有学者对 1972～1992 年国家间的研究证实初级产品出口份额较高的国家的收入波动幅度是工业化国家的 2～3 倍（Mikesell，1997）。自然资源初级产品价格波动幅度经常高于 30%，出口初级产品的收入在一国财政收入中的表现不稳定，这导致政府很难对经济发展做出长期有效规划（Davis & Tilton，2005）。

（3）荷兰病（Dutch Disease）效应。20 世纪 60 年代，已经是以制成品出口为主的荷兰在北海沿岸发现大量天然气，于是荷兰政府大力发展天然气业，导致出口剧增，国际收支出现顺差，经济显现繁荣景象，但严重打击了荷兰的农业和其他工业部门，削弱了出口行业国际竞争力。到 20 世纪 70 年代，荷兰遭受通货膨胀上升、制成品出口下降、收入增长率降低、失业率增加的困扰，这种资源产业在"繁荣"时期价格膨胀是以牺牲其他行业为代价的现象，国际上将之称为"荷兰病"。荷兰病的经典模型是由科登和几内亚（Corden & Neary，1982）建立的，该模型将一国的经济分为三个部门，即可贸易的制造业部门、可贸易的资源出口部门和不可贸易的部门（主要是一国内部的建筑业零售贸易和服务业部门）。制造业具有"干中学"的特征，对其他部门有"溢出效应"，制造业与其他部门的前向关联和后向关联较为紧密，通过延长产业链带动其他部门共同发展，制造业同样承担着技术创新和组织变革甚至培养企业家的使命，所以制造业衰退必将导致发展中国家人才的大量流失（Matsuyama，1992）。有学者利用 1970～2006 年 41 个资源出口国家的数据进行研究，发现非自然资源出口中的制造业部门占有较高份额，但制造业产品相对其他产品更容易受资源出口的排挤（Harding & Venables，2016）。

（4）制度质量弱化。丰裕的自然资源会通过引起战争和冲突等弱化政治体制的稳定性方式造成资源诅咒，由于这一传导机制难以利用数量化的模型进行分析，学者一般从行为主义者或理性行为者的观点进行探索。行为主义者的观点认为自然资源开采会带来社会财富分配不公平、政治权利进一步限制以及宗教等社会问题（Ross，2001）；理性行为者的观点则是出于理性人假说，即为了获取自然资源给自身带来的巨大收益，组织反叛集团以致最终爆发战争（Collier & Hoffler，1998）。科列尔和赫夫勒（Collier & Hoffler，2004）以1960~1999年发生的52次武装冲突为分析对象，发现自然资源稀缺国家爆发内战的概率为0.5%，而这一概率在一个资源财富占国内生产总值26%的国家陡然提高至23%，因此认为丰裕的自然资源通常是武装团体抢夺的对象，资源丰裕的国家相比资源稀缺的国家有更高的概率爆发战争。科列尔和赫夫勒（2005）还发现自然资源不仅会造成战争的爆发，并且对战争的类型也有影响，研究发现丰裕的自然资源对分裂型内战和非分裂型内战的爆发均有催化作用，但对分裂型内战的影响更加剧烈，其发生的概率约为非分裂型内战爆发概率的3倍。

同样，丰裕的自然资源也会通过引发寻租、腐败等行为造成经济制度质量的弱化，最终危害促进经济增长的长期驱动因素，导致资源诅咒。丰裕的自然资源内含大量的经济租，如果产品市场体制不健全，商品价格机制发生扭曲而不能较好地体现其内在价格时，在一些资源密集型产业中便可能形成相关的寻租利益集团，它们通过对执政机构提供资金支持或者直接对关键部门的相关政府人员进行行贿，以较高的产品定价获取超额利润（Barro & Sala-i-Martin，1992；Sala-i-Martin & Subramanian，2003）。穆尔希德（Murshed，2004）将寻租行为引入Ramsey模型研究由于自然资源寻租而对经济增长产生的影响，发现对于资源密集型经济体来说，政府从资源开发中就可以直接获得大量利润，从而容易产生具有寻租、腐败和掠夺性质的政府，而为了获取资源租金进行的浪费性的寻租博弈使经济增长严重受阻。罗斯（Ross，2015）认为石油资源丰富的国家具有更长久的独裁政权，这将增加腐败行为。

（5）挤出效应。顾名思义，挤出效应即丰裕的自然资源将"挤出"那些维持经济增长的驱动要素。如有学者通过跨国研究发现自然资源丰裕的 OPEC 成员国的投资教育支出占 GDP 比重普遍较低，认为自然资源对人力资本的挤出是自然资源禀赋与经济增长之间呈负相关关系的主要原因，丰裕的自然资源对政府教育公共支出、女孩预期受教育年限和中学入学率均具有抑制作用（Gylfason，2001）。也有学者将自然资源与制度的交互作用与自然资源与人力资本的交互作用纳入同一模型，利用自回归分布滞后模型（auto-regressive distributed lag model，ARDL）对29 个非洲国家进行研究的结果表明，人力资本与腐败是利用自然资源的适当杠杆，倡议非洲国家加强人力资本投资并打击腐败，把资源诅咒变成福音（Zallé，2019）。

（二）国内研究

国内学者对自然资源禀赋与经济增长之间关系的研究起步较晚，目前主要从两种思路展开探讨：一是从综合视角分析资源诅咒的传导机制，尽可能多地考虑相关传导路径；二是从某一传导机制入手，对重点关注的传导机制进行分析。

（1）综合视角传导机制研究（张景华，2008；王嘉懿和崔娜娜，2018）。国内学者通常对全国或某一区域资源诅咒命题成立与否进行检验，进而研究多条传导机制是否真正起作用或在何种条件下起作用。徐康宁和韩剑（2005）提出中国区域经济增长在长周期也存在资源诅咒效应，进一步从挤出制造业、挤出人力资本、制度质量不完善以及生态环境恶化四个传导机制进行解释。邵帅和齐中英（2008）对中国西部地区资源诅咒理论假说及其传导机制进行计量分析，结果发现能源开发对经济增长存在资源诅咒效应，主要通过对科技创新和人力资本投入的挤出效应，以及滋生寻租和腐败而引起的制度质量弱化效应发生作用。董利红等（2015）发现提升制度质量和技术投入水平能有效改善资源依赖对经济增长的负面影响，自然资源丰裕度会弱化制度质量和挤出技术创新，而产业结构调整在一定程度上减缓了经济增长对自然资源的依赖。薛雅伟等（2019）以中国油气资源城市作为研究对象，发现自然资源禀赋与经济增长为倒 U 型关系，物质资本投资和制造业发展对促进关系具有抑制效果，而技术创新投入、人力资本水平和居民储蓄能力对抑制关系有缓解效果。

（2）某一类传导机制研究。在研究了自然资源对制度质量的弱化作用和荷兰病效应，对人力资本、物质资本和创新挤出效应的基础上，一些学者进一步研究自然资源对开放程度的挤出效应，同时也对产业结构扭曲和生态环境恶化等路径展开新的探索。

对于荷兰病的研究，冯宗宪等（2010）通过实证和案例分析荷兰病在中国与荷兰、挪威等发达国家的差异，认为我国荷兰病的主要症结在于挤出制造业固定资产投资，而非提高劳动力雇佣成本。杨莉莉等（2014）以中国 31 个省（市、区）的面板数据为研究样本，发现削弱制造业投入的荷兰病效应是抑制经济增长的首要原因。对挤出人力资本的研究，胡援成和肖德勇（2007）认为人力资本投资是缓解资源诅咒的关键因素。孙等（Sun et al.，2018）利用中国省际面板数据研究发现，资源依赖对人力资本的挤出效应存在于中国中西部地区，认为政府应该利用自然资源部门的收入增加对教育的投资，提高当地的人力资本。关于挤出物质资本投资的研究（薛雅伟等，2016；许福志，2018），赵康杰和景普秋（2014）指出资源型区域中资源依赖程度越高的省份其物质资本对经济增长的贡献越高，人力资本与物质资本形成不足的同时制约了创新，导致长期经济增长缓慢。关于挤出创新的研究（孙维峰和贾玉霞，2018），邵帅和杨莉莉（2011）证实了自然资源开发容易对创新投入和创新产出活动产生挤出效应，但市场化程度和生产要素配置效率的提高对这种挤出效应具有调节作用。韦结余（2018）发现西部大开发对研发投入的挤出效应非常严重，在一定程度上抑制了西部地区的长期经济增长。关于制度质量弱化的研究，张景华（2008）构建了一个包含制度因素的理论模型，发现自然资源对经济增长是促进作用还是抑制作用主要取决于制度质量的差异。吉等（Ji et al.，2014）发现资源禀赋对中国省际经济增长有正向影响，这种影响与制度质量呈非线性关系。

除了对上述传导机制的研究，国内学者基于中国的制度背景和市场

环境特点，还对资源诅咒传导机制进行了开拓性研究，如对外开放程度
（王普查和孙冰雪，2019），生态环境（褚艳宁，2015）等。如董利红
和严太华（2015）发现技术投入和对外开放程度对资源诅咒存在门槛
效应，技术投入与对外开放程度越高，资源依赖对经济增长的抑制作用
越小。姚予龙等（2011）通过对资源诅咒严重区和资源诅咒高危区的
实证研究发现，我国资源诅咒现象产生的内外部动因主要是短期行为导
致资源开发的同时忽视了对脆弱的生态环境的保护。宋德勇和杨秋月
（2019a）构建包含资源开发部门和环境保护部门的四部门内生增长模
型，以 2003～2016 年中国 277 个地级市为研究对象，发现环境规制可
以提升人力资本从而破解资源诅咒。

　　上述国内外有关资源诅咒的传导路径，可以用图 3－1 概括展示。

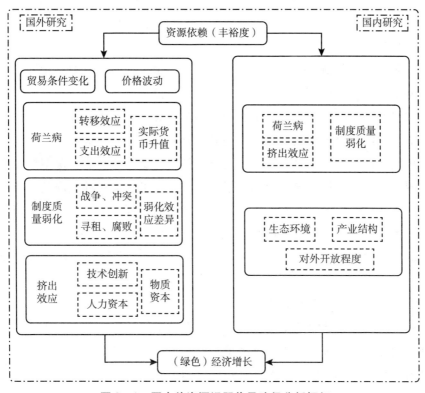

**图 3－1　国内外资源诅咒传导路径分析框架**

# 第四节  文 献 述 评

本研究通过对绿色经济增长测度方法的文献进行梳理发现，目前尚无公认的关于绿色经济增长的测度方法。对无法直接观测的绿色经济增长进行科学合理的测算，是当前有待解决的问题之一。在现有利用DEA 方法对地级市层面绿色经济增长测度的研究方面，考虑到测度绿色经济增长需要考虑在节约资源的同时增加期望产出并减少非期望产出，从而关注到对非期望产出的特殊处理方式，但多数学者忽视了不同DMUs（decision making units）之间由于资源禀赋及市场环境差异导致的技术异质性（technological heterogeneity），如果对所有DMUs 构建相同的技术前沿面，将产生估计偏误的问题。因此，绿色经济增长的测算方法有待改进。

在对环境规制与绿色经济增长关系及影响机制的研究中，学者们已经从技术创新、产业结构等视角展开大量讨论。与此同时，对于资源依赖和绿色经济增长的研究，学者们主要从资源依赖与单一维度的经济增长或绿色经济增长相关指标间的关系展开研究，探讨了资源诅咒及其传导机制。但是，大多数研究并未充分关注资源型城市与非资源型城市在资源依赖上存在的差异，资源依赖水平的差异可能会对环境规制影响绿色经济增长问题产生不同的作用。将环境规制、资源依赖与绿色经济增长三者纳入同一框架进行研究的成果较少，代表性的文献如曹等（Cao et al.，2020）对长三角地区环境规制与经济增长之间的关系及传导机制进行研究，结果发现技术创新和资源消耗是环境规制影响经济增长的重要传导机制。任海军和姚银环（2016）对中国 30 个省份在不同资源依赖度下投资型和收费型环境规制对生态效率的影响差异进行研究，发现不同程度的资源依赖水平下环境规制对地区生态效率的影响不同。宋德勇和杨秋月（2019b）利用 1991～2016 年 157 个国家的面板数据，对环境规制在打破资源诅咒中的作用进行研究，结果发现环境规制在资源依赖与经济增长之间存在门槛效应，当环境规制跨越门槛值之后将破解资源诅咒的传导路径。宋等（Song et al., 2020）通过对中国 286 个地级市层面 2003～2016 年面板数据进行研究，发现环境规制与区域生态效率之间呈现 U 型关系，环境规制与资源依赖之间存在倒 U 型关系且资源依赖在环境规制影响生态效率的路径中起到中介作用。这些研究对于三者之间的关系有所涉及，但囿于研究范围限制、研究对象差异以及数据完备性等问题，对于环境规制、资源依赖与绿色经济增长的关系及传导机制尚有待本研究进一步完善。

资源型城市与非资源型城市在对资源的依赖程度上存在较大差异，对于资源型城市来说，由于长期依赖自然资源开采以实现经济增长，重视初级产品部门而忽视了制造业部门的发展，因此大多数资源型城市的生产技术落后，过度依赖自然资源而导致产业结构单一，这些城市通常面临着经济结构失衡、失业和贫困人口较多、低水平产能重复建设、接续替代产业发展滞后、生态环境恶化等复杂问题（邵帅和杨莉莉，2010）。因此，针对资源型城市与非资源型城市由于资源依赖程度不同导致的经济增长与环境保护方式不同，从资源依赖的视角出发研究环境规制对中国绿色经济增长的影响及其传导机制，对于考察能否通过环境规制实现资源环境保护与经济发展的双赢，从而实现中国绿色经济增长，以及寻求破解资源诅咒的新路径具有重要的研究价值。

# 第四章

# 资源依赖视角下环境规制影响
# 绿色经济增长的理论假说

## 第一节 环境规制对绿色经济
## 增长影响的理论假说

### 一、环境规制对绿色经济增长的非线性影响理论假说

对环境规制影响绿色经济增长存在的非线性关系进行分析，首先要清楚绿色经济增长与传统的经济增长不同，必须从绿色经济增长测度指标构建的角度考量。绿色经济增长的测度以原始单一维度的经济增长以及经济增长效率为基础，纳入了与资源环境紧密相关的能源消费投入和水资源投入等因素，在产出上也考虑了如工业废水、工业二氧化硫和工业烟粉尘等非期望产出。如果想要提高绿色经济增长，则需要尽量减少生产过程中的自然资源投入从而实现资源节约，也需要对生产过程中不可避免产生的"坏产出"进行清洁治理，最大限度地减少这些废弃物的排放对自然生态环境的损害（何爱平和安梦天，2019）。同时，绿色经济增长的提高离不开生产过程中的技术创新行为，极大程度地提高资源利用效率和采用清洁生产设备从而减少相伴而生的污染物，能够提高

绿色经济增长水平（钱争鸣和刘晓晨，2015）。

其次，环境规制强度的提高，能够大幅度减少不必要的非期望产出，因为在环境规制的压力之下，当地政府和企业在进行资源分配时将会更大程度地致力于资源节约、环境保护以及污染物处理，这些行为有利于非期望产出的减少，从而促进绿色经济增长水平提升。从环境规制对资源环境的作用看，主要认为环境规制对资源环境存在正向促进的路径。这得益于环境规制是以生态环境的持续改善为目标，并且长时期内环境规制推动企业采用"净化"技术有利于改善生态环境。有学者分别以加拿大魁北克省和美国的纸制品行业为研究对象，分析了纸制品行业在环境规制冲击下污染物排放量的变化趋势，结果均表明环境规制降低了污染物的排放量（Magat & Viscusi，1990；Laplante & Rilstone，2004）。

从短期来看，较高力度的环境规制会有利于企业加大绿色技术的研发创新力度，显著提升企业的绿色技术创新意愿（王娟茹和张渝，2018），从而推动绿色经济增长。但是需要注意的是，无论是环境规制对于"坏产出"的抑制效果还是环境规制对于绿色技术创新的激励作用，短期内都会存在"遵循成本"（cost of compliance）的问题，即在假定企业生产技术、资源配置和市场需求不变的情况下，环境规制在短期内会由于防治污染和节能减排而增加企业的生产成本，压缩企业的利润空间，并在一定程度上约束企业生产技术和工艺的改进和创新（Blackman & Kildegaard，2010）。"遵循成本"的产生不仅会对企业通过技术创新减少污染排放的行为构成威胁，同时也会导致以生产利润最大化为目标的企业更多地进行生产并排放污染物（齐红倩和王志涛，2015；Fünfgelt & Schulze，2016）。因此，短期内环境规制对区域经济发展具有抑制作用。

从长期来看，"波特假说"指出一定程度的环境规制能激发企业的研发创新活力，从而降低生产成本，提升生产效率（Porter，1991）。有学者认为环境规制强度的增强，会"倒逼"企业增加清洁生产研发投入，加大创新力度和转变生产方式，从而实现对全要素生产率的提升（Porter & Van der Linde，1995）。这不仅能够弥补"遵循成本"的负面效应，同时有助于企业产生新的竞争力，形成"创新补偿"（cost-saving innovation）效应（宋马林和王舒鸿，2013）。同时，环境规制标准的提高对"高能耗"和"高污染"企业的"倒逼"所带来的绿色创新技术也能达到减少环境污染和能源消耗的目的（王书斌和徐盈之，2015）。同时"污染天堂"假说也证明，较严格的环境规制将引致污染程度较高的企业从环境规制门槛较高的地区迁移到环境规制更为宽松的地区，降低了本地区的污染排放但是使得环境规制程度较低的地区沦落为"污染天堂"或"污染避难所"。由此可见，"遵循成本"具有短期性，而长期看环境规制将实现"经济效应"和"环境效益"的"双赢"局面。这一点在实践上也得到一定程度的验证，如马艳艳等（2018）对我国火电企业的实证检验验证了环境规制与火电企业研发投入之间表现为显著的 U 型非线性关系。

综上所述，本书提出的第一个理论假说如下：

假说 1：在其他条件不变的情况下，环境规制对绿色经济增长的影响表现为显著的 U 型非线性关系，即随着环境规制水平的提高，绿色经济增长会呈现先下降后上升的变化趋势。

## 二、环境规制对绿色经济增长影响的空间关系理论假说

传统的经济学分析或计量模型设定通常忽略了空间效应，而根据"地理学第一定律"，所有事物都与其他事物相关联，但较近的事物比较远的事物更关联（Tobler，1970）。众所周知，环境污染具有较强的外部性和区域性特点，当某些流动性和扩散性较强的污染物如大气和水等污染物通过环境介质进行传递时，如果一个地区的环境规制力度加大，当地政府出台严厉的环境规制政策以限制企业的污染物排放，从而使企业排放的污染物减少，以及"倒逼"企业进行污染治理技术创新，提高企业的绿色全要素生产率。此时，由于污染物的空间外溢特征，距离执行严格环境规制地区较近的周边地区能够获得"搭便车"的利益，这些地区受到的污染物影响会同样减弱，技术的交流也会使得当地企业的污染治理技术和绿色全要素生产率获得提升（石华平和易敏利，2020；Feng et al.，2020）。换句话说，由于污染的空间溢出，采取严格

环境规制的地区未能得到环境规制实施应带来的全部好处，而是部分取决于周边地区的环境规制力度，这便是环境规制对绿色经济增长的空间溢出效应（Hu & Wang，2020）。

环境规制对绿色经济增长同样存在反馈效应。地方政府制定的环境规制策略往往受到同级别周边地区地方政府行为的影响，因此地方政府的环境规制政策存在策略性竞争行为（金刚和沈坤荣，2018）。在政绩考核要求下，周边地区当地政府会削减环保支出，降低环境规制的门槛去接纳一些具有"高污染"和"高排放"特征的污染密集型产业进入本地区进行生产。周边地区的这一行为导致邻近地区争相"效仿"，最终又将"反馈"给周边地区，进一步降低了环境规制的标准而对其绿色经济增长产生更大的影响（李小平等，2020）。

综上所述，环境规制不仅会对本地区的绿色经济增长产生影响，而且会对周边地区的绿色经济增长产生影响。同时，周边地区的行为又将影响本地区的行为从而影响绿色经济增长，即环境规制不仅对本地区绿色经济增长有影响，还存在"空间溢出"效应，对周边地区绿色经济增长产生影响。由此提出本研究的第二个理论假说：

假说2：环境规制对绿色经济增长的非线性影响存在空间溢出效应和空间反馈效应。

## 第二节　环境规制、资源依赖与绿色经济增长的理论假说

### 一、资源依赖的中介传导机制理论假说

通常认为，资源依赖度是指一个国家或地区经济对自然资源的依赖程度，其涉及一个国家或地区的产业结构、就业结构、技术水平等多个方面，也可以说是一个国家或地区的资源型产业在整个产业中的作用强度。已有文献的研究结论已经让我们有充分理由相信，对自然资源和资源型产业的依赖一定会对经济发展产生影响，只是这种影响到底是

"福"是"祸"还存在一定争议（罗浩，2007；马宇和杜萌，2013；Song et al.，2020）。新古典增长模型中并没有将自然资源纳入生产函数、经济增长因素的分析之中，总产出的增长往往被分解为资本要素投入、劳动要素投入以及全要素生产率的提高，忽视了自然资源对经济的作用。拉希和塔托姆（Rasche & Tatom，1977）从经济学理论模型的构建入手，为探索自然资源开发与经济增长之间的关系，首次将自然资源作为要素禀赋纳入 Cobb – Douglas 生产函数。

人类社会的生存和发展需要一定的自然资源作为生产和再生产的前提。对于自然资源产生的"资源福音"的考察，一般存在于传统的经济学理论，这一观点认为具有自然资源禀赋的地区尤其是矿产资源丰富的地区拥有良好的工业化起步基础和经济增长的动力，美国和加拿大的发展历程就很好地验证了这一点。如有的学者较早开始研究资源禀赋与经济增长的关系，认为丰裕的自然资源使美国拥有更高的生产率，最终呈现出 19 世纪的繁荣局面（Habakkuk，1962）。因此，美国在工业生产中的主导地位与其对自然资源产品（如煤、铜、石油、铁矿石等）的大量开采和生产是无法分割的。有学者研究发现，资源的开发和出口对加拿大的经济和工业发展发挥了重要作用（Watkins，1963）。还有的学者论证了相对落后地区可以借助自然资源禀赋实现多部门联合工业化，带动整个经济的发展（Murphy et al.，1989）。在对中国的研究中，方颖等（2011）利用中国 95 个地级市层面截面数据对资源诅咒进行检验，结果发现自然资源与经济增长之间无显著负相关关系。丁菊红和邓可斌（2007）在理论推导的基础上以中国 1999～2002 年 21 个城市为研究样本，发现在控制海港距离和政府干预等因素的情况下资源诅咒命题并不成立。

但是，自然资源并不总能成为经济发展的"福音"，若开发不当则会成为经济发展的阻碍。自奥蒂在 1993 年首次提出"资源诅咒"的概念以后，学术界对于自然资源禀赋是否是一个国家或地区经济增长的充分条件以及产生这一现象的传导路径展开了广泛探讨。萨克斯和瓦尔纳（Sachs & Warner，1995）选取样本国初级产品（矿产资源）出口量与 GDP 之比衡量自然资源禀赋，以 1970～1990 年人均 GDP 年均增长率衡量经济增长速度，按照跨国增长研究的通常做法将 S－W 模型建立在跨国增长条件收敛假设（Barro & Sala-i-Martin）之上，利用 S－W 模型对 1970~1989 年世界上 95 个国家的自然资源禀赋与经济增长速度的关系进行实证分析，研究发现将初始收入、开放度虚拟变量、投资占 GDP 平均比重、政府行政质量、外部贸易条件指数以及区域虚拟变量等影响经济增长的主要变量进行控制的情况下，自然资源禀赋对经济增长依然表现为阻碍作用，即资源诅咒是成立的。有学者对美国各州 1986~2001 年自然资源禀赋和经济增长在时间上的平均值进行截面数据回归，结论显示丰裕的自然资源对美国区域经济增长具有显著的抑制作用（Papyrakis & Gerlagh，2004）。在对中国的研究中，徐康宁和韩剑（2005）首次提出中国区域经济增长周期上也存在资源诅咒效应，通过构建一个以能源资源为代表的资源丰裕度指数对中国 26 个省份资源禀赋和经济增长的关系进行考察，研究结论支持资源诅咒假说。郭等（Guo et al.，2016）利用系统 GMM 动态面板模型对中国 273 个城市层面的资源诅咒假说进行了重新审视，实证分析表明控制自然资源依赖的负面间接影响时，它对经济产出的影响很小且不显著，但如果将资源对经济的阻碍传递渠道的间接影响也考虑在内，那么自然资源依赖对经济增长产生显著抑制作用。

由上述分析以及假说 1 可以看出，资源依赖、环境规制都对绿色经济增长有显著的影响效应。环境规制对绿色经济增长的影响可以概括为直接和间接两种机制：其一，环境规制可以通过"遵循成本""创新补偿"机制对绿色经济增长产生直接影响，即假说 1 的内容；其二，环境规制可以通过影响资源依赖水平间接影响绿色经济增长，环境规制强度的大小通常代表了一个地区降污处理技术水平的高低，能直接影响一个地区土地、水等自然资源的投入量和使用量，改变一个地区对自然资源的依赖水平。一方面，环境规制政策会"倒逼"企业从污染性的生产活动转向高科技、创新型的生产活动，降低资源型生产要素的投入；另一方面，环境规制会引致企业生产要素投入比例发生改变，降低企业对资源型生产要素的依赖程度，这两种作用机制都会改变地区的自然资源依赖水平。因此，环境规制会通过影响资源依赖水平对绿色经济增长施加间接影响，即资源依赖在环境规制影响绿色经济增长的过程中表现为中介传导作用。由此，本书提出第三个理论假说：

假说 3：资源依赖在环境规制对绿色经济增长的影响过程中表现出显著的中介传导作用。

## 二、资源依赖的两步传导机制理论假说

在假说 3 的基础上，进一步研究资源依赖在环境规制影响中国绿色经济增长中的传导路径。新政治经济学的研究主要从资源收入诱发寻租、腐败和内战等角度进行阐述，而现有研究则从"挤出效应"出发，认为由于对自然资源的过度依赖挤出了驱动经济增长的因素如产业结构、对外开放、科技创新等，从而导致经济发展停滞，代表性的结论如资源依赖可能挤出一个地区的制造业而导致其萎缩，从而引起"荷兰病"。那么，资源依赖是否正是通过这些传导路径对地级市层面绿色经济增长产生"资源福音"或"资源诅咒"效应呢？对此，在资源依赖中介传导机制基础上，对资源依赖是否进一步通过某些路径影响绿色经济增长的关系进行考察，并将其称为"资源依赖的两步传导机制"，旨在更加明确资源依赖与绿色经济增长之间的中介传导机制，即探讨资源依赖对其他经济社会因素是否具有抑制作用。从当前的文献研究看，资源依赖对于绿色经济增长的影响路径包括贸易条件恶化、"荷兰病"效应、制度质量弱化和挤出效应等，其中挤出效应包括对人力资本、科技创新、物质资本和产业结构等的挤出。具体如下：

从贸易条件恶化的传导路径看，贸易条件是指出口产品价格与进口产品价格之比，即一单位出口商品换回若干单位进口商品的数量。其中心思想是指在国际分工格局中，以生产和出口如农矿等资源密集型初级产品的资源丰裕国家，由于这些初级产品的需求收入弹性低于进口加工品的需求收入弹性，同时伴随发达国家人工合成替代品的开发和原材料节约的技术取得进步，发展中国家在贸易条件上呈现不断恶化的趋势，最终沦落成为"外围"（Prebisch，1950；Singer，1950）。布拉特曼等（Blattman et al.，2007）从贸易条件视角对资源诅咒传导机制进行研究，认为以出口初级产品为主的发展中国家和进口初级产品而出口加工

制成品的欧美等发达国家具有较大的收入差距，这个差距是由它们自身的贸易条件所导致的。

从"荷兰病"效应的传导路径看，其是指一个国家尤其是中小国家经济的某一初级产品部门异常繁荣而导致其他部门衰落，最终造成地区经济增长受阻的现象。"荷兰病"效应的主要表现为挤出制造业，这将引起三个方面的后果：一是资源转移效应。自然资源部门的繁荣发展使制造业部门的劳动力和资本等稀缺资源发生转移，可贸易的制造业部门将不得不付出更高的代价吸引劳动力和资本，最终产品成本上升打击了制造业竞争力。二是支出效应。自然资源出口带来的收入增加会提高对制造业和不可贸易的部门的产品的需求，但是资源的挤占和本币的实际升值使本国制造业产品价格高于国际上同类产品价格，因此会通过进口国外同类价格相对更便宜的制成品来满足本国需求，这对本国的制造业来说又是一个打击，对不可贸易部门产品需求的增加无法通过贸易来实现，会发现一段时间后本国的非贸易部门重新繁荣。三是实际货币升值。初级产品的出口拉升了实际汇率，也就是提高了实际工资，对其他商品的出口造成负面影响。此外，资源部门繁荣与萧条的交替出现加大了汇率波动的可能性（Gylfason et al.，1999），汇率的上升减弱了高科技和制造业部门在国际市场上的竞争力，这些存在规模效应和技术溢出效应的部门发展日益衰落，一旦出现自然资源枯竭问题，该国经济将出现严重危机。

从政府制度质量恶化的传导路径来看，制度质量一直被认为是资源诅咒的重要传导途径之一。制度质量弱化需要从三个方面考虑：一是丰裕的自然资源容易引起战争或政治冲突，对政治程序和政治取向产生严重影响，从而对经济发展造成阻碍引发"资源诅咒"（Ross，2004）。如罗斯（2001）从民主发展和自然资源的关系分析，丰裕的自然资源容易使政客们从自身政治地位考虑从而无节制地对自然资源加以开采，这将导致民主体制受到破坏，加剧影响国家政治经济因素的不稳定性，进而阻碍国家政治经济有序发展而产生资源诅咒。二是丰裕的自然资源通过滋生寻租、腐败等行为，弱化制度质量从而阻碍经济增长（Oyinlola et al.，2015）。如托维克（Torvik，2002）构建了一个包含规模收益递增和寻租行为的静态模型，该模型中的公共部门通过出售资源、征收制造业固定税率的税收和寻租获取租金的方式获得收入，由于个人通过寻租行为带来的收益远高于从事生产活动获得的收益，这将诱使企业家从事寻租活动，企业家远离制造业部门会造成制造业供给下降，最终社会财富反而由于资源开采业的繁荣变得更少，出现资源诅咒现象。三是丰裕的自然资源会引起制度弱化，但经济体自身的制度质量又会使得这种弱化效应有所差别（Antonakakis et al.，2017）。如阿特金森和汉密尔顿（Atkinson & Hamiton，2003）以法律法规的完善程度、政府官员质量、政府腐败程度、投资征用风险与合同违约情况定义制度质量，通过对资源丰裕国家进行研究发现，拥有较好制度质量的国家比制度质量水平较低的国家能够获得更多投资。阿米尔等（Amiri et al.，2019）利用2000~2016年全世界28个自然资源丰裕但制度质量不同的国家的面板数据模型评估了自然资源租金和制度质量对这些国家可贸易和不可贸易部门绩效的影响，结论表明制度质量的提高可以更有效地利用一个国家丰富的自然资源，强化制造业部门，从而实现更高的经济增长和减缓资源诅咒的影响。

从经济增长的长期驱动要素的变化状况来看，丰裕的自然资源对经济增长驱动要素具有"挤出效应"，包括对人力资本投资、物质资本投资、创新以及产业结构等的挤出，这些驱动要素的减少将打击保持经济增长的动力。

从挤出人力资本投资来看，人力资本对一个国家或地区的经济发展具有不容忽视的作用，但是丰裕的自然资源对人力资本投资具有挤出效应，即一个资源繁荣的国家或地区容易忽视教育。究其原因，一方面是由于初级产品部门对劳动力的技能要求较低，而这些部门具有较高的劳动报酬，接受教育带来收益提高的空间不大从而缺乏激励，因此多数人将自身定位于初级产品部门而忽视自身技能的提升（Murshed，2004）；另一方面在于资源繁荣地区的主要经济活动就是资源开采部门，由于本身属于技术扩散受限的资本密集型产业，因此并不重视人力资本的提高对经济增长的重要促进作用（Papyrakis & Gerlagh，2004；Shao & Yang，2014）。如有学者利用美国洲际数据对投资、教育、创新、开放及腐败等资源诅咒传导机制进行研究发现，丰裕的自然资源对教育的挤出效应最强（Papyrakis & Gerlagh，2007）。

从挤出物质资本投资看（Gylfason & Zoega，2006；Arezki & Ismail，2013），丰裕的自然资源会减少物质资本投资，主要通过挤出储蓄和投资以及挤出制造业部门的生产要素发生作用。自然资源开采的繁荣使国家或地区通过出口自然资源便能够获得巨额财富，持续稳定的收入来源使本国或本地区经济发展对投资和储蓄的依赖降低（Corden & Neary，1982；Gylfason，2001）；与此同时，自然资源的大量开采提高了初级产品部门边际生产率，较大的利润空间吸引生产要素向资源密集型产业转移，制造业被有资源优势的初级产品部门挤出。制造业具有"干中学"的特征，自然资源开采部门不同于制造业规模报酬递增和正外部性的性质，这些部门缺乏联系效应和外部性，生产要素大量转移出制造业部门将损害该国或地区的经济效率和投资收益率，最终挤出大量物质资本投资从而阻碍经济增长（Matsuyama，1992）。

从挤出创新来看，丰裕的自然资源能够提供较高的待遇吸引潜在创新者和企业家，长期从事初级产品部门生产将削弱企业家的创新行为，弱化企业家才能，进而阻碍经济发展（Namazi & Mohammadi，2018）。墨菲等（Murphy et al.，1989）的研究指出，如果杰出的个人通过创办企业进行经营，能够激发这些创业者的持续创新能力，推动经济增长，但是如果丰裕的自然资源使他们成为寻租者，就会减少他们创新才能的发挥，长此以往就会减缓经济增长动力。普松（Puzon，2013）利用博弈论框架进行分析，认为自然资源数量的增加降低了创业集团从事降低成本的研发动机，资源繁荣带来直接的收入效应，但这种收入的增加主要是由于产出降低和价格提高所造成的间接转移效应。因此收入增加时，经济福利却减少了。

从挤出产业结构看，地区对于产业结构的调整会受到资源依赖的影响，由于城市具有资源优势，政府会更多关注并发展第二产业，忽视第一产业和第三产业的长期发展，影响产业结构合理化和高级化进一步深化，最终影响地区绿色经济增长（吴海兵等，2013）。如梁斌和姜涛（2016）以中国2001～2011年255个地级市为研究对象，构建包括农业、制造业、第三产业和资源相关产业的 DSGE 模型，对资源诅咒与产业结构的关系进行检验，结论表明"资源祝福"部分来源于自然资源禀赋带来的产业结构调整。茶洪旺等（2018）利用 PVAR 模型测算中国省际层面产业结构对资源诅咒的影响，结果发现不论资源依赖程度如何，资源诅咒均会扭曲产业结构的正常演进，且资源依赖程度越高产业结构对资源诅咒越有加剧作用。

综上所述，资源依赖对绿色经济增长影响的传导路径有很多，在前人研究的基础之上，贸易条件恶化反映的是对外开放的恶化，"荷兰病"效应主要表现在对资源型行业尤其是制造业发展的抑制，制度质量恶化是资源依赖对政府制度质量的削弱。同时，结合挤出效应中对人力资本、物质资本、科技创新以及产业结构的作用。本书提出如下理论假说：

假说4：在资源依赖影响绿色经济增长过程中，产业结构、政府制度质量、对外开放、人力资本、科技创新、制造业发展和物质资本起到中介传导作用，从而构成资源依赖的两步传导机制。

环境规制、资源依赖与绿色经济增长三者之间的关系及影响机制见图 4-1。

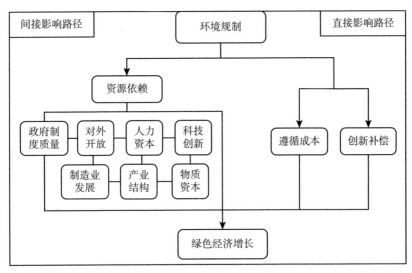

图 4-1  资源依赖、环境规制与绿色经济增长的作用机制

# 第三节 本章小结

本章对环境规制、资源依赖和绿色经济增长三者之间的关系及作用机制进行了理论分析并提出4个假说。假说1主要从绿色经济增长测度指标的构建和绿色经济增长的提高离不开生产过程中的技术创新行为的角度，对环境规制对绿色经济增长短期内存在的"遵循成本"和长期表现的"创新补偿"进行分析，提出环境规制对绿色经济增长的非线性影响假说，即假说1：在其他条件不变的情况下，环境规制对绿色经济增长的影响表现为显著的U型非线性关系，即随着环境规制水平的提高，绿色经济增长会呈现先下降后上升的变化趋势。从环境污染具有较强的外部性和区域性特点出发，分析认为环境规制不仅对本地区绿色经济增长有影响，还可能存在"空间溢出"效应，对周边地区绿色经济增长产生影响。同时，由于地区间的环境规制策略性行为，本地区的环境规制策略会影响周边地区环境规制策略并通过"反馈效应"对本地区的绿色经济增长产生影响。由此提出假说2：环境规制对绿色经济增长的非线性影响存在空间溢出效应和空间反馈效应。进一步，将资源依赖纳入环境规制与绿色经济增长的分析框架，从资源依赖与绿色经济增长的关系入手，分析了两者之间的相关关系，结合假说1环境规制与绿色经济增长之间的关系，将三者结合在一起，提出假说3：资源依赖在环境规制对绿色经济增长的影响过程中表现出显著的中介传导作用。在此基础上，对资源依赖在环境规制影响中国绿色经济增长的传导路径进行剖析，从贸易条件恶化、"荷兰病"效应、制度质量弱化和挤出人力资本、挤出科技创新、挤出物质资本和挤出产业结构7个方面进行传导机制分析，构建出"环境规制→资源依赖→传导变量→绿色经济增长"的两步传导机制，从而提出假说4：在资源依赖影响绿色经济增长过程中，产业结构、政府制度质量、对外开放、人力资本、科技创新、制造业发展和物质资本起到中介传导作用，从而构成资源依赖的两步传导机制。对环境规制、资源依赖和绿色经济增长三者之间的关系进行理论机制分析，将有助于为后续进一步的实证研究提供坚实的理论基础。

# 第五章

# 环境规制、绿色经济增长与资源
# 依赖指标测度

## 第一节 基于改进模糊综合评价的
## 环境规制测度

环境规制通常被认为是政府提升经济效益、环境效益，促进技术进步的重要手段，但不同的环境规制工具得到的经济效益、环境效益不尽相同，已有文献较多采用单一指标衡量环境规制，如用某种污染物排放密度、某种污染物的排放量、环境规制政策的数量以及人均收入水平等各类指标作为环境规制的衡量指标，但是单一指标并不能全面准确地度量出本研究刻画的环境规制政策效应。本书利用构建环境规制综合指标的方法，改进依据多因素进行综合测度的模糊综合评价法，测算286个地级市的环境规制综合指数。

## 一、相对偏差模糊矩阵评价法

对模糊综合评价法中的相对偏差模糊矩阵评价进行改进，利用该方法对环境规制指标进行测度。设 $U = \{u_1, u_2, \cdots, u_n\}$ 表示待评价的 $n$ 个方案的集合，$V = \{v_1, v_2, \cdots, v_n\}$ 表示评价因素的集合，将 $U$ 中的每个方案用 $V$ 中的每个因素进行衡量，能够得到一个观测值矩阵 $A$，表达式如下：

$$A = \begin{pmatrix} a_{11} & a_{12} & \cdots & a_{1n} \\ a_{21} & a_{22} & \cdots & a_{2n} \\ \cdots & \cdots & \cdots & \cdots \\ a_{m1} & a_{m2} & \cdots & a_{mn} \end{pmatrix} \qquad (5-1)$$

其中，$a_{ij}(i=1,\ 2,\ \cdots,\ m;\ j=1,\ 2,\ \cdots,\ n)$ 表示第 $j$ 个方案关于第 $i$ 项评价因素的指标。

传统相对偏差模糊矩阵评价的步骤如下：

第一步，建立理想方案。

针对观测值矩阵 $A$，设定 $u=\{u_1^0,\ u_2^0,\ \cdots,\ u_m^0\}$，其中，

$$u_i^0 = \begin{cases} \max\limits_{1 \leqslant j \leqslant n}\{a_{ij}\} & \text{当 } a_{ij} \text{ 为效益型指标} \\ \min\limits_{1 \leqslant j \leqslant n}\{a_{ij}\} & \text{当 } a_{ij} \text{ 为成本型指标} \end{cases}, \quad i=1,\ 2,\ \cdots,\ m$$

$$(5-2)$$

第二步，建立相对偏差模糊矩阵 $\underset{\sim}{R}$。

$$\underset{\sim}{R} = \begin{pmatrix} r_{11} & r_{12} & \cdots & r_{1n} \\ r_{21} & r_{22} & \cdots & r_{2n} \\ \cdots & \cdots & \cdots & \cdots \\ r_{m1} & r_{m2} & \cdots & r_{mn} \end{pmatrix} \qquad (5-3)$$

其中，$r_{ij} = \dfrac{|a_{ij}-u_i^0|}{\max\limits_{1 \leqslant j \leqslant n}\{a_{ij}\} - \min\limits_{1 \leqslant j \leqslant n}\{a_{ij}\}}(i=1,\ 2,\ \cdots,\ m;\ j=1,\ 2,\ \cdots,\ n)$。

第三步，计算各评价指标的权数 $w_i(i=1,\ 2,\ \cdots,\ m)$。

对于评价指标权重向量的确定，主要可以分为主观赋权和客观赋权两种方式。主观赋权法（也称专家打分法）指由若干专家对各项指标的重要程度进行打分，进一步将专家打分值进行平均得到各指标的权重。客观赋权法指依据各指标之间的内在联系，利用数学方法计算各指标的权重。常见的客观赋权法包括变异系数法、特征向量法和熵值法等。由于变异系数法的辨识度较高且计算简便，因此本书对于各评价指标的权重确定采用变异系数法。其原理在于，若某一指标能够明确辨别出各个被评价对象，说明这一指标在该项评价上的分辨信息较为丰富，

从而赋予该指标较大权重；否则，若各个被评价对象在某项指标上的数值差异较小，则说明该项指标区分被评价对象的能力较弱，因此应该赋予该指标较小的权重。变异系数公式如下：

$$v_i = \frac{s_i}{|\bar{x}_i|} \tag{5-4}$$

其中，$\bar{x}_i = \frac{1}{n} \sum\limits_{j=1}^{n} a_{ij}$ 为第 $i$ 项指标的平均值，$s_i^2 = \frac{1}{n-1} \sum\limits_{j=1}^{n} (a_{ij} - \bar{x}_i)^2$ 为第 $i$ 项指标的方差。对 $v_i$ 进行归一化处理得到各指标的权重，如下式：

$$w_i = \frac{v_i}{\sum\limits_{i=1}^{m} v_i} (i = 1, 2, \cdots, m) \tag{5-5}$$

第四步，建立综合评价模型。

$$F_j = \sum\limits_{i=1}^{m} w_i r_{ij} (j = 1, 2, \cdots, n) \tag{5-6}$$

且若 $F_t < F_s$ 时，则第 $t$ 个方案排在第 $s$ 个方案之前。

相对偏差模糊矩阵评价方法的优势在于不需要对原始数据进行预处理，构建的相对偏差矩阵在消除量纲的同时得到一个成本型的模糊矩阵。但是利用以上传统的相对偏差模糊矩阵评价方法的第四步构建出的环境规制指标，反映出来的状况是指数越小则环境规制程度越高，而实际希望得到的情况应该是指数越小则反映的环境规制程度越低，指数越大反映的环境规制程度越高。因此，这里将对第四步构建的综合评价模型进行改进，从而达到环境规制指数与环境规制力度呈同向变化，以方便后续的分析使用。改进相对偏差模糊矩阵评价建立的综合评价模型如下式：

$$F_j = 1 - \sum\limits_{i=1}^{m} w_i r_{ij} (j = 1, 2, \cdots, n) \tag{5-7}$$

从而，若 $F_t < F_s$ 时，则第 $s$ 个城市的环境规制水平高于第 $t$ 个城市的环境规制水平。对于本书的研究，测度环境规制综合指数的指标选取 5 种，而研究对象包括中国的 286 个地级市，因此这里的 $i = 5$，$j = 286$。

## 二、研究范围及指标说明

本书的研究范围涵盖中国 31 个省（区、市），依据数据可得性，未包含台湾地区、香港特别行政区和澳门特别行政区，共筛选出 286 个地级市。东部地区含 11 个省级行政区，分别是北京、天津、河北、辽宁、上海、江苏、浙江、福建、山东、广东和海南；中部地区含 8 个省级行政区，分别是山西、吉林、黑龙江、安徽、江西、河南、湖北、湖南；西部地区含 12 个省级行政区，分别是四川、重庆、贵州、云南、西藏、陕西、甘肃、青海、宁夏、新疆、广西、内蒙古。具体内容如表 5 - 1 所示。

表 5 - 1　　　　　　　　　　本书研究范围

| 区域划分 | 对应省（区、市） | 对应地级市 | 地级市数量 |
|---|---|---|---|
| 东部地区 | 北京 | 北京市 | 1 |
| | 天津 | 天津市 | 1 |
| | 河北 | 石家庄市、唐山市、秦皇岛市、邯郸市、邢台市、保定市、张家口市、承德市、沧州市、廊坊市、衡水市 | 11 |
| | 辽宁 | 沈阳市、大连市、鞍山市、抚顺市、本溪市、丹东市、锦州市、营口市、阜新市、辽阳市、盘锦市、铁岭市、朝阳市、葫芦岛市 | 14 |
| | 上海 | 上海市 | 1 |
| | 江苏 | 南京市、无锡市、徐州市、常州市、苏州市、南通市、连云港市、淮安市、盐城市、扬州市、镇江市、泰州市、宿迁市 | 13 |
| | 浙江 | 杭州市、宁波市、温州市、嘉兴市、湖州市、绍兴市、金华市、衢州市、舟山市、台州市、丽水市 | 11 |
| | 福建 | 福州市、厦门市、莆田市、三明市、泉州市、漳州市、南平市、龙岩市、宁德市 | 9 |
| | 山东 | 济南市、青岛市、淄博市、枣庄市、东营市、烟台市、潍坊市、济宁市、泰安市、威海市、日照市、莱芜市、临沂市、德州市、聊城市、滨州市、菏泽市 | 17 |

续表

| 区域划分 | 对应省（区、市） | 对应地级市 | 地级市数量 |
|---|---|---|---|
| 东部地区 | 广东 | 广州市、韶关市、深圳市、珠海市、汕头市、佛山市、江门市、湛江市、茂名市、肇庆市、惠州市、梅州市、汕尾市、河源市、阳江市、清远市、东莞市、中山市、潮州市、揭阳市、云浮市 | 21 |
| | 海南 | 海口市、三亚市、三沙市（不含）、儋州市（不含） | 2 |
| 中部地区 | 山西 | 太原市、大同市、阳泉市、长治市、晋城市、朔州市、晋中市、运城市、忻州市、临汾市、吕梁市 | 11 |
| | 吉林 | 长春市、吉林市、四平市、辽源市、通化市、白山市、松原市、白城市 | 8 |
| | 黑龙江 | 哈尔滨市、齐齐哈尔市、鸡西市、鹤岗市、双鸭山市、大庆市、伊春市、佳木斯市、七台河市、牡丹江市、黑河市、绥化市 | 12 |
| | 安徽 | 合肥市、芜湖市、蚌埠市、淮南市、马鞍山市、淮北市、铜陵市、安庆市、黄山市、滁州市、阜阳市、宿州市、六安市、亳州市、池州市、宣城市 | 16 |
| | 江西 | 南昌市、景德镇市、萍乡市、九江市、新余市、鹰潭市、赣州市、吉安市、宜春市、抚州市、上饶市 | 11 |
| | 河南 | 郑州市、开封市、洛阳市、平顶山市、安阳市、鹤壁市、新乡市、焦作市、濮阳市、许昌市、漯河市、三门峡市、南阳市、商丘市、信阳市、周口市、驻马店市 | 17 |
| | 湖北 | 武汉市、黄石市、十堰市、宜昌市、襄阳市、鄂州市、荆门市、孝感市、荆州市、黄冈市、咸宁市、随州市 | 12 |
| | 湖南 | 长沙市、株洲市、湘潭市、衡阳市、邵阳市、岳阳市、常德市、张家界市、益阳市、郴州市、永州市、怀化市、娄底市 | 13 |
| 西部地区 | 四川 | 成都市、自贡市、攀枝花市、泸州市、德阳市、绵阳市、广元市、遂宁市、内江市、乐山市、南充市、眉山市、宜宾市、广安市、达州市、雅安市、巴中市、资阳市 | 18 |
| | 重庆 | 重庆市 | 1 |
| | 贵州 | 贵阳市、六盘水市、遵义市、安顺市、毕节市（不含）、铜仁市（不含） | 4 |
| | 云南 | 昆明市、曲靖市、玉溪市、保山市、昭通市、丽江市、普洱市、临沧市 | 8 |

| 区域划分 | 对应省（区、市） | 对应地级市 | 地级市数量 |
|---|---|---|---|
| 西部地区 | 西藏 | 拉萨市、日喀则市（不含）、昌都市（不含）、林芝市（不含）、山南市（不含）、那曲市（不含） | 1 |
| | 陕西 | 西安市、铜川市、宝鸡市、咸阳市、渭南市、延安市、汉中市、榆林市、安康市、商洛市 | 10 |
| | 甘肃 | 兰州市、嘉峪关市、金昌市、白银市、天水市、武威市、张掖市、平凉市、酒泉市、庆阳市、定西市、陇南市 | 12 |
| | 青海 | 西宁市、海东市（不含） | 1 |
| | 宁夏 | 银川市、石嘴山市、吴忠市、固原市、中卫市 | 5 |
| | 新疆 | 乌鲁木齐市、克拉玛依市、吐鲁番市（不含）、哈密市（不含） | 2 |
| | 广西 | 南宁市、柳州市、桂林市、梧州市、北海市、防城港市、钦州市、贵港市、玉林市、百色市、贺州市、河池市、来宾市、崇左市 | 14 |
| | 内蒙古 | 呼和浩特市、包头市、乌海市、赤峰市、通辽市、鄂尔多斯市、呼伦贝尔市、巴彦淖尔市、乌兰察布市 | 9 |

注：地级市名后标注"（不含）"字样的表示该地级市属于对应的省（区、市），但由于数据可得性等原因并未包含在本书的研究范围中。

目前对于测度环境规制的指标没有统一规定或标准，并且由于存在数据的可得性问题，相关研究也受到一定限制。通常是基于研究需求而选取相应的指标（胡安军，2019）。现有研究定量衡量环境规制强度的方法主要分为两种：单一指标法和综合指标法（周肖肖，2016）。具体测度方法和指标选取总结见表 5–2。

表 5–2　　　　　　　环境规制的测度方法及指标选取

| 方法 | 相关成果 | 衡量指标 |
|---|---|---|
| 单一指标法 | Gray & Deliy（1996）；Laplant & Rilstone（1996）；Gray & Shadbegian（2000）；张三峰等（2011） | 环保检查次数或稽查次数 |

续表

| 方法 | 相关成果 | 衡量指标 |
|---|---|---|
| 单一指标法 | Lanoie et al.（2008）；刘伟明和唐东波（2012）；童健等（2016）；朱东波（2017）；齐亚伟（2018） | 工业行业污染治理成本（如废水、废气等污染治理运行费用）占工业总产值或增加值比重 |
| | Javorcik & Wei（2004）；李怀政（2011）；张成等（2011）；马丽（2015） | 污染物排放（包括 $SO_2$、$CO_2$、废水等排放量、去除率或达标率等） |
| 综合指标法 | Swinto（1998）；朱平芳等（2011）；殷宝庆（2012）；彭星和李斌（2016） | 利用不同污染物排放或处理数据，通过一定的方法给其赋权获得环境规制综合指数（如环保投资额、工业三废、$SO_2$ 等污染物） |

注：表中内容为笔者根据相关文献分类整理获得。

　　由于环境规制活动的复杂性和系统性，现有利用单一指标方法对环境规制水平进行衡量的状况与真实情况可能存在较大出入。通过对现有研究环境规制指标衡量方法的比较，加上地级市样本研究中数据获取的局限性，最终选取的衡量指标有如下 5 个：（1）工业烟尘去除率，用工业烟尘去除量/工业烟尘产生量计算得到；（2）工业二氧化硫去除率，用工业二氧化硫去除量/工业二氧化硫产生量计算得到；（3）生活污水处理率；（4）工业固体废物综合利用率；（5）生活垃圾无害化处理率。

　　以上数据均来源于对应年份（2003～2018 年）的《中国城市统计年鉴》。对于统计资料中缺失的数据，采用向前（或向后）插值法进行补齐处理。

## 三、环境规制测度结果

　　表 5-3 展示了环境规制测度的年度总体均值，可以看出从 2003 年的 0.4778 起呈现逐年上升的态势，到 2018 年达到 0.8546 的最高值，反映出我国对环境规制的重视日益增强，不仅重视经济增长，对生态环境的保护力度也在不断加强。

表 5 – 3　　　　　　　　　　环境规制测度结果

| 项目 | 2003 年 | 2004 年 | 2005 年 | 2006 年 | 2007 年 | 2008 年 | 2009 年 | 2010 年 |
|------|---------|---------|---------|---------|---------|---------|---------|---------|
| 总体均值 | 0. 4778 | 0. 4989 | 0. 5185 | 0. 5479 | 0. 5848 | 0. 6109 | 0. 6473 | 0. 4778 |
| 项目 | 2011 年 | 2012 年 | 2013 年 | 2014 年 | 2015 年 | 2016 年 | 2017 年 | 2018 年 |
| 总体均值 | 0. 6943 | 0. 6862 | 0. 7307 | 0. 7663 | 0. 7739 | 0. 7854 | 0. 8316 | 0. 8546 |

　　注：表中数据为根据相对偏差模糊矩阵评价法以及选取的指标，利用 Matlab 软件计算并整理获得，总体均值根据测算出的 286 个地级市数据进行算术平均获得。

# 第二节　基于改进 DEA 模型的绿色经济增长测度

　　现有文献对绿色经济增长及其相关指标的测度方法，通常可以分为单要素指标和全要素指标测度两类（Li & Lin，2017）。其中，单要素指标只能够测度某一种要素投入与经济产出之间的比例关系，忽略了要素之间的替代关系，而单一要素一般无法独立促进经济增长，因此受到一定的质疑（Shahbaz et al.，2020）。在新古典经济增长理论的概念下，将资本、劳动等生产投入要素纳入测度框架的全要素生产率方法受到极大的发展和应用。本书所探讨的绿色经济增长不仅关注环境能源等要素的投入，同样关注伴随"好产出"而产生的"坏产出"，即期望产出必然伴随着非期望产出，两者之间是相伴而生的（Song & Wang，2016）。因此，在介绍本研究提出的改进 DEA 模型——Metafrontier – Global – SBM 超效率 DEA 模型的基础上，对中国的绿色经济绩效（GEPI）和绿色经济增长率（GEGI）及其三个分解项进行测度和分析，一方面能够考察我国城市绿色经济增长特征，另一方面能够探究绿色经济增长的内在驱动因素。

## 一、Metafrontier – Global – SBM 超效率 DEA 模型

### （一）处理非期望产出 Global – SBM 超效率模型

　　传统的 DEA 模型最初包括由查恩斯等（Charnes et al.，1978）创

立的 CCR 模型和由班克等（Banker et al.，1984）提出的 BCC 模型。传统的 DEA 属于径向和角度的测度方法，对于无效 DMU 的改进方式是将所有投入（产出）要素进行等比例缩减（增加），但无效 DMU 与强有效目标值之间的差距除了可以等比例改进的部分之外，还存在可以松弛改进的部分，因此径向 DEA 的方法无法充分考虑投入或产出要素的松弛问题，从而对非期望产出的处理方式也只能使其等比例的增加而不能减少，这违背了绿色经济增长在提高经济产出的同时降低污染物排放的初衷，与此同时，角度的 DEA 方法无法兼顾投入角度和产出角度，也会使得估计结果有偏（Song et al.，2013）。

　　鉴于传统 DEA 模型存在的缺陷，托恩（Tone，2001）提出可以用各项投入（产出）要素等比例缩减（增加）的平均比例改进无效率的 SBM（Slacks-based Measure，SBM）模型。假设有 $n$ 个 DMU 的技术效率，记为 $DMU_j(j = 1, 2, \cdots, n)$，各个 DMU 拥有 $m$ 种投入要素和 $q$ 种产出要素，分别记为 $x_i(i = 1, 2, \cdots, m)$ 和 $y_r(r = 1, 2, \cdots, q)$。则最早的 SBM 模型的表达式如下：

$$\rho^* = \min \frac{1 - \dfrac{1}{m} \sum_{i=1}^{m} \dfrac{s_i^-}{x_{ik}}}{1 + \dfrac{1}{q} \sum_{r=1}^{q} \dfrac{s_r^+}{y_{rk}}}$$

$$\text{s. t.} \begin{cases} \sum_{j=1}^{n} x_{ij}\lambda_j + s_i^- = x_k \\ \sum_{j=1}^{n} y_{rj}\lambda_j - s_r^+ = y_k \\ \lambda_j, s_i^-, s_r^+ \geq 0 \\ j = 1, 2, \cdots, n; i = 1, 2, \cdots, m; r = 1, 2, \cdots, q \end{cases} \qquad (5-8)$$

　　其中，$\rho^*$ 为被评价 DMU 的效率值，该效率值同时从投入和产出两个角度对无效率的状况进行测度，因此不同于传统 DEA 只能从投入或产出一个角度对无效率状况进行测度，从而称为非导向（Non-oriented）模型；$s_i^-$ 和 $s_r^+$ 分别为投入和产出的松弛变量；$\lambda_j$ 为第 $j$ 个 DMU 投入产出的权重。

　　上述 SBM 模型将投入和产出松弛变量直接放入目标函数中，同时能够从投入和产出两个角度对无效率状况进行测度，解决了径向模型对无效率的测量没有包含松弛变量的缺陷。但是，对绿色经济增长状况的测度不可避免需要考虑非期望产出的存在，并且由于本研究后面需要测度的城市数量较多[1]，可能出现多个 DMU 效率值均为 1 的状况。简单应用上述 SBM 模型进行绿色经济增长状况的测度可能无法获得理想的结果。本研究结合托恩（Tone，2002）提出的 SBM 超效率模型和库珀等（Cooper et al.，2007）给出的包含非期望产出的 SBM 模型，定义包含非期望产出的 SBM 超效率模型，则规模报酬可变（Variable Return to Scale，VRS）假设下的 SBM 超效率模型的表达式如下：

$$\rho^* = \min \frac{1 + \dfrac{1}{m} \sum_{i=1}^{m} \dfrac{s_i^-}{x_{ik}}}{1 - \dfrac{1}{q} \sum_{r=1}^{q} \dfrac{s_r^+}{y_{rk}}}$$

$$\text{s. t.} \begin{cases} \sum_{j=1, j \neq k}^{n} x_{ij} \lambda_j - s_i^- \leqslant x_{ik} \\ \sum_{j=1, j \neq k}^{n} y_{rj} \lambda_j + s_r^+ \geqslant y_{rk} \\ \sum_{j=1, j \neq k}^{n} \lambda_j = 1 \\ \lambda_j, \ s_i^-, \ s_r^+ \geqslant 0 \\ j = 1, 2, \cdots, n (j \neq k) \\ i = 1, 2, \cdots, m; \ r = 1, 2, \cdots, q \end{cases} \tag{5-9}$$

　　在 VRS 假设下包含 $m$ 种投入，$q_1$ 种期望产出和 $q_2$ 种非期望产出的 SBM 模型如下：

$$\rho^* = \min \frac{1 - \dfrac{1}{m} \sum_{i=1}^{m} \dfrac{s_i^-}{x_{ik}}}{1 + \dfrac{1}{q_1 + q_2} \left( \sum_{r=1}^{q_1} \dfrac{s_r^+}{y_{rk}} + \sum_{r=1}^{q_2} \dfrac{s_r^{u-}}{u_{rk}} \right)}$$

---

[1]　本研究最终筛选出 286 个地级市城市。

$$\text{s. t.} \begin{cases} \sum_{j=1,j\neq k}^{n} x_{ij}\lambda_j + s_i^- = x_{ik} \\ \sum_{j=1,j\neq k}^{n} y_{rj}\lambda_j - s_r^+ = y_{rk} \\ \sum_{j=1,j\neq k}^{n} u_{rj}\lambda_j + s_r^- = u_{rk} \\ \sum_{j=1,j\neq k}^{n} \lambda_j = 1 \\ \lambda_j,\ s_i^-,\ s_r^+ \geqslant 0 \\ j = 1, 2, \cdots, n(j \neq k);\ i = 1, 2, \cdots, m;\ r = 1, 2, \cdots, q \end{cases}$$

$$(5-10)$$

本研究将上述两种模型进行结合，假设存在 $n$ 个地区作为基本 DMU，一共有 $T$ 时期，每个地区在每个时期有 $m$ 种投入 $X = R_+^m$ 要素供生产使用，在获得 $q_1$ 种好产出 $Y = R_+^{q_1}$ 的同时也产生 $q_2$ 种污染物 $U = R_+^{q_2}$。这种包含多个投入和产出的生产技术表示为下式：

$$S = \{(X, Y, U): \sum_{t=1}^{T} \sum_{j=1}^{n} X_{jt}\lambda_{jt} \leqslant X,\ \sum_{t=1}^{T} \sum_{j=1}^{n} Y_{jt}\lambda_{jt} \geqslant Y,$$

$$\sum_{t=1}^{T} \sum_{j=1}^{n} U_{jt}\lambda_{jt} \leqslant U,\ \lambda_{jt} \geqslant 0\} \qquad (5-11)$$

同时根据帕斯特和洛弗尔（Pastor & Lovell，2005）提出的全局参比 Malmquist 生产技术对测度模型进行设定，该方法利用所有各期样本点总和构建生产前沿面，可以增加各期绿色经济绩效之间的可比性。各期共同的参考集如下：

$$S^g = S^1 \cup S^2 \cup \cdots \cup S^p$$

$$= \{(x_j^1,\ y_j^1,\ u_j^1)\} \cup \{(x_j^2,\ y_j^2,\ u_j^2)\} \cup \cdots \cup \{(x_j^p,\ y_j^p,\ u_j^p)\}$$

$$(5-12)$$

由于各期均是采用样本点的总和构建的前沿面，因此相同的前沿面计算得到的也是单一 Malmquist 指数，即

$$M_g(x^{t+1},\ y^{t+1},\ u^{t+1},\ x^t,\ y^t,\ u^t) = \frac{E^g(x^{t+1},\ y^{t+1},\ u^{t+1})}{E^g(x^t,\ y^t,\ u^t)}$$

$$(5-13)$$

本研究采用的处理非期望产出的 SBM 超效率模型如下式：

$$\rho^* = \min \frac{1 + \frac{1}{m}\sum_{i=1}^{m}\frac{s_i^-}{x_{ik}}}{1 - \frac{1}{q_1+q_2}\left(\sum_{r=1}^{q_1}\frac{s_r^+}{y_{rk}} + \sum_{r=1}^{q_2}\frac{s_r^{u-}}{u_{rk}}\right)}$$

$$\text{s. t.}\begin{cases} \sum_{j=1,j\neq k}^{n} x_{ij}\lambda_j - s_i^- \leqslant x_{ik} \\ \sum_{j=1,j\neq k}^{n} y_{rj}\lambda_j + s_r^+ \geqslant y_{rk} \\ \sum_{j=1,j\neq k}^{n} u_{rj}\lambda_j - s_r^{u-} \leqslant u_{rk} \\ \sum_{j=1,j\neq k}^{n} \lambda_j = 1 \\ \lambda_j,\ s_i^-,\ s_r^+ \geqslant 0 \\ j = 1, 2, \cdots, n(j \neq k);\ i = 1, 2, \cdots, m;\ r = 1, 2, \cdots, q \end{cases}$$

$$(5-14)$$

其中，$\rho^*$ 为测算出来的绿色经济绩效，用 GEPI（green economy performance index）来表示，该值越高表明绿色经济绩效越好；$s_i^-$、$s_r^+$ 和 $s_r^{u-}$ 分别为投入、期望产出和非期望产出的松弛变量；$\lambda_j$ 为第 $j$ 个 DMU 投入产出的权重，$\lambda_j \geqslant 0$ 以及 $\sum_{j=1,j\neq k}^{J} \lambda_j = 1$ 代表规模收益可变的 DEA 模型，若剔除 $\sum_{j=1,j\neq k}^{J} \lambda_j = 1$ 的约束条件则为规模收益不变的 DEA 模型，本书的测度结果均在 VRS 的假定下获得。

## （二）共同前沿（Metafrontier）技术

本研究以中国 286 个地级市为研究对象，研究范围涵盖我国东部、中部和西部三大区域。地理位置不同可能产生区位优势、资源禀赋及市场环境等差异，若对可能存在的技术集异质性不加处理构建相同的生产前沿面，获取的绿色经济绩效则是不真实的。针对这一问题，速水优和拉坦（Hayami & Ruttan，1970）首次提出能够测度不同的生产技术集下生产者效率的共同前沿生产函数的概念性框架。经过发展，巴斯特和拉奥（Battese & Rao，2002）根据一定标准将 DMU 划分为不同的群组，利用随机前沿分析（Stochastic Frontier Analysis，SFA）方法构建所有 DMU 的共同前沿以及各组 DMU 的群组前沿，估计出共同前沿和群组前沿的技术效率，进而对二者之间的技术缺口比率（Technical Gap Ratio，TGR）进行比较。拉奥等（Rao et al.，2003）指出 SFA 方法假设所有 DMU 均有潜力达到相同的技术水平，这将导致共同前沿无法包络群组前沿。为此，巴斯特等（Battese et al.，2004）以 DEA 代替 SFA 方法建立了以 DEA 方法构建共同前沿和群组前沿的分析框架，有效解决了上述方法的缺陷。

　　这里以单一投入产出系统为例对共同前沿技术进行解释，假设将各个 DMU 分为三个群组，分别对应的群组前沿为群组 1、群组 2、群组 3，图 5 - 1 展示了考虑非期望产出情况下，群组 2 的某个 DMU 的投入产出组合 $A_3$ 的 TGR 的测算方法，TGR 计算公式如下：

$$TGR_j(x_j,\ y_j,\ u_j) = \frac{MTE(x,\ y,\ b)}{GTE(x_j,\ y_j,\ u_j)} = \frac{\overrightarrow{D}_M(x,\ y,\ b)}{\overrightarrow{D}_G(x_j,\ y_j,\ u_j)} = \frac{\frac{BA_3}{BA_1}}{\frac{BA_3}{BA_2}} = \frac{BA_2}{BA_1}$$

$$(5-15)$$

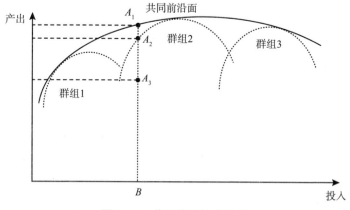

图 5 - 1　共同前沿技术图示

群组技术效率（GTE）与共同技术效率（MTE）等价于各自生产可能集的方向性距离函数，即 GTE（MTE）等价于以群组前沿（共同前沿）为基础的方向性距离函数。TGR 反映被评价 DMU 实际产出技术水平对共同前沿的偏离程度。用其衡量在同一 DMU 不同前沿下的技术效率差异，TGR 值越接近于 1，表示实际生产效率和潜在生产效率越接近，即技术效率越高。

### （三）Metafrontier – Malmquist 指数及其分解

吴和李（Oh & Lee，2010）将 Metafrontier 技术应用于全局参比 Malmquist 模型，提出 Metafrontier – Malmquist 指数及其分解方法。本书重新定义三种生产技术集——当期群组技术、全局技术与共同技术，分别用 $S_h^C$、$S_h^G$ 和 $S^M$ 表示，其中 $h$ 代表群组（Rao et al.，2003；Pastor & Lovell，2005）。本书依据地理位置将 286 个地级市城市划分为三个群组：东部城市、中部城市和西部城市，每个群组包含的城市数量为 $J_h$，即本书 $h = 1$，2，3。与前文构建的技术集相似，利用当期群组内样本点构建出的当期群组技术表达为下式：

$$S_h^{C,t} = \left\{ (X, Y, U) : \sum_{j=1}^{J_h} X_{jt}\lambda_{jt} \leqslant X, \sum_{j=1}^{J_h} Y_{jt}\lambda_{jt} \geqslant Y, \right.$$

$$\left. \sum_{j=1}^{J_h} U_{jt}\lambda_{jt} \leqslant U, \lambda_{jt} \geqslant 0 \right\} \qquad (5-16)$$

以样本期间内群组的样本点的总和作为技术集，即构建出全局技术前沿，即有 $S_h^G = S_h^{C,1} \cup S_h^{C,2} \cup \cdots \cup S_h^{C,T}$。共同技术前沿则是所有样本点内可选技术集的并集，即 $S^M = S_h^{G,1} \cup S_h^{G,2} \cup S_h^{G,3}$。为了剖析绿色经济增长的内在驱动因素，同时对环境规制影响绿色经济增长的内在影响机制进行探究，利用新定义的技术集，本书进一步对度量绿色经济增长的绿色经济增长率指标（GEGI）进行分解处理。在上文测算出 GEPI 的基础上，本书将 GEPI 的变化定义为绿色经济增长率指标（green economy growth index，GEGI），如下式：

$$GEGI_{j(t,t+1)} = \frac{GEPI_{j(t+1)}}{GEPI_{jt}} \qquad (5-17)$$

借鉴吴和李（Oh & Lee，2010）的方法，将 GEGI 的分解式表达如下：

$$GEGI^M(X^{t+1},\ Y^{t+1},\ U^{t+1},\ X^t,\ Y^t,\ U^t) = \frac{GEPI^M(X^{t+1},\ Y^{t+1},\ U^{t+1})}{GEPI^M(X^t,\ Y^t,\ U^t)}$$

$$= \frac{GEPI^C(X^{t+1},\ Y^{t+1},\ U^{t+1})}{GEPI^C(X^t,\ Y^t,\ U^t)} \times \left[\frac{\dfrac{GEPI^M(X^{t+1},\ Y^{t+1},\ U^{t+1})}{GEPI^C(X^{t+1},\ Y^{t+1},\ U^{t+1})}}{\dfrac{GEPI^M(X^t,\ Y^t,\ U^t)}{GEPI^C(X^t,\ Y^t,\ U^t)}}\right]$$

$$= \frac{GEPI^C(X^{t+1},\ Y^{t+1},\ U^{t+1})}{GEPI^C(X^t,\ Y^t,\ U^t)} \times \left[\frac{\dfrac{GEPI^G(X^{t+1},\ Y^{t+1},\ U^{t+1})}{GEPI^C(X^{t+1},\ Y^{t+1},\ U^{t+1})}}{\dfrac{GEPI^G(X^t,\ Y^t,\ U^t)}{GEPI^C(X^t,\ Y^t,\ U^t)}}\right]$$

$$\times \left[\frac{\dfrac{GEPI^M(X^{t+1},\ Y^{t+1},\ U^{t+1})}{GEPI^G(X^{t+1},\ Y^{t+1},\ U^{t+1})}}{\dfrac{GEPI^M(X^t,\ Y^t,\ U^t)}{GEPI^G(X^t,\ Y^t,\ U^t)}}\right]$$

$$= \frac{TE^{t+1}}{TE^t} \times \frac{BPG^{t+1}}{BPG^t} \times \frac{TGR^{t+1}}{TGR^t} = EC \times BPC \times TGC \qquad (5-18)$$

其中，$TE$、$BPG$ 和 $TGR$ 分别表示技术效率、各个群组内部当期前沿与全局技术前沿之间的差距、全局技术前沿与共同技术前沿之间的差距。进一步来看，$EC$ 是群组内绿色经济绩效由 $t$ 期到 $t+1$ 期发生的变动，刻画的是群组内 DMU 对当期技术前沿面的"追赶效应"。$EC$ 大于 1（小于 1）则表示 DMU 相比前一期更加靠近（远离）当期群组内的技术前沿面。$BPC$ 反映采用全局技术和群组技术下绿色经济绩效差距的变动情况，刻画的是群组内 DMU 的绿色经济绩效的"创新效应"，$BPC$ 大于 1（小于 1）表明群组技术前沿面更加靠近（远离）全局技术前沿面。$TGC$ 衡量全局技术与共同技术之间差距的变动情况，刻画的是相对于全局前沿面的"技术领导者转移效应"，$TGC$ 大于 1（小于 1）表明在全局技术下 DMU 与共同技术前沿面的差距逐步减小（扩大）。

## 二、指标选取及数据说明

利用本研究构建的 Metafrontier – Global – SBM 超效率 DEA 模型对绿

色经济绩效（GEPI）和绿色经济增长率（GEGI）进行测度之前，首先需要明确投入产出指标。基于本书对于绿色经济增长的概念为在平衡经济产出的前提下使得资源投入和污染物排放最小化，这里的资源包括社会资源和自然资源两类，其中社会资源主要指促进经济增长的物质资本和人力资本，自然资源则主要指与人类生产和生活息息相关的土地、水和能源。同时借鉴现有绿色经济增长相关指标的选取（陈超凡，2016；李江龙和徐斌，2018；Song et al.，2020），本书选取的投入产出指标包括5种投入要素、1种期望产出和3种非期望产出。其中，投入指标包括资本、劳动、土地、能源和水，分别为固定资产投资总额、年末就业人员总数、城市建设用地面积、全社会用电量和城市用水总量；期望产出用国内生产总值指标衡量；非期望产出包括工业废水排放量、工业二氧化硫排放量和工业烟尘排放量3个指标。具体指标选取说明如表5－4所示。

表5－4 绿色经济增长测度投入产出指标说明

| 类别 | 变量选取 | 数据说明 |
| --- | --- | --- |
| 投入指标 | 资本 | 目前多数学者采用永续盘存法对资本存量加以计算。但在计算过程中，对于基期资本存量以及折旧率的选择方面具有较大出入。而在过去20多年中，全社会的固定资产投资和固定资本形成数据的增长趋势基本保持一致（卢丽文等，2016；Sun et al.，2020），DEA方法对相对效率进行测度，保证样本数据具有相对一致性，其分析结果就不会有较大偏差，因此本书选用全市固定资产总额作为资本投入的代理变量，以2003年为基期剔除价格因素的影响 |
| | 劳动 | 采用全市单位从业人员期末人数衡量 |
| | 土地 | 采用全市行政区域土地面积衡量 |
| | 能源 | 由于地级市能源消费数据缺乏，根据电力消费与能源消费量之间的相关性较强（林伯强，2003）以及DEA方法的特点，本研究采用全市全社会用电量对能源指标及进行衡量 |
| | 水 | 采用全市全年供水量衡量 |

续表

| 类别 | 变量选取 | 数据说明 |
|------|----------|----------|
| 期望产出 | 地区生产总值 | 采用地区生产总值衡量，并以 2003 年为基期剔除价格因素的影响 |
| 非期望产出 | 工业废水排放 | 采用全市工业废水排放量衡量 |
| | 工业二氧化硫排放 | 采用全市工业二氧化硫排放量衡量 |
| | 工业烟（粉）尘排放 | 采用全市工业烟（粉）尘排放量衡量，由于《城市统计年鉴》在 2011 年以前对烟尘排放和粉尘排放分开进行统计，而 2011 年以后则将两者合并统计，为保持统计口径的一致性，对 2011 年以前的工业烟（粉）尘排放量是将两者进行加总处理 |

注：数据来源于对应年份的《中国城市统计年鉴》、国家统计局网站（http：//www.stats. gov. cn/）或各省市的统计局网站中公布的地级市统计数据。

## 三、绿色经济增长测度结果

### （一）中国整体及分区域绿色经济绩效（GEPI）结果

根据本书提出的测度方法，对中国整体及东部、中部、西部三个区域以及资源型和非资源型城市的 GEPI 年平均值进行分析，从总体上考察绿色经济绩效的发展态势，结果如表 5 - 5 所示。从表中数据看，在 2003 ~ 2018 年共 16 年的研究期间，全国层面 GEPI 年平均值为 0.3608，东部、中部和西部地区 GEPI 年平均值分别为 0.3530、0.3397 和 0.3949。西部地区的平均表现最具优势，东部次之，中部最末。绿色经济绩效衡量的并非单一维度的经济增长，而是兼顾资源环境保护和经济增长两个方面。西部地区虽然经济增长水平不高，但是具有得天独厚的自然资源禀赋，因此绿色经济绩效水平较高。东部地区的经济发展水平较好，虽然拥有大量资金可以用于生态环境保护，但是由于快速的经济增长使得其未能充分重视环境保护导致环保效率较低。中部地区既没有西部地区的资源禀赋优势，又不具备充分的资金支持，因此处于最末地位。从资源型和非资源型城市 GEPI 的年均值来看，资源型城市 GEPI 为 0.3615，非资源型城市 GEPI 为 0.3605，资源型城市由于自然资源禀赋从而获得略高于非资源型城市的绿色经济绩效。

表 5 - 5　　　　　　　　　　　全国及分区域 GEPI 年平均值

| 年份 | 全国 | 东部 | 中部 | 西部 | 资源型 | 非资源型 |
|------|------|------|------|------|--------|----------|
| 2003 | 0.3281 | 0.2850 | 0.3080 | 0.4030 | 0.3424 | 0.3208 |
| 2004 | 0.3140 | 0.2675 | 0.2918 | 0.3953 | 0.3105 | 0.3157 |
| 2005 | 0.3132 | 0.2749 | 0.2971 | 0.3778 | 0.3184 | 0.3106 |
| 2006 | 0.3065 | 0.2669 | 0.2917 | 0.3711 | 0.3082 | 0.3057 |
| 2007 | 0.3092 | 0.2757 | 0.3023 | 0.3571 | 0.3125 | 0.3075 |
| 2008 | 0.3146 | 0.2916 | 0.2963 | 0.3637 | 0.3198 | 0.3120 |
| 2009 | 0.2718 | 0.2826 | 0.2505 | 0.2839 | 0.2829 | 0.2660 |
| 2010 | 0.3403 | 0.3214 | 0.3294 | 0.3756 | 0.3458 | 0.3375 |
| 2011 | 0.3248 | 0.3277 | 0.3090 | 0.3400 | 0.3281 | 0.3231 |
| 2012 | 0.3457 | 0.3612 | 0.3166 | 0.3613 | 0.3565 | 0.3401 |
| 2013 | 0.3517 | 0.3663 | 0.3468 | 0.3402 | 0.3467 | 0.3543 |
| 2014 | 0.3431 | 0.3532 | 0.3356 | 0.3398 | 0.3400 | 0.3447 |
| 2015 | 0.3663 | 0.3764 | 0.3494 | 0.3743 | 0.3682 | 0.3654 |
| 2016 | 0.4281 | 0.4410 | 0.4006 | 0.4450 | 0.4317 | 0.4262 |
| 2017 | 0.4919 | 0.5285 | 0.4742 | 0.4693 | 0.4947 | 0.4905 |
| 2018 | 0.6235 | 0.6288 | 0.5355 | 0.7209 | 0.5775 | 0.6472 |
| 平均值 | 0.3608 | 0.3530 | 0.3397 | 0.3949 | 0.3615 | 0.3605 |

注：表内结果为笔者根据 MaxDEA Ultra 7.8.0 测算结果整理得到。

图 5 - 2 展示了全国及分区域 GEPI 年平均值变化趋势。从图中曲线的变化趋势来看，全国层面和东中西部地区 GEPI 从 2003 年到 2018 年均实现了较大程度的增长，全国层面的 GEPI 从 2003 年的 0.3281 提高

到 2018 年的 0.6235，增幅达到 47.38%；东部、中部、西部的 GEPI 分别从 2003 年的 0.2850、0.3080 和 0.4030 分别上升至 2018 年的 0.6288、0.5355 和 0.7209，增幅分别达到 54.68%、42.48% 和 44.1%。从变动趋势来看，全国及三大区域的 GEPI 在研究期间均表现为波动上升的趋势，除 2009 年这一年出现了较大幅度的下降之外，2003～2015 年的 GEPI 波动较为稳定，各年份之间有涨有跌但并未出现大幅震荡，2009 年出现的全面下降可能是受到全球次贷危机影响的冲击，其对我国的绿色经济绩效同样造成较大影响。自 2015 年起，各区域的绿色经济绩效表现出显著增长的趋势，且 2018 年 GEPI 为研究期间的最大值，表明中国的绿色经济绩效呈现出持续向好的发展态势。

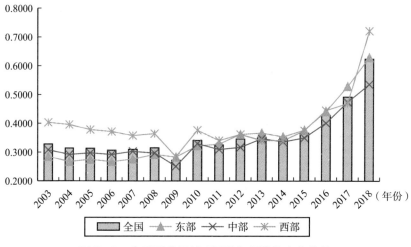

**图 5-2　全国及分区域 GEPI 年平均值变化趋势**

图 5-3 展示了资源型城市与非资源型城市在 2003～2018 年的比较，可以看出，多数年份表现为资源型城市 GEPI 高于非资源型城市，仅在 2004 年、2013 年、2014 年和 2018 年非资源型城市领先于资源型城市，且在 2018 年非资源型城市表现出较大幅度的超越态势。

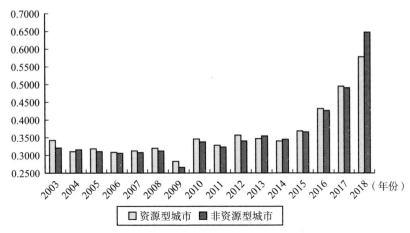

图 5 - 3　资源型城市与非资源型城市 GEPI 年平均值变化趋势

## （二）中国省份（区、市）GEPI 结果

表 5 - 6 展示了省级层面研究期间 GEPI 年平均值情况。从表中的数据结果来看，以直辖市北京市为例，由于其包含的城市只有北京市一个，其 GEPI 反映的就是其自身的绿色经济绩效水平，可以看出，从 2003 年的 0.095 最低值呈现出逐渐增加的趋势，到 2017 年其 GEPI 超过 1，到 2018 年达到最高值 1.073，表现出较为稳定的提升态势。值得注意的是，均值中的最大值在西藏自治区，其原因在于西藏地区仅获得了拉萨市的数据，以此为基础对西藏自治区的 GEPI 进行测算必然存在一定的不合理性，但是本研究的共同前沿技术方法已经在很大程度上减少了由于技术异质性所带来的测量误差，存在同样问题的可能还包括海南省。除此之外，上海、广东、黑龙江、甘肃和宁夏 5 个省（区、市）的 GEPI 均值都在 0.4 以上，排名位于前列。北京、天津、江苏、浙江、福建、山东、吉林、安徽、江西、河南、湖北、内蒙古、广西、四川、贵州、云南和陕西共 17 个省（区、市）的 GEPI 均值在 0.3 ~ 0.4 之间，河北、辽宁、山西、湖南和新疆 5 个省（区、市）的 GEPI 均值在 0.2 ~ 0.3 之间，重庆和青海 2 个省（区、市）的 GEPI 均值在 0.1 ~ 0.2 之间，处于较低水平。

表5-6

中国31个省区市 GEPI 年平均值

| 省区市 | 2003年 | 2004年 | 2005年 | 2006年 | 2007年 | 2008年 | 2009年 | 2010年 | 2011年 | 2012年 | 2013年 | 2014年 | 2015年 | 2016年 | 2017年 | 2018年 | 均值 |
|---|---|---|---|---|---|---|---|---|---|---|---|---|---|---|---|---|
| 北京 | 0.095 | 0.101 | 0.114 | 0.146 | 0.162 | 0.178 | 0.167 | 0.215 | 0.228 | 0.243 | 0.261 | 0.286 | 0.310 | 0.343 | 1.003 | 1.037 | 0.305 |
| 天津 | 0.122 | 0.132 | 0.143 | 0.158 | 0.175 | 0.200 | 0.217 | 0.282 | 0.317 | 0.379 | 0.433 | 0.487 | 0.555 | 0.682 | 0.835 | 1.019 | 0.383 |
| 河北 | 0.196 | 0.198 | 0.197 | 0.202 | 0.214 | 0.222 | 0.190 | 0.246 | 0.249 | 0.260 | 0.269 | 0.284 | 0.308 | 0.336 | 0.431 | 0.526 | 0.271 |
| 辽宁 | 0.208 | 0.218 | 0.224 | 0.232 | 0.243 | 0.250 | 0.227 | 0.285 | 0.281 | 0.290 | 0.287 | 0.309 | 0.328 | 0.350 | 0.399 | 0.469 | 0.288 |
| 上海 | 0.210 | 0.228 | 0.226 | 0.270 | 0.282 | 0.297 | 0.278 | 0.353 | 0.333 | 0.353 | 0.388 | 0.415 | 0.467 | 0.546 | 0.729 | 1.050 | 0.402 |
| 江苏 | 0.271 | 0.227 | 0.236 | 0.237 | 0.253 | 0.269 | 0.246 | 0.297 | 0.309 | 0.332 | 0.371 | 0.335 | 0.365 | 0.412 | 0.514 | 0.582 | 0.328 |
| 浙江 | 0.304 | 0.282 | 0.269 | 0.307 | 0.296 | 0.308 | 0.245 | 0.306 | 0.308 | 0.320 | 0.319 | 0.327 | 0.348 | 0.416 | 0.459 | 0.563 | 0.336 |
| 福建 | 0.388 | 0.339 | 0.326 | 0.275 | 0.285 | 0.303 | 0.264 | 0.337 | 0.335 | 0.359 | 0.369 | 0.381 | 0.409 | 0.480 | 0.582 | 0.761 | 0.387 |
| 山东 | 0.220 | 0.220 | 0.219 | 0.231 | 0.249 | 0.266 | 0.235 | 0.302 | 0.308 | 0.336 | 0.348 | 0.353 | 0.384 | 0.420 | 0.563 | 0.673 | 0.333 |
| 广东 | 0.364 | 0.333 | 0.343 | 0.317 | 0.314 | 0.333 | 0.423 | 0.376 | 0.404 | 0.497 | 0.374 | 0.375 | 0.413 | 0.505 | 0.594 | 0.683 | 0.415 |
| 海南 | 0.764 | 0.736 | 1.049 | 0.702 | 0.765 | 0.853 | 0.727 | 0.804 | 0.700 | 0.699 | 1.748 | 0.894 | 0.615 | 1.193 | 0.742 | 0.835 | 0.864 |
| 山西 | 0.244 | 0.254 | 0.248 | 0.250 | 0.250 | 0.236 | 0.180 | 0.251 | 0.248 | 0.251 | 0.245 | 0.254 | 0.254 | 0.261 | 0.278 | 0.279 | 0.249 |
| 吉林 | 0.337 | 0.265 | 0.296 | 0.285 | 0.353 | 0.310 | 0.252 | 0.345 | 0.333 | 0.349 | 0.356 | 0.349 | 0.389 | 0.522 | 0.659 | 0.758 | 0.385 |
| 黑龙江 | 0.335 | 0.334 | 0.383 | 0.315 | 0.346 | 0.302 | 0.325 | 0.454 | 0.333 | 0.335 | 0.543 | 0.416 | 0.393 | 0.536 | 0.638 | 0.712 | 0.419 |
| 安徽 | 0.381 | 0.368 | 0.364 | 0.368 | 0.364 | 0.371 | 0.310 | 0.378 | 0.346 | 0.343 | 0.331 | 0.348 | 0.360 | 0.335 | 0.374 | 0.373 | 0.357 |
| 江西 | 0.331 | 0.306 | 0.316 | 0.316 | 0.315 | 0.331 | 0.259 | 0.362 | 0.330 | 0.356 | 0.339 | 0.339 | 0.353 | 0.362 | 0.393 | 0.417 | 0.339 |
| 河南 | 0.253 | 0.252 | 0.254 | 0.257 | 0.272 | 0.270 | 0.213 | 0.287 | 0.289 | 0.314 | 0.315 | 0.322 | 0.353 | 0.424 | 0.550 | 0.662 | 0.330 |

续表

| 省区市 | 2003年 | 2004年 | 2005年 | 2006年 | 2007年 | 2008年 | 2009年 | 2010年 | 2011年 | 2012年 | 2013年 | 2014年 | 2015年 | 2016年 | 2017年 | 2018年 | 均值 |
|---|---|---|---|---|---|---|---|---|---|---|---|---|---|---|---|---|---|
| 湖北 | 0.314 | 0.297 | 0.281 | 0.283 | 0.288 | 0.299 | 0.263 | 0.315 | 0.348 | 0.325 | 0.391 | 0.380 | 0.396 | 0.458 | 0.529 | 0.572 | 0.359 |
| 湖南 | 0.276 | 0.243 | 0.232 | 0.249 | 0.240 | 0.243 | 0.198 | 0.252 | 0.250 | 0.265 | 0.272 | 0.281 | 0.302 | 0.348 | 0.418 | 0.553 | 0.289 |
| 内蒙古 | 0.233 | 0.231 | 0.235 | 0.243 | 0.244 | 0.313 | 0.203 | 0.250 | 0.258 | 0.407 | 0.348 | 0.337 | 0.357 | 0.423 | 0.442 | 0.596 | 0.320 |
| 广西 | 0.403 | 0.379 | 0.324 | 0.367 | 0.346 | 0.314 | 0.260 | 0.354 | 0.329 | 0.339 | 0.370 | 0.361 | 0.409 | 0.494 | 0.489 | 0.534 | 0.380 |
| 重庆 | 0.073 | 0.076 | 0.081 | 0.085 | 0.092 | 0.102 | 0.097 | 0.125 | 0.131 | 0.110 | 0.141 | 0.173 | 0.211 | 0.300 | 0.356 | 0.384 | 0.159 |
| 四川 | 0.356 | 0.342 | 0.329 | 0.314 | 0.319 | 0.320 | 0.250 | 0.368 | 0.350 | 0.386 | 0.342 | 0.352 | 0.387 | 0.450 | 0.460 | 0.519 | 0.365 |
| 贵州 | 0.388 | 0.403 | 0.409 | 0.394 | 0.399 | 0.354 | 0.201 | 0.290 | 0.271 | 0.266 | 0.274 | 0.296 | 0.332 | 0.471 | 0.490 | 0.518 | 0.360 |
| 云南 | 0.707 | 0.504 | 0.441 | 0.388 | 0.351 | 0.356 | 0.260 | 0.352 | 0.311 | 0.316 | 0.323 | 0.318 | 0.345 | 0.348 | 0.408 | 0.395 | 0.383 |
| 西藏 | 0.721 | 0.834 | 1.035 | 0.593 | 0.715 | 0.815 | 1.031 | 0.411 | 0.419 | 0.499 | 0.537 | 0.552 | 0.717 | 1.449 | 1.105 | 16.29 | 1.733 |
| 陕西 | 0.354 | 0.339 | 0.353 | 0.353 | 0.310 | 0.303 | 0.240 | 0.349 | 0.313 | 0.323 | 0.318 | 0.325 | 0.373 | 0.392 | 0.444 | 0.507 | 0.350 |
| 甘肃 | 0.485 | 0.498 | 0.534 | 0.522 | 0.499 | 0.541 | 0.437 | 0.534 | 0.421 | 0.469 | 0.381 | 0.361 | 0.400 | 0.462 | 0.565 | 0.649 | 0.485 |
| 青海 | 0.179 | 0.183 | 0.173 | 0.174 | 0.173 | 0.167 | 0.144 | 0.185 | 0.175 | 0.180 | 0.184 | 0.195 | 0.201 | 0.214 | 0.234 | 0.241 | 0.188 |
| 宁夏 | 0.440 | 0.396 | 0.555 | 0.574 | 0.548 | 0.548 | 0.412 | 0.629 | 0.564 | 0.350 | 0.357 | 0.368 | 0.353 | 0.501 | 0.443 | 0.729 | 0.486 |
| 新疆 | 0.185 | 0.994 | 0.183 | 0.182 | 0.183 | 0.170 | 0.152 | 0.179 | 0.179 | 0.179 | 0.186 | 0.195 | 0.204 | 0.206 | 0.217 | 0.226 | 0.239 |

注：表内结果为笔者根据 MaxDEA Ultra 7.8.0 测算结果整理得到，各省（区、市）数据由其对应涵盖的地级市研究对象结果通过计算其算术平均值获得。

## （三）GEGI 及其分解测度结果分析

为剖析中国城市绿色经济增长的内在驱动因素，本书根据前文所介绍的 Metafrontier – Malmquist 指数及其分解技术，从群组内各城市对当期技术前沿面的"追赶效应"（EC）、群组内各城市的绿色经济增长的"创新效应"（BPC）以及相对于全局前沿面的"技术领导者转移效应"（TGC）三个角度探讨。如表 5 – 7 所示，从东中西三大区域 GEGI 的分解项看，东部地区 GEGI 为 1.0576，年均增长率为 5.76%，在三大区域中处于领先位置，其中 BPC 为 1.0496，年均增长率为 4.96%，EC 年均增长仅 0.78%，而 TGC 对 GEGI 不仅没有促进作用，反而以 0.02% 的负向年均增速阻碍绿色经济增长。中部地区 GEGI 次之，其大小为 1.0395，年均增长率为 3.95%，BPC 对其促进作用最大，其年均增长率为 4.06%，EC 和 TGC 年均增长率分别为 0.15% 和 – 0.25%。西部地区则处于三大区域中的最后地位，GEGI 为 1.0305，年均增长率 3.05%，其中 BPC、EC 和 TGC 的年均增长率分别为 3.5%、0.27% 和 – 0.7%。这些结果表明我国城市绿色经济增长的最主要的驱动因素毫无疑问是 BPC 的增长，BPC 的增加表示当期技术前沿朝着跨期技术前沿不断靠近，表现出来的是群组内各城市的绿色经济增长的"创新效应"；EC 在绿色经济增长内在驱动因素中也呈现出促进作用，反映群组内各城市对当期技术前沿面的"追赶效应"；TGC 则不利于 GEGI 提高，即相对于全局前沿面的"技术领导者转移效应"没有发挥出应有的作用。值得注意的是，无论 GEGI 本身或是其三个分解项，从具体年份看，均是表现出"有增有减"的波动状态，而 2008 ~ 2009 年，三大区域的 GEGI 和 BPC 均处在研究期间的最低值，这与之前对于 GEPI 的分析结论一致，其原因可能是受到全球次贷危机的不利影响，群组内城市在发展过程中的"创新效应"受到冲击，进而影响到绿色经济增长。

**表 5 – 7**　　　　　　　　　**全国及分区域 GEGI 及其分解**

| 年份区间 | TGC | EC | BPC | GEGI |
|---|---|---|---|---|
| 2003 ~ 2004 | 0.9870 | 1.0481 | 0.9594 | 0.9925 |

| 年份区间 | TGC | EC | BPC | GEGI |
|---|---|---|---|---|
| 2004～2005 | 1.0103 | 1.0018 | 1.0116 | 1.0238 |
| 2005～2006 | 1.0042 | 1.0424 | 0.9717 | 1.0172 |
| 2006～2007 | 0.9972 | 1.0210 | 1.0278 | 1.0464 |
| 2007～2008 | 1.0032 | 0.9868 | 1.0624 | 1.0517 |
| 2008～2009 | 1.0369 | 1.0119 | 0.8765 | 0.9196 |
| 2009～2010 | 0.9662 | 1.0235 | 1.2274 | 1.2137 |
| 2010～2011 | 0.9982 | 0.9087 | 1.1175 | 1.0137 |
| 2011～2012 | 1.0044 | 1.0172 | 1.0540 | 1.0769 |
| 2012～2013 | 0.9976 | 1.1278 | 0.8889 | 1.0001 |
| 2013～2014 | 1.0049 | 0.9858 | 1.0196 | 1.0101 |
| 2014～2015 | 1.0037 | 0.9790 | 1.0884 | 1.0695 |
| 2015～2016 | 1.0007 | 0.9723 | 1.1582 | 1.1269 |
| 2016～2017 | 0.9769 | 1.0179 | 1.1974 | 1.1907 |
| 2017～2018 | 1.0069 | 0.9882 | 1.1582 | 1.1525 |
| 东部平均 | 0.9998 | 1.0078 | 1.0496 | 1.0576 |
| 2003～2004 | 1.0174 | 1.0211 | 0.9447 | 0.9813 |
| 2004～2005 | 1.0082 | 1.0566 | 0.9499 | 1.0119 |
| 2005～2006 | 1.0247 | 0.9858 | 0.9943 | 1.0044 |
| 2006～2007 | 1.0153 | 1.0198 | 0.9961 | 1.0314 |
| 2007～2008 | 0.9979 | 0.9678 | 1.0371 | 1.0016 |
| 2008～2009 | 0.9387 | 1.0446 | 0.8631 | 0.8463 |
| 2009～2010 | 1.0531 | 0.9524 | 1.2923 | 1.2962 |
| 2010～2011 | 1.0392 | 1.0675 | 0.8695 | 0.9645 |
| 2011～2012 | 0.9873 | 0.9397 | 1.1150 | 1.0346 |
| 2012～2013 | 0.9739 | 1.0566 | 1.0360 | 1.0661 |
| 2013～2014 | 1.0495 | 0.9980 | 0.9466 | 0.9914 |
| 2014～2015 | 0.9839 | 0.9756 | 1.0861 | 1.0425 |
| 2015～2016 | 0.9431 | 0.9940 | 1.1940 | 1.1193 |
| 2016～2017 | 0.9820 | 0.9783 | 1.2083 | 1.1607 |
| 2017～2018 | 0.9571 | 0.9756 | 1.1860 | 1.1074 |

续表

| 年份区间 | TGC | EC | BPC | GEGI |
|---|---|---|---|---|
| 中部平均 | 0.9975 | 1.0015 | 1.0406 | 1.0395 |
| 2003~2004 | 1.0299 | 1.0966 | 0.8900 | 1.0052 |
| 2004~2005 | 0.9972 | 1.0430 | 0.9428 | 0.9806 |
| 2005~2006 | 0.9900 | 1.0270 | 0.9955 | 1.0121 |
| 2006~2007 | 0.9921 | 0.9193 | 1.0728 | 0.9783 |
| 2007~2008 | 1.0019 | 1.0537 | 0.9656 | 1.0193 |
| 2008~2009 | 0.9372 | 1.0185 | 0.8283 | 0.7906 |
| 2009~2010 | 1.0501 | 0.9513 | 1.3137 | 1.3124 |
| 2010~2011 | 1.0012 | 0.9357 | 1.0213 | 0.9568 |
| 2011~2012 | 0.9954 | 1.0462 | 1.0077 | 1.0494 |
| 2012~2013 | 1.0083 | 1.0761 | 0.8981 | 0.9744 |
| 2013~2014 | 0.9820 | 0.9477 | 1.0948 | 1.0188 |
| 2014~2015 | 0.9743 | 1.0392 | 1.0694 | 1.0828 |
| 2015~2016 | 0.9926 | 0.9742 | 1.1729 | 1.1343 |
| 2016~2017 | 0.9559 | 1.0014 | 1.1248 | 1.0767 |
| 2017~2018 | 0.9921 | 0.9327 | 1.2462 | 1.1530 |
| 西部平均 | 0.9930 | 1.0027 | 1.0350 | 1.0305 |
| 全国平均 | 0.9968 | 1.0040 | 1.0417 | 1.0425 |

注：表内结果为笔者根据 MaxDEA Ultra 7.8.0 测算结果整理得到，东中西部数值由其对应涵盖的地级市研究对象结果通过计算其几何均值获得，全国平均数值由东中西部数值求算数平均数获得。

# 第三节  本 章 小 结

本章主要测度中国地级市环境规制强度和绿色经济增长水平两个指标。具体来说，第一节利用改进模糊综合评价法——相对偏差模糊矩阵评价法，对环境规制指标进行测度，通过对现有研究选取指标的探讨，并考虑地级市层面数据的可得性问题，最终确定使用工业烟尘去除率、工业二氧化硫去除率、生活污水处理率、工业固体废物综合利用率和生活垃圾无害化处理率 5 个指标综合测度得到环境规制指标。通过对测度结果的分析可以看出中国环境规制强度呈现出逐年增强的态势。第二节利用改进的 DEA 模型——Metafrontier – Global – SBM 超效率 DEA 模型，对绿色经济增长状况进行科学合理的测度，通过现有研究指标体系的分析构建本书测度绿色经济增长的指标体系，得益于测度方法的优势，不仅从全国和东中西区域、资源型和非资源型城市、31 个省份以及 286 个地级市层面对绿色经济绩效进行评价分析，而且从绿色经济增长的内在驱动因素出发，利用 Metafrontier – Malmquist 指数及其分解技术，从追赶效应（EC）、创新效应（BPC）和技术领导者转移效应（TGC）三方面进行深入探讨，发现我国城市绿色经济增长主要是由群组内各城市绿色经济增长的"创新效应"驱动的。本章对两个核心指标的测度将为后面章节探讨环境规制对绿色经济增长的影响以及环境规制、资源依赖和绿色经济增长三者之间的关系奠定数据基础。

# 第六章

# 环境规制对绿色经济
# 增长影响的实证检验

适宜的环境规制政策既有可能增加企业的生产成本，对经济增长产生抑制作用，又有可能激励企业进行绿色技术创新，促进绿色经济增长。从现有文献综述状况可以看出，当前对于环境规制与绿色经济增长之间的关系尚未达成共识，"遵循成本"和"波特假说"同时得到验证的相关研究使学者更加倾向于认同"环境规制对绿色经济增长存在非线性影响的结论"。但是，地级市层面上环境规制对绿色经济增长的非线性影响是否依然成立有待本章进行检验。与此同时，目前文献关注的重点是环境规制对绿色经济增长的本地影响效应，普遍忽视了环境规制对绿色经济增长的空间溢出效应及空间反馈效应。本章将同时识别环境规制对绿色经济增长的非线性影响和两者之间的空间关系。

## 第一节　研究设计

### 一、非线性影响检验的模型设定

根据第二章提出的理论框架和研究假说，设定如下面板数据模型检验环境规制对绿色经济增长的非线性影响：

$$GEPI_{it} = \alpha + \beta_{01} regulation_{it} + \beta_{02} regulation_{it}^2 + \beta_i X_{it} + u_i + v_t + \varepsilon_{it}$$

$$(6-1)$$

其中，$i$ 和 $t$ 分别代表个体（这里即表示城市，且 $i$ = 1，2，3，…，286）和时间（这里即表示年份，且 $t$ = 2003，2004，2005，…，2018）。$GEPI$ 为被解释变量，代表 $i$ 城市在 $t$ 年的绿色经济增长水平。$regulation$ 为核心解释变量，代表 $i$ 城市在 $t$ 年的环境规制水平，$regulation^2$ 为环境规制的二次项，如果 $regulation$ 和 $regulation^2$ 对应的系数均显著，则环境规制对绿色经济增长存在非线性影响。$X$ 为控制变量，分别有产业结构高级化（$advancedis$）、产业结构合理化（$rationalis$）、政府制度质量（$governmentiq$）、对外开放（$opening$）、人力资本（$humanc$）、科技创新（$innovation$）、制造业发展（$manufacturing$）和物质资本投资（$capital$）。$u_i$、$v_t$、$\varepsilon_{it}$ 分别代表个体效应、时期效应和随机扰动项，如果 $u_i$ 和 $v_t$ 与 $regulation$ 或 $X$ 相关，则分别为个体效应或时期效应对应的固定效应模型；反之则为随机效应模型。$\alpha$ 和 $\beta$ 为待估参数。

## 二、空间关系检验的模型设定

已有研究表明，环境规制（Li & Wu，2017；沈坤荣等，2017）和绿色经济增长（Yang & Yang，2019）都存在显著的空间相关性，在设定计量模型时若采用普通最小二乘法（OLS）则会忽略空间溢出效应。因此，本书将采用面板空间计量模型开展实证研究以探究环境规制与绿色经济增长之间的关系是否存在相邻地区间相互"模仿"和"传染"的状态。

### （一）模型设定形式

一般而言，空间计量经济学模型可以分为 8 种形式（范巧等，2020；范巧和王成纲，2017）：非空间模型（NSM）、空间误差模型（SEM）、空间自回归模型（SAR）、空间杜宾模型（SDM）、空间自相关模型（SAC）、空间 $X$ 滞后模型（SXL）、空间杜宾误差模型（SDEM）、通用嵌套空间模型（GNSM）。遵循"一般到特殊"的原则，可以根据 GNSM 模型退化到另外 7 种模型，具体退化形式如图 6 - 1 所示。GNSM 模型的设定如下：

$$Y = \rho WY + X\beta + WX\theta + \mu, \ \mu = \lambda W\mu + \varepsilon \qquad (6-2)$$

其中，$WY$ 是被解释变量存在的内生性交互效应，即一个特定地理空间单位的被解释变量，在某种程度上与其他空间单位的被解释变量存在空间相关关系。$WX$ 是其他观测单位独立的解释变量与本观测单位被解释变量之间存在的外生性交互效应，即一个特定地理空间的被解释变量依赖于其他地理空间单位的独立解释变量。$W\mu$ 是不同观测单位干扰项之间存在的交互效应，即模型中被遗漏的被解释变量的决定因素是空间相关的，或者不可观测空间扰动因素服从空间交互形式。$\rho$ 被称为空间自回归系数，$\lambda$ 是空间自相关系数，$\beta$ 和 $\theta$ 表示固定而未知的 $K \times 1$ 阶待估参数向量。

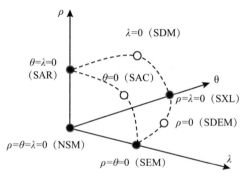

图 6 – 1　GNSM 模型向其他 7 种模型的退化形式图示

以 GNSM 模型为例，首先构建出包含绿色经济增长、环境规制及其二次项、控制变量的如下具体模型：

$$GEPI_{it} = \rho W_{NT} GEPI_{jt} + \beta_1 regulation_{it} + \beta_2 regulation_{it}^2 + \sum_1^q \beta_{3q} X_{qit}$$

$$+ \theta_1 W_{NT} regulation_{jt} + \theta_2 W_{NT} regulation_{jt}^2 + W_{NT} \sum_1^q \theta_{3q} X_{qjt}$$

$$+ \varphi_i + \delta_t + \mu_{it}$$

$$\mu_{it} = \lambda W_{NT} \mu_{jt} + \varepsilon_{jt} \qquad (6-3)$$

其中，$GEPI_{it}$ 为被解释变量绿色经济增长，$regulation_{it}$ 和 $regulation_{it}^2$ 为核心解释变量环境规制及其二次项；$X$ 为控制变量，与模型（6 – 2）相同；$q$ 为 $X$ 的变量个数，$q$ = 1，2，3，…，8。$\varphi_i$、$\delta_t$ 分别代表个体效应和时间效应，$\mu_{it}$ 代表随机扰动项，服从零均值同方差的正态分布，$\varepsilon_{jt}$ 也代表随机扰动项，但其分布形式存在空间依赖关系，$\lambda$ 代表空间扰动项自相关参数，$\rho$ 代表模型的空间自回归参数，$\beta$ 和 $\theta$ 为待估参数。$W_{NT}$ 为时空权重矩阵，对于本研究来说，这里的 $N = 286$，$T = 16$。

根据安瑟兰（Anselin et al.，2008）的经验，在对观测单位之间的空间依赖关系进行设定时，就是在空间面板数据模型中纳入空间滞后被解释变量或者在误差项中考虑空间自回归过程，前者表示空间自回归模型（SAR），后者表示空间误差模型（SEM）。勒萨热和帕斯（Lesage and Pace，2009a）倡导的空间杜宾模型（SDM），既包含了空间滞后的被解释变量，又包含了空间滞后的解释变量。本书将遵循上述学者的思路，从空间计量经济学的 3 种主要模型出发，结合非空间模型（NSM）以及空间计量中的 SAR、SEM 和 SDM 进行考察。具体模型设定如下：

$$GEPI_{it} = \beta_1 regulation_{it} + \beta_2 regulation_{it}^2 + \sum_1^q \beta_{3q} X_{qit} + \varphi_i + \delta_t + \varepsilon_{it} \tag{6-4}$$

$$GEPI_{it} = \rho W_{NT} GEPI_{jt} + \beta_1 regulation_{it} + \beta_2 regulation_{it}^2$$
$$+ \sum_1^q \beta_{3q} X_{qit} + \varphi_i + \delta_t + \varepsilon_{it} \tag{6-5}$$

$$GEPI_{it} = \beta_1 regulation_{it} + \beta_2 regulation_{it}^2 + \sum_1^q \beta_{3q} X_{qit} + \varphi_i + \delta_t + \mu_{it},$$
$$\mu_{it} = \lambda W_{NT} \mu_{jt} + \varepsilon_{it} \tag{6-6}$$

$$GEPI_{it} = \rho W_{NT} GEPI_{jt} + \beta_1 regulation_{it} + \beta_2 regulation_{it}^2 + \sum_1^q \beta_{3q} X_{qit}$$
$$+ \theta_1 W_{NT} regulation_{jt} + \theta_2 W_{NT} regulation_{jt}^2 + W_{NT} \times \sum_1^q \theta_{3q} X_{qjt}$$
$$+ \varphi_i + \delta_t + \varepsilon_{it} \tag{6-7}$$

其中，式（6-4）为 NSM，式（6-5）为 SAR，式（6-6）为 SEM，式（6-7）为 SDM。

## （二）空间权重矩阵选择

一般而言，空间权重主要分为外生空间权重矩阵和内生空间权重矩阵。外生空间权重矩阵一般能根据空间观测单位之间的相对距离对其空间相关影响程度的度量，如地理距离的倒数（1/两地的地理距离），数据观测点所在的空间单位与其他空间单位在地理上的相邻或接壤，包括

线性相邻（linear contiguity）、车相邻（rook contiguity）、象相邻（bishop contiguity）、后相邻（queen contiguity）等，社会经济水平的相似度（1/|两地实际人均GDP的差值|），以及无信息均等化等方法构建空间地理距离权重矩阵、空间相邻权重矩阵、经济距离权重矩阵和无信息均等权重矩阵，或者更多地，能够基于以上两种、三种方法或者四种组合形成的新的外生权重矩阵。内生空间权重矩阵则主要是基于模型被解释变量和残差值等推导而得，但内生空间权重矩阵不仅计算难度大，而且存在内生性，并不如外生空间权重矩阵应用广泛。

本书将选择基于地理距离权重（1/两地的地理距离）的外生空间权重矩阵作为空间计量模型的空间权重，记作 $W$，并选择基于空间相邻权重矩阵的车相邻，即其他空间观测单位与关注空间观测单位之间有一条共同边界时（$W_{ij}=1$，否则 $W_{ij}=0$）和经济距离权重矩阵（1/|两地实际人均GDP的差值|）两种外生空间权重矩阵作为稳健性检验。

对于面板数据的空间计量模型，空间权重矩阵需要引入时间因素，构建时空权重矩阵，其设置标准为

$$W_{NT} = W \otimes I_t \tag{6-8}$$

其中，$W$ 为前述基于地理距离权重的外生空间权重矩阵，在本书中其矩阵行列数为 $286 \times 286$（如果更换样本量，对应的矩阵行列数也随之改变。资源型城市样本对应的空间权重矩阵行列数为 $97 \times 97$，非资源型城市样本对应的空间权重矩阵行列数为 $189 \times 189$）。$I_t$ 为带有时间约束的时间权重矩阵，一般而言我们只考虑同期的影响力，因为空间数据各样本单元之间的地理距离、近邻关系或经济水平的相似度不随时间发生较大改变，因此 $I_t$ 为主对角线上均为1的单位矩阵。$\otimes$ 为克罗内克积符号。

（三）模型的优选

形式众多难以选择，一直是空间计量模型的难点。关于以上模型形式的优选，通常我们会通过空间自相关检验判断选择空间计量模型还是非空间模型，然后再根据参数估计值构建的 Wald 检验、根据随机扰动项方差估计值构建的 LM 检验或者根据对数似然值构建的 LR 检验三种

方法进一步确定空间计量模型具体形式。

第一，Hausman 检验。如果模型（6-4）~模型（6-7）中，分别代表空间效应和时期效应的 $\varphi$ 和（或）$\delta$ 与解释变量 $X$ 相关，则为空间效应和（或）时期效应对应的固定效应模型；反之则为随机效应模型。通常，采用 Hausman 检验来选择固定效应模型和随机效应模型（Lee & Yu，2010a）。在确定为固定效应模型的基础上，如果只存在空间效应，则称为空间固定效应模型，如果只存在时期效应，则称为时间固定效应模型，如果同时存在空间效应和时期效应，则称为空间与时间固定效应模型（Baltagi，2005）。

第二，LM 检验。LM 检验统计量主要用来选择非空间模型还是空间自回归模型或空间误差模型。一般而言，LM 检验有四个统计量：LM Spatial Lag（不存在空间残差相关时，空间自回归效应的 LM 检验。原假设 0：不存在空间残差相关；备择假设 1：存在空间残差相关）、Robust LM Spatial Lag（存在空间残差相关性时，空间自回归效应的 LM 检验。原假设 0：不存在空间残差相关；备择假设 1：存在空间残差相关）、LM Spatial Error（不存在空间自回归时，空间残差相关的 LM 检验。原假设 0：残差不存在空间相关；备择假设 1：残差存在空间效应）、Robust LM Spatial Error（存在空间自回归时，空间残差相关的 LM 检验。原假设 0：残差不存在空间相关；备择假设 1：残差存在空间效应）。

根据 LM 的 4 个统计量构建判别过程及准则为先进行 OLS 回归，得到回归模型的残差，再基于残差进行 LM 诊断。计算标准的 LM - Error 和 LM - Lag 统计量（即非稳健的），如果这两者都不显著，保持 OLS 的结果，即选择 NSM 模型。如果其中之一显著，如 LM Spatial Error 显著，则选择 SEM；如 LM Spatial Lag 显著，则选择 SAR；如果两者都显著，则进行稳健的 LM 诊断，这时需要计算 Robust LM Spatial Error 和 Robust LM Spatial Lag 统计量。如果 Robust LM Spatial Error 显著，则选择 SEM；如果是 Robust LM - Lag 显著，则选择 SAR；如果是两者仍都显著，莱萨加和帕采（LeSage & Pace，2009a）则推荐选择 SDM，等待进一步的 Wald 检验和 LR 检验。

第三，Wald 检验和 LR 检验。在设定为 SDM 后，下面利用 Wald 检验和 LR 检验判断两个假设：$H_0$：$\theta = 0$ 和 $H_0$：$\theta + \rho\beta = 0$，即利用 Wald 检验和 LR 检验来确定 SDM 是否能转化为 SAR 或 SEM（原假设为 SDM 能转化为 SAR 或 SEM）。两个检验均服从自由度为 $k$ 的卡方分布。如果 SAR 和 SEM 都可以进行估计，这些假设检验可以用对数似然比检验（LR 检验）；若 SAR 和 SEM 不可以进行估计，这些假设检验则只能使用 Wald 检验。

如果 Wald 检验和 LR 检验拒绝两个原假设，则选择 SDM。在 Robust LM 检验指向 SAR 的条件下，如果不能拒绝第一个 $H_0$，则应选择 SAR；同样地，在 Robust LM 检验指向 SEM 的条件下，如果不能拒绝第二个 $H_0$，则应选择 SEM。如果 LM 检验结果与 Wald 检验和 LR 检验结果相悖，例如，稳健的 LM 检验指向一个模型，而 Wald 检验或 LR 检验指向另一个模型，则应选择 SDM。

## （四）参数估计及分解

### 1. 参数估计方法

参数估计是空间计量模型的核心内容，目前最常用的方法有极大似然估计法（MLE）、工具变量法或广义矩估计法（IV/GMM）和贝叶斯方法（也叫马尔科夫链蒙特卡洛方法，MCMC）（LeSage & Pace，2009a，2009b）。本书选择 MLE 作为空间计量模型的参数估计方法。其基本原理如下：基于随机扰动项的分布预设，将解释变量参数值、随机扰动项的方差估计值、随机扰动项的方差－协方差矩阵估计式表示为空间相关系数的表达式，再对对数似然函数进行简化，并基于对数似然函数简化式，求解空间相关系数。

以上参数估计方法均是基于巴尔塔吉（Baltagi，2005）提出的均值化程序得到，李和于（Lee & Yu，2010a，2010b，2014）称为直接方法，并指出一些参数在估计时可能会出现估算偏误，因此在直接方法的基础上，提出通过转换方法对参数估计结果进行校正，称为间接方法（或估算偏误校正）。从数学的角度来看，SAR、SEM 和 SDM 估计结果的渐进方差并不会因估算偏误校正而改变，但由于用偏误校正参数去替代从直接法获取的估计参数，参数估计的标准误和显著性会发生改变。

**2. 参数效应分解**

根据莱萨加和帕采（LeSage & Pace，2009b）使用偏导数对不同模型解释变量变化带来的影响进行解释，提出直接效应（direct effect）和间接效应（indirect effect）的概念，如果某一个解释变量对某一空间观测单位的影响发生改变，一方面会改变这个空间观测单位的被解释变量，这称为直接效应；另一方面也会改变其他空间观测单位的被解释变量，这称为间接效应，即本章所要检验的空间溢出效应。许多空间计量模型基于点估计来检验是否存在空间溢出效应会导致许多错误，不同模型设定中变量的变化会影响偏微分方程结果。以 SDM 为例，其向量形式表达式如下：

$$Y_t = (I_n - \rho W)^{-1}(X_t\beta + WX_t\theta) + (I_n - \rho W)^{-1}\varepsilon_t^* \qquad (6-9)$$

其中，误差项 $\varepsilon_t^*$ 涵盖了随机扰动项 $\varepsilon_t$、时间固定效应或空间固定效应。在特定的时间下不同空间单元中被解释变量相对于第 $k$ 个解释变量的偏微分矩阵为

$$\left[\frac{\partial Y}{\partial X_{1k}}\cdots\frac{\partial Y}{\partial X_{Nk}}\right]_t = \begin{bmatrix} \frac{\partial y_1}{\partial X_{1k}}\cdots\frac{\partial y_1}{\partial X_{Nk}} \\ \cdots \\ \frac{\partial y_N}{\partial X_{1k}}\cdots\frac{\partial y_N}{\partial X_{Nk}} \end{bmatrix}_t = (I_n - \rho W)\begin{bmatrix} \beta_k & w_{12}\theta_k & \cdots & w_{1N}\theta_k \\ w_{21}\theta_k & \beta_k & \cdots & w_{2N}\theta_k \\ & & \cdots & \\ w_{N1}\theta_k & w_{N2}\theta_k & \cdots & \beta_k \end{bmatrix}$$

$$(6-10)$$

其中，上式右边矩阵中对角线元素的均值即为直接效应，非对角线元素对应的行和均值或列和均值即为溢出效应，而直接效应和溢出效应的加总为总效应。

特别说明的是，在 SEM 中，如果 $\theta_k = -\rho\beta_k$，则第 $k$ 个解释变量的直接效应为 $\beta_k$，且溢出效应为 0，所以 SEM 与 NSM 一样，不需要参数效应分解。对于 SAR，如果 $\theta_k = 0$，直接效应与溢出效应不会简化为单一系数或 SEM 中的零元素，因此参数效应分解仍然必要。之所以进行参数分解，原因在于对于 NSM 来说，参数估计本身就代表

了弹性，即解释变量变化一单位对被解释变量的影响。但是对于空间计量模型来说，参数估计本身并不能反映弹性变化，直接效应并不同于估计系数，因为还存在"反馈效应"，即通过邻近空间观测单位对其效应的传递并将其反馈给效应的来源单位，因此有必要进行参数分解。

## 三、变量说明与数据来源

本书选择 2003 ~ 2018 年中国 286 个地级市（由于其他地级市或自治州的数据严重缺失，本书予以剔除）的面板数据进行实证研究，数据主要来源于《中国城市统计年鉴》、国家统计局网站（http：//www.stats. gov. cn/）和各省市统计局网站中公布的统计数据。为消除价格因素的影响，使用到的 GDP 以及外商投资额等指标均以 2003 年为基期进行平减得到。同时，针对缺失的数据，采用向前、向后插值的方法补充完成。具体说明如下：

第一，被解释变量。绿色经济增长（GEPI），采用第三章中以 Metafrontier – Global – SBM 超效率 DEA 模型测度出的绿色经济绩效作为衡量指标。

第二，核心解释变量。环境规制（regulation），以第五章中基于改进相对偏差模糊矩阵评价模型测度的环境规制结果为衡量指标。

第三，控制变量。

（1）产业结构高级化（advancedis）。依据干春晖等（2011）的划分方法，将产业结构升级分为产业结构高级化和产业结构合理化。其中产业结构高级化反映产业从低水平状态向高水平状态的动态演进过程，其显著的特征是从第一产业向第二产业进而向第三产业演进，尤其是在 20 世纪信息化的带动下，产业结构的高级化主要表现为第二产业向第三产业的演进，因此本书采用第三产业与第二产业的比值衡量产业结构高级化水平，计算公式为

$$advancedis = \frac{Y_3}{Y_2} \tag{6-11}$$

其中，$Y_2$ 表示第二产业的产值，$Y_3$ 表示第三产业的产值。advancedis 指

标越大，代表第三产业的优势越明显，产业结构高级化水平越高。

（2）产业结构合理化（rationalis）。产业结构合理化反映的是产业间的协调程度，一般反映的是要素投入结构和产出结构之间的耦合程度，即产业结构偏离度（Dev）：

$$Dev = \sum_{i=1}^{3} \left| \frac{Y_i/L_i}{Y/L} - 1 \right| = \sum_{i=1}^{3} \left| \frac{Y_i/Y}{L_i/L} - 1 \right| \qquad (6-12)$$

其中，$Y$ 表示产业的总产值，$L$ 表示总就业人数，$Y_i$ 表示第 $i$ 产业的产值，$L_i$ 表示第 $i$ 产业的就业人数。本书借鉴干春晖等（2011）的研究，利用泰尔指数（Theil index）在产业结构偏离度的基础上构建产业结构合理化，产业结构偏离度赋予三大产业各自的占比，以此为权重全面刻画产业结构的合理化，测算公式如下：

$$rationalis = \sum_{i=1}^{3} (Y_i/Y) \left| \frac{Y_i/L_i}{Y/L} - 1 \right| \qquad (6-13)$$

（3）政府制度质量（governmentiq）。目前关于政府制度质量的衡量主要采用樊纲等（2011）的市场化指数，但市场化指数计算过程复杂，且未涉及地级市层面。城镇个体私营经济是市场化经济的主体之一，其对于加快市场化经济，提高经济活力有重要作用。因此，本书采用城镇私营和个体从业人员与从业人员总数（单位从业人员数与城镇私营和个体从业人员之和）的比重衡量政府制度质量。

（4）对外开放（opening）。外商直接投资能够带来产业关联效应，提高经济活力。因此，本书采用实际外商投资额占实际 GDP 的比重衡量对外开放程度。

（5）人力资本（humanc）。人力资本是古典经济增长理论和新经济增长理论的重要因素之一，对经济增长起着重要作用。一般而言，关于人力资本水平的衡量主要采用平均受教育年限指标，但地级市层面数据严重缺失，无法测算出平均受教育年限指标。因此，本书借鉴陈斌开和张川川（2016）的方法，采用高等学校在校学生数占总人数的比重衡量人力资本水平。

（6）科技创新（innovation）。新经济增长理论的重要因素之一就是科技进步，其对经济增长起着重要作用。因此，本书采用专利年末授权量衡量科技创新水平，数据来源于中国研究数据服务平台（CNRDS）①。

（7）制造业发展（manufacturing）。制造业是国民经济的主要支撑，尤其对于发展中的中国经济而言尤为重要。但是，大部分制造业相对于服务业仍存在资源浪费、污染严重的问题。因此，本书采用制造业就业人数占单位从业人员数的比重衡量制造业发展状况，用以考虑制造业发展对绿色经济增长的影响。

（8）物质资本投资（capital）。物质资本一直是经济增长的最大动力，虽然当前我国的经济增长动力正向创新驱动转变，但物质资本投资仍然是重要动力来源，其影响不容忽视。本书采用实际固定资产投资占实际GDP比重衡量物质资本投资情况，各变量定义及其符号见表6-1。

表6-1                     变量定义及其符号

| 变量 | 指标 | 符号 | 单位 |
|---|---|---|---|
| 被解释变量 | 绿色经济增长 | GEPI | 1 |
| 核心解释变量 | 环境规制 | regulation | 1 |
| 控制变量 | 产业结构高级化 | advancedis | % |
| | 产业结构合理化 | rationalis | 1 |
| | 政府制度质量 | governmentiq | % |
| | 对外开放 | opening | % |
| | 人力资本 | humanc | % |
| | 科技创新 | innovation | 1 |
| | 制造业发展 | manufacturing | % |
| | 物质资本投资 | capital | % |

## 四、描述性统计及相关检验

### （一）描述性统计

所有指标的描述性统计结果如表6-2所示，样本量均为4576（16×

---

① 中国研究数据服务平台（CNRDS）：https：//www.cnrds.com/Home/Login。

286）个，属于短面板。绿色经济绩效（*GEPI*）的最小值为 0.0727，最大值为 2.3569，均值为 0.3572。环境规制的最小值为 0.1619，最大值为 0.9842，均值为 0.6793。另外，面板数据分析的优势在于可以控制不可观测效应，同时足够多的样本量可以缓解多重共线性问题。对所有变量的方差膨胀因子（variance inflation factor，VIF）检验结果均值为 3.15，远低于一般认定的标准值 10，故可以忽略多重共线性问题（陈强，2010）。

表 6 - 2　　　　　　　　　　　　描述性统计结果

| 变量 | N | 均值 | 标准差 | 最小值 | 最大值 |
|------|------|------|------|------|------|
| *GEPI* | 4576 | 0.3572 | 0.2226 | 0.0727 | 2.3569 |
| *regulation* | 4576 | 0.6793 | 0.1723 | 0.1619 | 0.9842 |
| *advancedis* | 4576 | 0.8967 | 1.2856 | 0.0943 | 81.7177 |
| *rationalis* | 4576 | 1.0084 | 0.5967 | 0.9883 | 41.3626 |
| *governmentiq* | 4576 | 0.9757 | 0.6758 | 0.0308 | 17.1412 |
| *opening* | 4576 | 0.0275 | 0.0723 | $9.11e-06$ | 2.1383 |
| *humanc* | 4576 | 0.0158 | 0.0217 | 0.0001 | 0.1311 |
| *innovation* | 4576 | 2895 | 8524 | 1 | 139739 |
| *manufacturing* | 4576 | 0.2467 | 0.1370 | 0.0062 | 0.8131 |
| *capital* | 4576 | 0.2154 | 0.1199 | 0.0388 | 1.0826 |

## （二）面板单位根检验

为检验数据的平稳性，下面对面板数据是否存在单位根进行检验。面板单位根的检验方式较多，常用的检验方式有 LLC 检验、HT 检验、IPS 检验、Fisher 检验和 Hadri LM 检验等，不同的检验方法适用的渐进理论和数据类型不尽相同。本书采用以上五种常见的面板单位根检验方法进行检验，结果如表 6 - 3 所示，取对数后的变量多数通过了 LLC 检验、HT 检验、IPS 检验、Fisher 检验或 Hadri LM 检验，因此有理由认为面板数据是平稳的。

表6-3                                    单位根检验

| 变量 | LLC | HT | IPS | Fisher | Hadri LM | 结论 |
|------|------|------|------|------|------|------|
| *GEPI* | - 9.7131<br>(0.000) | - 17.6024<br>(0.0000) | - 7.7383<br>(0.0000) | 15.3451<br>(0.0000) | 30.5820<br>(0.0000) | 平稳 |
| *regulation* | - 22.4193<br>(0.0000) | - 17.2698<br>(0.0000) | - 20.0889<br>(0.0000) | 38.8994<br>(0.0000) | 29.9156<br>(0.0000) | 平稳 |
| *advancedis* | - 18.2379<br>(0.0000) | - 1.1610<br>(0.1228) | - 0.0505<br>(0.5202) | 28.0813<br>(0.0000) | 30.4647<br>(0.0000) | 平稳 |
| *rationalis* | 286.6952<br>(1.0000) | - 50.0106<br>(0.0000) | 30.2842<br>(1.0000) | 19.4163<br>(0.0000) | 36.9785<br>(0.0000) | 平稳 |
| *governmentiq* | - 16.8921<br>(0.0000) | - 17.1653<br>(0.0000) | - 15.8374<br>(0.0000) | 29.6294<br>(0.0000) | 30.1567<br>(0.0000) | 平稳 |
| *opening* | - 13.0953<br>(0.0000) | - 14.6749<br>(0.0000) | - 9.4367<br>(0.0000) | 27.4051<br>(0.0000) | 32.0042<br>(0.0000) | 平稳 |
| *humanc* | - 28.5551<br>(0.0000) | - 7.3049<br>(0.0000) | - 14.5434<br>(0.0000) | 31.3450<br>(0.0000) | 30.3312<br>(0.0000) | 平稳 |
| *innovation* | - 12.0688<br>(0.0000) | - 11.5363<br>(0.0000) | - 12.6453<br>(0.0000) | 24.1410<br>(0.0000) | 28.8472<br>(0.0000) | 平稳 |
| *manufacturing* | - 13.0698<br>(0.0000) | - 4.6972<br>(0.0000) | - 8.7390<br>(0.0000) | 21.3534<br>(0.0000) | 28.1768<br>(0.0000) | 平稳 |
| *capital* | - 23.4587<br>(0.0000) | 13.8143<br>(1.0000) | - 0.4186<br>(0.3378) | 26.8575<br>(0.0000) | 29.3640<br>(0.0000) | 平稳 |

注：表中数据利用 Stata/SE15.0 计算整理得到。括号外为各单位根检验的统计量，括号内为其对应的 *P* 值。

# 第二节　环境规制对绿色经济增长的非线性影响检验

## 一、基准回归结果分析

基于模型（6-1）的方法基础，表6-4报告了环境规制与绿色经济增长的基准回归结果。在分析面板数据模型回归结果之前，首先需要明确面板数据的估计策略。第一步，模型（6-1）中，$u_i$、$v_t$分别代表个体效应、时期效应，如果$u_i$和$v_t$与核心解释变量或控制变量相关，则表示该模型应设定为个体固定效应模型或者时间固定效应模型或者个体和时期双向固定效应模型；反之则应该设定为随机效应模型。通常情况，采用Hausman检验来确定选择固定效应模型或是随机效应模型（Lee & Yu，2010a）。第二步，在确定为固定效应模型的基础上，如果模型（6-1）中只存在个体效应$u_i$，则称为个体固定效应模型，如果只存在时间效应$v_t$，则称为时间固定效应模型，如果同时存在，则称为双向固定效应模型。通常情况下，采用F检验进行判定（Baltagi，2005）。

表 6 – 4　　　　环境规制与绿色经济增长的基准回归结果（CEPI）

| 变量 | （1）<br>混合效应 | （2）<br>个体固定 | （3）<br>时间固定 | （4）<br>双向固定 | （5）<br>随机效应 |
|---|---|---|---|---|---|
| *regulation* | – 1. 4896 ***<br>（0. 2733） | – 0. 9881 ***<br>（0. 0869） | – 1. 2573 ***<br>（0. 1333） | – 0. 6134 ***<br>（0. 0873） | – 1. 0488 ***<br>（0. 0867） |
| *regulation*$^2$ | 1. 3003 ***<br>（0. 2085） | 0. 9435 ***<br>（0. 0668） | 1. 0048 ***<br>（0. 1032） | 0. 5048 ***<br>（0. 0683） | 0. 9795 ***<br>（0. 0667） |
| *advancedis* | 0. 1309 ***<br>（0. 0318） | 0. 0749 ***<br>（0. 0075） | 0. 1206 ***<br>（0. 0075） | 0. 0304 ***<br>（0. 0077） | 0. 0796 ***<br>（0. 0073） |
| *rationalis* | – 0. 2644 ***<br>（0. 0637） | – 0. 1503 ***<br>（0. 0154） | – 0. 2462 ***<br>（0. 0157） | – 0. 0635 ***<br>（0. 0157） | – 0. 1560 ***<br>（0. 0150） |
| *governmentiq* | 0. 0196 **<br>（0. 0095） | 0. 0225 ***<br>（0. 0038） | 0. 0091 *<br>（0. 0047） | 0. 0090 **<br>（0. 0037） | 0. 0218 ***<br>（0. 0038） |
| *opening* | 0. 1539 **<br>（0. 0560） | 0. 2031 ***<br>（0. 0355） | 0. 1697 ***<br>（0. 0417） | 0. 2099 ***<br>（0. 0336） | 0. 1845 ***<br>（0. 0351） |
| *humanc* | – 1. 9677 ***<br>（0. 3889） | 1. 4201 ***<br>（0. 3386） | – 1. 8610 ***<br>（0. 1564） | 1. 6914 ***<br>（0. 3489） | – 0. 1218<br>（0. 2742） |
| *innovation* | 9. 03e – 07<br>（0. 0000） | 4. 91e – 06 ***<br>（0. 0000） | 5. 55e – 07<br>（0. 0000） | 4. 42e – 06 ***<br>（0. 0000） | 4. 56e – 06 ***<br>（0. 0000） |

续表

| 变量 | (1)<br>混合效应 | (2)<br>个体固定 | (3)<br>时间固定 | (4)<br>双向固定 | (5)<br>随机效应 |
|---|---|---|---|---|---|
| *manufacturing* | −0.0117<br>(0.0774) | −0.2388 ***<br>(0.0391) | 0.0405<br>(0.0252) | −0.1541 ***<br>(0.0373) | −0.2309 ***<br>(0.0350) |
| *capital* | −0.0559<br>(0.1147) | 0.1369 ***<br>(0.0349) | 0.0924 ***<br>(0.0360) | 0.4975 ***<br>(0.0524) | 0.0606 **<br>(0.0309) |
| *Constant* | 0.8993 ***<br>(0.1060) | 0.6143 ***<br>(0.0349) | 0.8419 ***<br>(0.0434) | 0.3451 ***<br>(0.0368) | 0.6806 ***<br>(0.0344) |
| 时间固定 | No | No | Yes | Yes | No |
| 个体固定 | No | Yes | No | Yes | No |
| F_1 检验 | | 28.23<br>[0.0000] | | | |
| F_2 检验 | | | 11.18<br>[0.0000] | | |
| F_3 检验 | | | | 31.86<br>[0.0000] | |
| Hausman 检验 | | | | | 67.59<br>[0.0000] |
| 观察值 | 4576 | 4576 | 4576 | 4576 | 4576 |
| R-squared | 0.1693 | 0.2804 | 0.0937 | 0.3613 | 0.2777 |
| 个体数 | 286 | 286 | 286 | 286 | 286 |

注：据 Stata/SE15.0 软件计算得到。(1) 圆括号内的值为标准误，方括号内的值为 $P$ 值；(2) *** 代表 $p < 0.01$，** 代表 $p < 0.05$，* 代表 $p < 0.1$；(3) F_1 检验代表个体固定效应与混合效应模型的 F 检验，F_2 检验代表时间固定效应与混合效应模型的 F 检验，F_3 检验代表个体和时间双向固定效应模型与混合效应的 F 检验。

表 6 – 4 第（1）~（5）列依次报告了混合效应、个体固定效应、时间固定效应、个体和时间双向固定效应和随机效应 5 种回归结果。依据面板数据的估计策略，Hausman 检验结果（67.59，$p < 0.01$）表明，必须拒绝随机效应模型。个体固定效应与混合效应模型的 F 检验结果（28.23，$p < 0.01$），拒绝混合效应模型；时间固定效应与混合

效应模型的 F 检验结果（11.18，$p < 0.01$），拒绝混合效应模型；个体和时间双向固定效应与混合效应模型的 F 检验结果（31.86，$p < 0.01$），拒绝混合效应模型；综合来看，应该选取个体和时期双向固定效应模型。与此同时，第（4）列的拟合优度值最高，其值为0.3613，显著高于第（1）~（3）列，也证实了个体和时间双向固定效应模型的优势。

在第（4）列个体和时间双向固定效应模型中，环境规制对绿色经济增长的一次项在 1% 的置信水平下显著为负，环境规制对绿色经济增长的二次项在 1% 的置信水平下显著为正，说明环境规制对绿色经济增长的影响确实表现为 U 型非线性关系，验证了假说 1。具体来看，当环境规制水平小于 0.6076 ［$-0.6134/(-2 \times 0.5048)$］的极值点时，环境规制会对绿色经济增长产生抑制作用，在相对宽松的环境规制政策下，"遵循成本"效应更加明显，环境规制在短期内会压缩企业的利润空间致使企业无法有效地进行创新，对绿色经济增长有一定的抑制作用。而当环境规制水平高于 0.6076 的极值点时，环境规制对绿色经济增长表现出显著的促进作用，此时环境规制政策力度较大，"创新补偿"效应更为明显，严格的环境规制能够加快企业的技术创新步伐，促进了地方转变产业结构，同时能弥补"遵循成本"的负面效应。

与此同时，本书控制变量的回归结果如下。产业结构高级化对绿色经济增长具有显著的促进作用，第三产业相对第二产业更加绿色环保，对环境的破坏力度相对较小，所以发展第三产业，减少第二产业的占比能更好地实现绿色经济增长。反之，产业结构合理化对绿色经济增长的影响系数在 1% 的置信水平下显著为负，这表明产业结构合理化并不存在实现地区绿色经济增长效应，相反还存在一定程度的抑制作用，这一结果可能的原因是，产业结构合理化指的是产业间的协调程度，即产业中劳动、资本等生产要素在产业间流动，使得产业结构从相对不合理向相对合理转变，促进各产业部门间良性协调发展，进而有利于促进本地区的经济增长。但是绿色经济增长不同于经济增长，更注重的是经济增长和生态环境的协同。如果产业中生产要素的调整方向转向环境友好型，则表现为提高绿色经济增长；反之，产业中生产要素的调整方向转向了非环境友好型，则表现为抑制绿色经济增长，现阶段产业结构合理化表现出对绿色经济增长的抑制作用。政府制度质量对绿色经济增长的影响系数在5%的置信水平下显著为正，说明提高市场化程度显著提高了绿色经济增长水平，这可能是因为中国改革开放40多年，早期较长时间属于快速粗放式的经济发展模式，近年来越来越重视绿色经济发展，在绿色经济发展制度等方面逐渐从以"唯GDP"为导向的政绩考核方式转向环境保护和经济发展兼顾的综合考核方式，这些举措使得政府制度质量发挥出对绿色经济增长的促进作用。对外开放对绿色经济增长的影响系数在1%的置信水平下显著为正，说明对外开放程度的提高对绿色经济增长具有显著促进作用。其可能的解释是，随着中国对外开放的加深，外商投资的增加能够为我国带来技术溢出效应，先进的绿色技术创新能够提高我国治理环境污染的水平，从而使得绿色经济增长快速发展。人力资本对绿色经济增长的影响系数在1%的置信水平下显著为正。一方面，人力资本是古典经济增长理论和新经济增长理论的重要因素之一，其对经济增长起着非常关键的作用；另一方面，以教育水平为主要表征的人力资本更加体现出我国近年来对教育问题的高度重视，对教育投入水平的大幅提高对国家发展绿色产业具有重要作用，从而对绿色经济增长起到较好的推动作用。与此相近，科技创新对绿色经济增长的影响系数在1%的置信水平下显著为正。一方面，新经济增长理论的重要因素之一就是科技进步，对经济增长起着重要作用；另一方面，以专利申请为主要表征的科技创新，近年来发展迅速，专利申请量位于全球前列。遵循这一趋势，我国继续推动创新驱动战略，实现绿色经济发展是必然趋势。制造业发展对绿色经济增长的影响系数在1%的置信水平下显著为负。在我国，制造业一直是国民经济的基础产业，它的发展对整个国家的经济发展都起着重要作用，但是制造业属于第二产业，呈现鲜明的初级产业结构特征，因此不利于环境保护，对绿色经济增长有着显著的抑制作用。物质资本投资对绿色经济增长的影响系数在1%的置信水平下显著为正。物质资本投资同样是增长理论中对经济增长发挥重要作用的核心要素，对当前我国宏观经济增长起着主导作用，同时，当前研究成果尚无证据表明物质资本投资对生态环境保护和经济发展产生不利的影响。

## 二、城市类型异质性分析

中国城市发展中的资源依赖状况在不同类型的城市表现状况不同。根据《全国资源型城市可持续发展规划（2013～2020年）》（以下简称《规划》），资源型城市是以本地区矿产、森林等自然资源开采、加工为主导产业的城市（包括地级市、地区等地级行政区和县级市、县等县级行政区）。作为我国重要的能源资源战略保障基地，资源型城市是国民经济持续健康发展的重要支撑。促进资源型城市可持续发展，是加快转变经济发展方式、实现全面建成小康社会奋斗目标的必然要求，也是促进区域协调发展、统筹推进新型工业化和新型城镇化、维护社会和谐稳定、建设生态文明的重要任务。本书将依据《规划》将中国地级市划分为资源型城市和非资源型城市，进一步研究环境规制对绿色经济增长影响的区域异质性。从《规划》中对资源型城市的分类中来看，中国资源型城市共262个，在本书选取的286个地级行政区中，包含非资源型城市共189个，资源型城市共97个。

### （一）资源型城市结果分析

基于模型（6-1）的方法基础，表6-5报告了资源型城市环境规制与绿色经济增长的非线性回归结果。基于面板数据的估计策略，选择双向固定效应模型。在第（4）列双向固定效应模型中，环境规制对绿色经济增长的一次项在1%的置信水平下显著为负，环境规制对绿色经济增长的二次项在1%的置信水平下显著为正，说明在资源型城市样本中，环境规制与绿色经济增长之间同样存在U型关系，假说1依然成立。当环境规制水平小于0.5698［-0.5877/（-2×0.5157）］的极值点时，环境规制会对绿色经济增长产生抑制作用，而当环境规制水平高于0.5698的极值点值时，环境规制对绿色经济增长表现出显著的促进作用。

105

表 6 - 5    资源型城市环境规制与绿色经济增长的非线性回归结果 （CEPI）

| 变量 | （1）<br>混合效应 | （2）<br>个体固定 | （3）<br>时间固定 | （4）<br>双向固定 | （5）<br>随机效应 |
|---|---|---|---|---|---|
| *regulation* | - 1. 4842 *** <br> (0. 4464) | - 0. 7553 *** <br> (0. 1400) | - 1. 2969 *** <br> (0. 2153) | - 0. 5877 *** <br> (0. 1463) | - 0. 8086 *** <br> (0. 1395) |
| $regulation^2$ | 1. 3741 *** <br> (0. 3545) | 0. 7380 *** <br> (0. 1110) | 1. 1890 *** <br> (0. 1712) | 0. 5157 *** <br> (0. 1181) | 0. 7785 *** <br> (0. 1105) |
| *advancedis* | 0. 0825 *** <br> (0. 0278) | 0. 0668 *** <br> (0. 0105) | 0. 0709 *** <br> (0. 0127) | 0. 0421 *** <br> (0. 0112) | 0. 0695 *** <br> (0. 0103) |
| *rationalis* | - 0. 1678 *** <br> (0. 0556) | - 0. 1336 *** <br> (0. 0214) | - 0. 1467 *** <br> (0. 0259) | - 0. 0857 *** <br> (0. 0227) | - 0. 1391 *** <br> (0. 0209) |
| *governmentiq* | 0. 0036 <br> (0. 0135) | 0. 0072 <br> (0. 0058) | - 0. 0012 <br> (0. 0075) | - 0. 0012 <br> (0. 0058) | 0. 0070 <br> (0. 0058) |
| *opening* | 0. 1347 *** <br> (0. 0282) | 0. 2266 *** <br> (0. 0358) | 0. 1335 *** <br> (0. 0424) | 0. 2377 *** <br> (0. 0351) | 0. 2181 <br> (0. 0353) |
| *humanc* | - 1. 5824 <br> (1. 9989) | 0. 6859 <br> (0. 9386) | - 1. 6181 ** <br> (0. 7092) | 0. 5864 <br> (0. 9187) | 0. 0594 <br> (0. 8628) |
| *innovation* | - 0. 0000 * <br> (0. 0000) | 0. 0000 *** <br> (0. 0000) | - 0. 0000 *** <br> (0. 0000) | 0. 0000 *** <br> (0. 0000) | 0. 0000 *** <br> (0. 0000) |
| *manufacturing* | 0. 0134 <br> (0. 1618) | - 0. 1373 * <br> (0. 0753) | 0. 0425 <br> (0. 0508) | - 0. 0216 <br> (0. 0750) | - 0. 1345 ** <br> (0. 0676) |
| *capital* | - 0. 0652 <br> (0. 2094) | 0. 1911 *** <br> (0. 0620) | - 0. 03128 <br> (0. 0776) | 0. 4843 *** <br> (0. 1064) | 0. 1499 ** <br> (0. 0591) |
| Constant | 0. 8258 *** <br> (0. 1871) | 0. 5294 *** <br> (0. 0581) | 0. 7704 *** <br> (0. 0723) | 0. 3381 *** <br> (0. 0665) | 0. 5662 *** <br> (0. 0578) |
| 时间固定 | No | No | Yes | Yes | No |
| 个体固定 | No | Yes | No | Yes | No |
| F_1 检验 | | 27. 81 <br> [0. 0000] | | | |
| F_2 检验 | | | 2. 40 <br> [0. 0019] | | |

续表

| 变量 | （1）<br>混合效应 | （2）<br>个体固定 | （3）<br>时间固定 | （4）<br>双向固定 | （5）<br>随机效应 |
|---|---|---|---|---|---|
| F_3 检验 | | | | 29.31<br>［0.0000］ | |
| Hausman 检验 | | | | | 25.32<br>［0.0048］ |
| 观察值 | 1552 | 1552 | 1552 | 1552 | 1552 |
| R-squared | 0.0922 | 0.1998 | 0.0664 | 0.2498 | 0.1991 |
| 个体数 | 97 | 97 | 97 | 97 | 97 |

注：据 Stata/SE15.0 软件计算得到。（1）圆括号内的值为标准误，方括号内的值为 $P$ 值；（2）*** 代表 $p < 0.01$，** 代表 $p < 0.05$，* 代表 $p < 0.1$；（3）F_1 检验代表个体固定效应与混合效应模型的 F 检验，F_2 检验代表时间固定效应与混合效应模型的 F 检验，F_3 检验代表个体和时间双向固定效应模型与混合效应的 F 检验。

与表 6 - 4 的不同之处在于，表 6 - 5 中控制变量的系数符号和显著性发生了轻微变化。产业结构高级化、对外开放程度、科技创新水平和物质资本投资水平依然对绿色经济增长具有显著的提升作用，产业结构合理化同样对绿色经济增长具有显著的抑制作用。但是，政府制度质量对绿色经济增长的影响系数在 10% 的置信水平下不显著为负，说明在资源型城市中，绿色经济发展制度建设方面明显不足，初步显示出政府制度质量可能会对绿色经济增长产生抑制作用。人力资本水平对绿色经济增长的影响系数在 10% 的置信水平下不显著为正，在资源型城市中，仍存在教育薄弱、教育的投入水平不足、不重视教育等问题，对于绿色经济增长尚未表现出显著的促进作用。类似地，制造业发展对绿色经济增长也表现为抑制作用，但是并不显著。

## （二）非资源型城市结果分析

表 6 - 6 报告了非资源型城市环境规制与绿色经济增长的非线性回归结果。基于面板数据的估计策略，一致选择个体和时间双向固定效应模型。在第（4）列双向固定效应模型中，环境规制对绿色经济增长的

一次项在 1% 置信水平下显著为负，环境规制对绿色经济增长的二次项在 1% 的置信水平下显著为正，说明在非资源型城市样本中，环境规制与绿色经济增长之间同样存在 U 型关系，假说 1 依然成立。当环境规制水平小于 0.6172 ［ − 0.5054/( − 2 × 0.4094 )］的极值点时，环境规制会对绿色经济增长产生抑制作用，而当环境规制水平高于 0.6172 的极值点时，环境规制对绿色经济增长表现出显著的促进作用。

表 6 − 6　非资源型城市环境规制与绿色经济增长的非线性回归结果 （CEPI）

| 变量 | （1）混合效应 | （2）个体固定 | （3）时间固定 | （4）双向固定 | （5）随机效应 |
|---|---|---|---|---|---|
| *regulation* | − 1.5315 *** (0.3715) | − 0.9481 *** (0.1138) | − 1.2654 *** (0.1718) | − 0.5054 *** (0.1112) | − 1.0113 *** (0.1137) |
| *regulation*² | 1.3075 *** (0.2857) | 0.9116 *** (0.0869) | 0.9456 *** (0.1318) | 0.4094 *** (0.0862) | 0.9481 *** (0.0870) |
| *advancedis* | 0.1576 *** (0.0444) | 0.0734 *** (0.0106) | 0.1453 *** (0.0095) | 0.0178 * (0.0107) | 0.0805 *** (0.0102) |
| *rationalis* | − 13.1247 (13.5598) | − 12.5155 *** (4.0334) | − 5.2667 (5.2088) | − 5.2417 (3.7828) | − 12.6378 (4.0243) |
| *governmentiq* | 0.0313 *** (0.0118) | 0.0309 *** (0.0050) | 0.0157 *** (0.0060) | 0.0087 (0.0054) | 0.0306 *** (0.0050) |
| *opening* | 0.0914 (0.5863) | − 0.2856 ** (0.1329) | 0.3071 ** (0.1444) | − 0.3093 ** (0.1238) | − 0.3504 (0.1281) |
| *humanc* | − 2.0544 *** (0.4150) | 1.2923 *** (0.3728) | − 2.0181 *** (0.1705) | 1.5907 *** (0.3526) | 0.0425 (0.2971) |
| *innovation* | 7.23e − 07 (0.0000) | 4.57e − 06 *** (0.0000) | 1.14e − 07 (0.0000) | 3.95e − 06 *** (0.0000) | 4.23e − 06 *** (0.0000) |
| *manufacturing* | 0.0077 (0.1097) | − 0.2780 *** (0.0465) | 0.0586 * (0.0319) | − 0.2205 *** (0.0436) | − 0.2581 *** (0.0418) |
| *capital* | − 0.0654 (0.1362) | 0.1416 *** (0.0398) | 0.1181 *** (0.0408) | 0.5131 *** (0.0603) | 0.0631 * (0.0368) |

续表

| 变量 | （1）<br>混合效应 | （2）<br>个体固定 | （3）<br>时间固定 | （4）<br>双向固定 | （5）<br>随机效应 |
|---|---|---|---|---|---|
| Constant | 13.7460<br>（13.5416） | 12.9768***<br>（4.0302） | 5.8612<br>（5.2047） | 5.5290<br>（3.7815） | 13.1567***<br>（4.0209） |
| 时间固定 | No | No | Yes | Yes | No |
| 个体固定 | No | Yes | No | Yes | No |
| F_1 检验 | | 28.45<br>[0.0000] | | | |
| F_2 检验 | | | 11.08<br>[0.0000] | | |
| F_3 检验 | | | | 32.85<br>[0.0000] | |
| Hausman 检验 | | | | | 55.46<br>[0.0000] |
| 观察值 | 3024 | 3024 | 3024 | 3024 | 3024 |
| R-squared | 0.2071 | 0.3262 | 0.1238 | 0.4224 | 0.3231 |
| 个体数 | 189 | 189 | 189 | 189 | 189 |

注：据 Stata/SE15.0 软件计算得到。（1）圆括号内的值为标准误，方括号内的值为 $P$ 值；（2）*** 代表 $p<0.01$，** 代表 $p<0.05$，* 代表 $p<0.1$；（3）F_1 检验代表个体固定效应与混合效应模型的 F 检验，F_2 检验代表时间固定效应与混合效应模型的 F 检验，F_3 检验代表个体和时间双向固定效应模型与混合效应的 F 检验。

　　与表6–5略有不同，产业结构高级化、人力资本水平、科技创新水平和物质资本投资水平对绿色经济增长具有显著的提升作用，制造业发展对绿色经济增长具有显著的抑制作用。但是，对外开放程度对绿色经济增长的影响系数均在5%的置信水平下显著为负，且产业结构合理化对绿色经济增长的影响效应不显著为负，政府制度质量对绿色经济增长的影响效应不显著为正。这表明非资源城市相比资源型城市，对外开放程度的提高对绿色经济增长反而可能产生抑制作用，在中国的对外开放过程中，环境优化型的外商会在促进地方经济发展的同时注重环保，逐渐被资源型城市采纳，而污染型外商更可能转向准入门槛较低的非资源型城市，从而对经济的绿色转型发展产生严重破坏，抑制绿色经济增长。同样，非资源型城市相对于资源型城市，产业结构合理化在实现地区绿色经济增长效应的可能性上表现更弱，即产业中劳动力、资本等生产要素在产业间流动中，有更小的可能流向环境保护类产业，这不利于促进本地区的经济增长和环境保护。类似地，非资源型城市中，以市场化程度衡量的政府制度质量虽然没有显著提高绿色经济增长水平，但具有潜在的促进作用，非资源型城市在绿色经济发展制度建设方面尚存在一定的优势，有可能发挥出对绿色经济增长的促进作用。

### （三）对比分析

基于表 6-5 和表 6-6 的回归结果，为进一步分析环境规制对绿色经济增长影响的城市类型异质性，图 6-2 绘制了全样本、资源型城市样本和非资源型城市样本的回归结果中环境规制变量的 U 型曲线图。其中 U 型曲线的截距项无意义，重点关注曲线的定点横坐标和曲线的弧度。

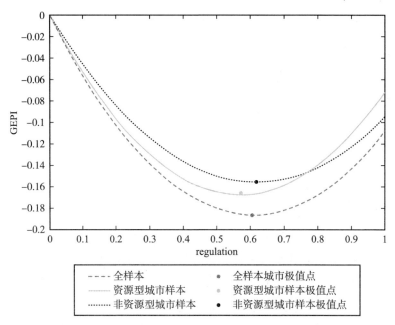

图 6-2　资源型城市和非资源型城市 U 型曲线

　　资源型城市与非资源型城市的回归结果既存在共性，又存在差异。一方面，无论何种类型的城市样本，环境规制与绿色经济增长之间都存在显著的 U 型关系，环境规制首先对绿色经济增长表现出显著的抑制作用，当环境规制水平超过一定阈值水平后，如果继续提高，则会对绿色经济增长表现为促进作用。另一方面，资源型城市（0.5698）相对于非资源型城市（0.6172），其 U 型曲线最早达到极值点，更快从环境规制对绿色经济增长的抑制作用转变为促进作用，表明在同样力度的环境规制政策情况下，资源型城市中环境规制变量能最早达到促进绿色经济增长的阈值。产生这一结果差异的可能原因是，资源型城市和非资源型城市具有不同的资源禀赋状态，在面对同样力度的环境规制的政策干预情况下，资源依赖程度较强的地区对于环境规制的执行更加敏感，因此更加可能激发出企业的"创新补偿"潜力，以更快地得到创新投入带来利润从而弥补治理污染产生的成本。这一发现为本研究进一步将资源依赖这一因素纳入环境规制对绿色经济增长影响的分析框架提供理论支撑和经验证据。

# 第三节　环境规制与绿色经济增长的空间关系检验

## 一、空间自相关检验

### （一）全局 Moran's I 指数

通常采用莫兰指数（Moran's I）对变量的空间依赖强度大小进行检验。基于地理距离空间权重矩阵的全局 Moran's I 指数计算公式如下：

$$I = \frac{\sum_{i=1}^{n}\sum_{j=1}^{n}W_{ij}(X_i - \bar{X})(X_j - \bar{X})}{S^2 \sum_{i=1}^{n}\sum_{j=1}^{n}W_{ij}}, \quad S^2 = \frac{1}{n}\left[\sum_{i=1}^{n}(X_i - \bar{X})^2\right], \quad \bar{X} = \frac{1}{n}\sum_{i=1}^{n}X_i$$

$$(6-14)$$

其中，$X_i$ 为单位 $i$ 的观测值，$n$ 为观测单位数量，$W$ 为地理距离空间权重矩阵。Moran's I 指数的取值区间为 [-1，1]，越接近于 1，表示正相关越明显；越接近于 -1，表示负相关越明显；越接近于 0，表示空间相关性越弱。

表 6-7 报告了 2003～2018 年中国 286 个地级市的绿色经济增长和环境规制的全局 Moran's I 指数及其显著性。可以看出，除 2016 年外两个指标在历年均表现出显著的空间正自相关性，即绿色经济增长水平（环境规制强度）较高的地区的周边地区绿色经济增长水平（环境规制强度）也较高，而绿色经济增长水平（环境规制强度）较低的地区的周边地区绿色经济增长水平（环境规制强度）也较低。

表 6-7　　　　　　　　全局 Moran's I 指数检验结果

| 年份 | *GEPI* | | | | *regulation* | | | |
|---|---|---|---|---|---|---|---|---|
| | Moran's I | 标准误 | Z 值 | P 值 | Moran's I | 标准误 | Z 值 | P 值 |
| 2003 | 0.012 | 0.005 | 3.095 | 0.001 | 0.031 | 0.005 | 6.799 | 0.000 |
| 2004 | 0.019 | 0.005 | 4.385 | 0.000 | 0.023 | 0.005 | 5.249 | 0.000 |
| 2005 | 0.021 | 0.005 | 4.869 | 0.000 | 0.039 | 0.005 | 8.345 | 0.000 |
| 2006 | 0.02 | 0.005 | 4.752 | 0.000 | 0.051 | 0.005 | 10.785 | 0.000 |
| 2007 | 0.012 | 0.005 | 3.067 | 0.001 | 0.016 | 0.005 | 3.822 | 0.000 |
| 2008 | 0.017 | 0.005 | 4.034 | 0.000 | 0.07 | 0.005 | 14.341 | 0.000 |
| 2009 | 0.018 | 0.005 | 4.326 | 0.000 | 0.076 | 0.005 | 15.644 | 0.000 |
| 2010 | 0.017 | 0.005 | 4.072 | 0.000 | 0.079 | 0.005 | 16.166 | 0.000 |
| 2011 | 0.017 | 0.005 | 4.071 | 0.000 | 0.041 | 0.005 | 8.804 | 0.000 |
| 2012 | 0.021 | 0.005 | 4.963 | 0.000 | 0.046 | 0.005 | 9.802 | 0.000 |
| 2013 | 0.011 | 0.005 | 3.018 | 0.001 | 0.06 | 0.005 | 12.55 | 0.000 |
| 2014 | 0.005 | 0.005 | 1.658 | 0.049 | 0.072 | 0.005 | 14.815 | 0.000 |
| 2015 | 0.004 | 0.005 | 1.577 | 0.057 | 0.065 | 0.005 | 13.518 | 0.000 |
| 2016 | -0.003 | 0.005 | 0.151 | 0.440 | -0.009 | 0.005 | -1.161 | 0.123 |
| 2017 | 0.008 | 0.005 | 2.314 | 0.010 | 0.09 | 0.005 | 18.386 | 0.000 |
| 2018 | 0.013 | 0.005 | 3.147 | 0.001 | 0.088 | 0.005 | 18.044 | 0.000 |

注：表中数据由 Stata/SE15.0 软件计算整理得到。

### （二）局部 Moran's I 指数

为了更直观地观察空间相关性，本书计算了 2003 年和 2018 年的局部 Moran's I 指数。图 6-3 依次报告了绿色经济增长和环境规制两个指标在 2003 年、2018 年的局部 Moran 散点图。可以看出，不论是绿色经济增长还是环境规制，都呈现出空间正相关关系。从绿色经济增长的局部 Moran 散点图（a）和（b）来看，2003 年绝大多数样本点都落在第一象限和第三象限，其中第三象限的样本点最多，这一结果说明，我国很多地域在 2003 年属于绿色经济发展低水平集聚。2018 年第一象限的样本点明显增多，说明经过 15 年的发展，我国很多城市变为绿色经济发展高水平集聚。类似地，基于环境规制的局部 Moran 散点图（c）和（d），2003 年绝大多数的样本点都落在第一象限和第三象限，且两个象限的样本点数量相近，表明我国很多城市在 2003 年既有环境规制的低水平集聚，又存在环境规制的高水平集聚。到了 2018 年，我国更多城市属于环境规制的高水平集聚状态。图（e）和（f）展示了绿色经济增长均值和环境规制均值的局部 Moran 散点分布状况，两者的样本点均等分布在第一、第三象限，呈现类似的集聚形态。尤其是 2003 年，绿色经济增长的样本点多数落在第三象限，环境规制的样本点多数落在第一象限，呈现相反的集聚形态，说明我国早期环境规制与绿色经济增长可能存在负相关关系。2018 年，两者的样本点多数落在第一象限，呈现相近的集聚形态，说明我国后期环境规制与绿色经济增长可能转变为正相关关系。

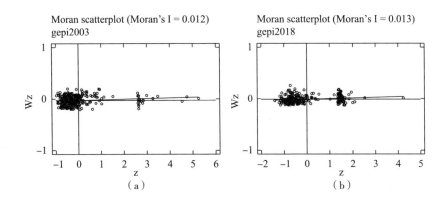

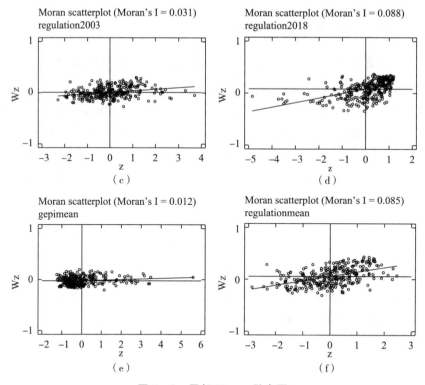

**图 6 - 3 局部 Moran 散点图**

注：表中数据由 Stata/SE15.0 软件计算整理得到。（a）和（b）分别代表 2003 年和 2018 年绿色经济增长的 Moran 散点图，（c）和（d）分别代表 2003 年和 2018 年环境规制的 Moran 散点图，（e）和（f）分别代表绿色经济增长均值和环境规制均值的 Moran 散点图。图中的横轴为变量本身，纵轴为空间滞后向量。

综上所述，空间自相关检验显示环境规制与绿色经济增长之间存在显著的空间相关关系，接下来将利用空间面板模型进行建模，并选择上文提到的 SAR、SEM 和 SDM 共 3 种空间面板模型作为试算结果，并使用模型优选策略选出最合适的模型。

## 二、基准回归结果分析

### （一）模型优选

基于第二节的研究结论，我国城市环境规制对绿色经济增长存在显著的 U 型非线性影响，本节检验这一非线性影响是否存在空间溢出和空间反馈效应。首先设定非空间计量模型并对其进行估计，然后使用 LM 检验判断空间相关性，同时使用 Hausman 检验考察固定效应和随机效应，以及利用 LR 检验考察空间效应与时间效应的显著性。

表 6-8 第（1）~（4）列依次报告了混合效应、个体固定效应、时间固定效应、双向固定效应四种回归结果对应的 LM 检验、Hausman 检验和 LR 检验结果。依据空间面板模型的估计策略，LM 检验主要用来考察是否存在空间滞后项或空间误差项，即利用 SAR 或 SEM 是否优于 NSM。通过检验结果看，Hausman 检验结果（83.0906，$p<0.01$）表明，必须拒绝随机效应模型。空间固定效应与混合效应模型的 LR 检验结果（4840.5728，$p<0.01$）、时间固定效应与混合效应模型的 LR 检验结果（165.6227，$p<0.01$）、空间和时间双向固定效应与空间固定效应模型的 LR 检验结果（545.1427，$p<0.01$）、空间和时间双向固定效应与时间固定效应模型的 LR 检验结果（5220.0928，$p<0.01$）以及空间和时间双向固定效应与混合效应模型的 LR 检验结果（5385.7155，$p<0.01$）一致表明，必须拒绝混合效应、空间固定效应和时间固定模型，选择空间和时间双向固定效应模型的估计结果。

表 6-8　　环境规制与绿色经济增长非空间计量模型的优选检验结果

| 变量 | （1）混合效应 | （2）空间固定 | （3）时间固定 | （4）双向固定 |
|---|---|---|---|---|
| LM Spatial Lag | 344.3716 [0.0000] | 1377.3415 [0.0000] | 35.6603 [0.0000] | 46.8139 [0.0000] |
| LM Spatial Error | 341.4407 [0.0000] | 1767.2315 [0.0000] | 27.7395 [0.0000] | 41.3325 [0.0000] |
| Robust LM Spatial Lag | 96.9545 [0.0000] | 396.5994 [0.0000] | 10.7731 [0.0010] | 5.5619 [0.0180] |
| Robust LM Spatial Error | 94.0236 [0.0000] | 786.4894 [0.0000] | 2.8522 [0.0910] | 0.0804 [0.7770] |
| LR_1 检验 | | 4840.5728 [0.0000] | | |

续表

| 变量 | （1）<br>混合效应 | （2）<br>空间固定 | （3）<br>时间固定 | （4）<br>双向固定 |
|---|---|---|---|---|
| LR_2 检验 | | | 165.6227<br>［0.0000］ | |
| LR_3 检验 | | | | 545.1427<br>［0.0000］ |
| LR_4 检验 | | | | 5220.0928<br>［0.0000］ |
| LR_5 检验 | | | | 5385.7155<br>［0.0000］ |
| Hausman 检验 | | | | 83.0906<br>［0.0000］ |

注：据 Matlab2019a 软件计算得到。（1）方括号内的值为 $P$ 值；（2）LR_1 检验代表空间固定效应与混合效应模型的 LR 检验，LR_2 检验代表时间固定效应与混合效应模型的 LR 检验，LR_3 检验代表空间和时间双向固定效应模型与空间固定效应的 LR 检验，LR_4 检验代表空间和时间双向固定效应模型与时间固定效应的 LR 检验，LR_5 检验代表空间和时间双向固定效应模型与混合效应的 LR 检验。

标准的 LM Spatial Error 和 LM Spatial Lag 统计量均在 1% 的显著性水平下显著，拒绝了模型不存在空间滞后和空间误差相关性的原假设，无论是混合效应模型、空间固定效应模型、时间固定效应模型，抑或空间和时间双向固定效应模型。因此，接下来将进行 Robust LM 检验，结果显示，Robust Spatial Error 和 Robust LM Spatial Lag 统计量均在 1% 的显著性水平下显著，拒绝了模型不存在空间误差和空间滞后相关性的原假设，无论是混合效应模型、空间固定效应模型、时间固定效应模型。在考虑空间和时间双向固定的模型中，只有 Robust LM Spatial Lag 统计量在 1% 的显著性水平下显著，而 Robust LM Spatial Error 统计量在 10% 的显著性水平下依然不显著，无法拒绝模型不存在空间误差的原假设。至此，本部分进行的检验指向空间和时间双向固定效应的 SAR。因此，下面对地级市总体样本实证结果的分析将依据双向固定 SAR 的估计结果展开分析。

## （二）参数估计结果

表 6 - 9 列出了环境规制与绿色经济增长的双向固定效应 SAR 回归结果。第（1）列是用直接方法估计的，第（2）列是用偏误校正方法进行估计的。对比第（1）列和第（2）列结果发现，直接方法和偏误校正方法所得的估计系数差异不大，这一结论与已有研究结论一致（秦蒙等，2016）。一般而言，在 SAR 中，解释变量的估计系数对偏误校正方法不敏感，而只有在 SDM 中，空间滞后被解释变量（$WY$）和空间滞后解释变量（$WX$）的估计系数对偏误校正方法相对敏感（肖光恩等，2018）。另外，第（1）列和第（2）列的拟合优度值分别为 0.7472 和 0.7478，远远高于 NSM 的拟合优度。因此本书以第（2）列为结果进行分析。

**表 6 - 9　环境规制与绿色经济增长的空间自回归模型回归结果（CEPI）**

| 变量 | （1）空间和时间双向固定<br>（直接方法） | （2）空间和时间双向固定<br>（偏误校正方法） |
| --- | --- | --- |
| *regulation* | - 0.5840 ***<br>（0.0838） | - 0.5774 ***<br>（0.0865） |
| *regulation*$^2$ | 0.4786 ***<br>（0.0656） | 0.4732 ***<br>（0.0678） |
| *advancedis* | 0.0268 ***<br>（0.0074） | 0.0266 ***<br>（0.0076） |
| *rationalis* | - 0.0564 ***<br>（0.0151） | - 0.0559 ***<br>（0.0159） |
| *governmentiq* | 0.0089 **<br>（0.0035） | 0.0089 **<br>（0.0037） |
| *opening* | 0.2073 ***<br>（0.0323） | 0.2072 ***<br>（0.0333） |

续表

| 变量 | （1）空间和时间双向固定<br>（直接方法） | （2）空间和时间双向固定<br>（偏误校正方法） |
|---|---|---|
| *humanc* | 1.7371 ***<br>（0.3099） | 1.7413 ***<br>（0.3202） |
| *innovation* | 4e－06 ***<br>（0.0000） | 4e－06 ***<br>（0.0000） |
| *manufacturing* | －0.1587 ***<br>（0.0358） | －0.1608 ***<br>（0.0370） |
| *capital* | 0.4619 ***<br>（0.0503） | 0.4563 ***<br>（0.0520） |
| $W \times GEPI$（*rho*） | 0.6090 ***<br>（0.0605） | 0.7581 ***<br>（0.0398） |
| 时间固定 | Yes | Yes |
| 空间固定 | Yes | Yes |
| *R-squared* | 0.7472 | 0.7478 |
| *Log-likelihood* | 3520.2398 | 3520.2398 |
| 观察值 | 4576 | 4576 |
| 个体数 | 286 | 286 |

注：据 Matlab2019a 软件计算得到。（1）括号内的值为标准误；（2）*** 代表 $p < 0.01$，** 代表 $p < 0.05$，* 代表 $p < 0.1$。

在所选模型中，环境规制对绿色经济增长的一次项在 1% 的置信水平下显著为负，环境规制对绿色经济增长的二次项在 1% 的置信水平下显著为正，说明环境规制与绿色经济增长在空间计量模型设定下依然表现为非线性的 U 型关系。环境规制对绿色经济增长的极值点为 0.6101 ［ $-0.5774/(-2 \times 0.4732)$ ］，当环境规制水平小于 0.6101 的极值点时，环境规制会对绿色经济增长产生抑制作用，当环境规制强度每增加 1 个单位时，绿色经济增长能够显著减少 0.5774 个单位。除此之外，所有控制变量的结果均与个体和时间双向固定效应的非空间计量模型的估计结果一致，这里不再对估计结果进行赘述，具体解释可见对

表6-4的分析。以上结论一方面验证了空间计量模型与非空间计量模型之间的稳健性，另一方面更加说明环境规制对绿色经济增长的影响存在空间上的非线性关系。

### (三) 参数效应分解结果

表6-10汇报了SAR的直接效应和溢出效应，第 (1) ~ (3) 列依次是直接方法计算出的空间自回归模型对应的直接效应、溢出效应和总效应，第 (4) ~ (6) 列依次是偏误校正方法下的SAR对应的直接效应、溢出效应和总效应。对比发现，直接方法和偏误校正方法所得的估计系数差异不大，因此本书以第 (4) ~ (6) 列结果为例进行分析。在第 (4) 列的直接效应中，环境规制的一次项对绿色经济增长的直接效应为 -0.5872，而非空间计量模型中的估计系数为 -0.6134 (见表6-4)，说明非空间计量模型的估计系数弹性被高估了4.46%。同样地，环境规制的二次项对绿色经济增长的直接效应为0.4810，而非空间计量模型中的估计系数为0.5048，被高估了4.94%。这些系数被高估的原因是存在显著的空间溢出效应。溢出效应产生的原因是一个城市环境规制的变化除了会导致本地区绿色经济增长发生变化 (即直接效应)，也会导致周边地区绿色经济增长发生改变 (即溢出效应)。在表6-10第 (5) 列的溢出效应中，环境规制的一次项对绿色经济增长的溢出效应为 -1.8830，显著为负，与直接效应的符号方向一致，说明本地环境规制的增加，不仅会抑制本地绿色经济增长，还会抑制周边地区绿色经济增长，而在非空间计量模型中将两种效应混为一体，所以估计系数被高估了。在非空间计量模型中溢出效应设置为0，实际上，溢出效应是很大的，如环境规制的一次项对绿色经济增长的溢出效应是直接效应的3.2倍，环境规制的二次项对绿色经济增长的溢出效应也是直接效应的3.2倍，这一点正好符合空间自回归模型的设定 (Elhorst, 2010)，每个解释变量的直接效应与溢出效应的比率是相同的，此例中该比率为3.2。

119

表 6 – 10         环境规制与绿色经济增长空间自回归模型的
参数效应分解结果（CEPI）

| 变量 | 空间和时间双向固定（直接方法） | | | 空间和时间双向固定（偏误校正方法） | | |
|---|---|---|---|---|---|---|
| | （1）直接效应 | （2）溢出效应 | （3）总效应 | （4）直接效应 | （5）溢出效应 | （6）总效应 |
| *regulation* | – 0.5915 *** (0.0845) | – 0.5917 *** (0.2945) | – 1.5432 *** (0.3439) | – 0.5872 *** (0.0847) | – 1.8830 *** (0.5030) | – 2.4703 *** (0.5526) |
| *regulation*$^2$ | 0.4849 *** (0.0657) | 0.7802 *** (0.2390) | 1.2651 *** (0.2763) | 0.4810 *** (0.0668) | 1.5431 *** (0.4106) | 2.0241 *** (0.4491) |
| *advancedis* | 0.0266 *** (0.0072) | 0.0426 *** (0.0158) | 0.0692 *** (0.0214) | 0.0267 *** (0.0079) | 0.0856 *** (0.0316) | 0.1123 *** (0.0381) |
| *rationalis* | – 0.0561 *** (0.0148) | – 0.0897 *** (0.0328) | – 0.1458 *** (0.0441) | – 0.0563 *** (0.0164) | – 0.1803 *** (0.0656) | – 0.2365 *** (0.0791) |
| *governmentiq* | 0.0089 ** (0.0036) | 0.0144 * (0.0074) | 0.0233 ** (0.0105) | 0.0091 ** (0.0036) | 0.0294 ** (0.0138) | 0.0385 ** (0.0169) |
| *opening* | 0.2077 *** (0.0318) | 0.3342 *** (0.1051) | 0.5419 *** (0.1245) | 0.2099 *** (0.0342) | 0.6744 *** (0.1934) | 0.8843 *** (0.2157) |
| *humanc* | 1.7434 *** (0.3137) | 2.8068 *** (0.9161) | 4.5501 *** (1.1241) | 1.7679 *** (0.3343) | 5.6693 *** (1.6616) | 7.4372 ** (1.8910) |
| *innovation* | 4e – 06 *** (0.0000) | 7e – 06 *** (0.0000) | 1.1e – 05 *** (0.0000) | 4e – 06 *** (0.0000) | 1.4e – 05 *** (0.0000) | 1.8 – 05 *** (0.0000) |
| *manufacturing* | – 0.1602 *** (0.0362) | – 0.2570 *** (0.0892) | – 0.4172 *** (0.1157) | – 0.1602 *** (0.0369) | – 0.5153 *** (0.1730) | – 0.6755 *** (0.2011) |
| *capital* | 0.4849 *** (0.0657) | 0.7447 *** (0.2109) | 1.2084 *** (0.2332) | 0.4624 *** (0.0668) | 1.4853 *** (0.3845) | 1.9477 *** (0.4134) |

注：据 Matlab2019a 软件计算得到。（1）括号内的值为标准误；（2）*** 代表 $p < 0.01$，** 代表 $p < 0.05$，* 代表 $p < 0.1$。

另外，直接效应与表 6 – 9 中双向固定效应 SAR 的估计系数也不同，其原因是直接效应中存在反馈效应，反馈效应顾名思义是指通过影响周边地区，周边地区又反过来影响了来源地。这部分反馈效应来源于滞后被解释变量（$W \times GEPI$），其结果显著为正（见表 6 - 9）。环境规制的一次项对绿色经济增长的直接效应为 - 0.5872，且其双向固定效应下 SAR 的估计系数是 - 0.5774，因此其反馈效应达到 - 0.0098 或者说是直接效应的 1.67%；环境规制的二次项对绿色经济增长的直接效应为 0.4810，且其双向固定效应下 SAR 的估计系数是 0.4732，因此其反馈效应达到 0.0078 或者说是直接效应的 1.62%。可以看出，反馈效应是存在的。但在非空间计量模型中也将反馈效应设置为 0。综述而言，非空间计量模型的估计系数未考虑间接溢出和反馈效应，空间计量模型的估计系数未考虑反馈效应，因此，研究空间计量模型需要进行参数效应分解。以上结论验证了本研究提出的假说 2，证实了环境规制对绿色经济增长的非线性关系存在空间溢出效应和空间反馈效应。

与此同时，本书控制变量的直接效应和溢出效应也同样符合预期，与非空间模型的结果基本一致。具体来说，产业结构高级化、产业结构合理化、政府制度质量、对外开放程度、人力资本水平、科技创新水平、制造业发展和物质资本投资水平的直接效应系数的符号方向和显著性都与非空间模型的结果保持一致，同时溢出效应的符号方向和显著性与直接效应一致，值的大小正好也是直接效应的 3.2 倍。具体地，产业结构高级化对本地和邻地的绿色经济增长具有显著的提升作用，当第三产业与第二产业的比值每增加 1 个单位时，本地绿色经济增长能够显著增加 0.0267 个单位，邻地绿色经济增长能够显著增加 0.0856 个单位。产业结构合理化对本地和邻地的绿色经济增长的影响系数在 1% 的置信水平下显著为负，产业结构合理化每增加 1 个单位时，本地绿色经济增长显著减少 0.0563 个单位，邻地绿色经济增长显著减少 0.1803 个单位。政府制度质量对本地和邻地的绿色经济增长的影响系数在 5% 的置信水平下显著为正，说明在考虑空间溢出效应的情况下，提高市场化程度显著提高绿色经济增长，其每增加 1 个单位时，本地绿色经济增长能够显著增加 0.0091 个单位，邻地绿色经济增长能够显著增加 0.0294 个单位。对于其他控制变量来说，对外开放、人力资本、科技创新和物质资本投资对本地和邻地的绿色经济增长的影响系数均在 1% 的置信水平下显著为正，而制造业发展对本地和邻地的绿色经济增长的影响系数在

1%的置信水平下显著为负。

## 三、城市类型异质性分析

### （一）资源型城市结果分析

#### 1. 模型优选

表6-11报告了资源型城市环境规制与绿色经济增长非空间计量模型的优选检验结果，第（1）~（4）列依次报告了混合效应、个体固定效应、时间固定效应、双向固定效应四种回归结果对应的LM检验、Hausman检验和LR检验结果。依据空间面板模型的估计策略，Hausman检验结果（51.2095，$p < 0.01$）表明，必须拒绝随机效应模型。LR检验结果表明，选择空间和时间双向固定效应模型的估计结果。

**表6-11** **资源型城市环境规制与绿色经济增长非空间计量模型的优选检验结果**

| 变量 | （1）混合效应 | （2）空间固定 | （3）时间固定 | （4）双向固定 |
|---|---|---|---|---|
| LM Spatial Lag | 33.7935 [0.0000] | 145.3695 [0.0000] | 2.1392 [0.1440] | 5.4817 [0.0190] |
| LM Spatial Error | 28.4382 [0.0000] | 105.0911 [0.0000] | 2.1249 [0.1450] | 3.8886 [0.0490] |
| Robust LM Spatial Lag | 6.1218 [0.0130] | 44.1883 [0.0000] | 0.0191 [0.8900] | 3.7242 [0.0540] |
| Robust LM Spatial Error | 0.7665 [0.3810] | 3.9099 [0.0048] | 0.0048 [0.9450] | 2.1311 [0.1440] |
| LR_1 检验 | | 1624.0972 [0.0000] | | |
| LR_2 检验 | | | 36.1844 [0.0027] | |

续表

| 变量 | （1）<br>混合效应 | （2）<br>空间固定 | （3）<br>时间固定 | （4）<br>双向固定 |
|---|---|---|---|---|
| LR_3 检验 | | | | 100.1956<br>[0.0000] |
| LR_4 检验 | | | | 1688.1084<br>[0.0000] |
| LR_5 检验 | | | | 1724.2928<br>[0.0014] |
| Hausman 检验 | | | | 51.2095<br>[0.0002] |

注：据 Matlab2019a 软件计算得到。（1）方括号内的值为 $P$ 值；（2）LR_1 检验代表空间固定效应与混合效应模型的 LR 检验，LR_2 检验代表时间固定效应与混合效应模型的 LR 检验，LR_3 检验代表空间和时间双向固定效应模型与空间固定效应的 LR 检验，LR_4 检验代表空间和时间双向固定效应模型与时间固定效应的 LR 检验，LR_5 检验代表空间和时间双向固定效应模型与混合效应的 LR 检验。

根据检验结果，在空间和时间双向固定效应模型中，标准的 LM Spatial Error 和 LM Spatial Lag 统计量均在 5% 的显著性水平下显著，拒绝了模型不存在空间相关和空间残差相关的原假设，Robust Spatial Lag 在 10% 的显著性水平下显著，拒绝了不存在空间滞后的原假设，而 Robust LM Spatial Error 统计量均在 10% 的显著性水平下并不显著，无法拒绝不存在空间误差的原假设。综合 Hausman 检验和 LR 检验的结果，对于资源型城市样本来说，同样应该选择空间和时间双向固定效应的 SAR。

**2. 参数估计结果**

表 6-12 汇报了资源型城市环境规制与绿色经济增长的空间和时间双向固定效应 SAR 回归结果。第（1）列是用直接方法估计的，第（2）列是用偏误校正方法估计的。第（1）列和第（2）列的拟合优度值分别为 0.7094 和 0.7100，远远高于非空间计量模型的拟合优度，再次证实空间和时期双向固定效应 SAR 的优势。

**表 6 – 12    资源型城市环境规制与绿色经济增长的空间自回归模型回归结果**

| 变量 | （1）空间和时间双向固定<br>（直接方法） | （2）空间和时间双向固定<br>（偏误校正方法） |
|---|---|---|
| *regulation* | – 0. 5760 *** <br> （0. 1402） | – 0. 5676 *** <br> （0. 1453） |
| *regulation*$^2$ | 0. 5023 *** <br> （0. 1131） | 0. 4940 *** <br> （0. 1172） |
| *advancedis* | 0. 0407 *** <br> （0. 0108） | 0. 0404 *** <br> （0. 0111） |
| *rationalis* | – 0. 0831 *** <br> （0. 0217） | – 0. 0825 *** <br> （0. 0225） |
| *governmentiq* | 0. 0012 <br> （0. 0055） | 0. 0012 <br> （0. 0057） |
| *opening* | 0. 2359 *** <br> （0. 0336） | 0. 2347 *** <br> （0. 0348） |
| *humanc* | 0. 5638 <br> （0. 8794） | 0. 5657 <br> （0. 9116） |
| *innovation* | 2e – 06 *** <br> （0. 0000） | 1. 9e – 05 *** <br> （0. 0000） |
| *manufacturing* | – 0. 0253 <br> （0. 0718） | – 0. 0296 <br> （0. 0745） |
| *capital* | 0. 4541 *** <br> （0. 1020） | 0. 4414 *** <br> （0. 1057） |
| $W \times GEPI$ （*rho*） | 0. 2650 *** <br> （0. 0964） | 0. 4662 *** <br> （0. 0773） |
| 时间固定 | Yes | Yes |
| 空间固定 | Yes | Yes |
| *R-squared* | 0. 7094 | 0. 7100 |
| *Log-likelihood* | 1212. 8921 | 1212. 8921 |
| 观察值 | 1552 | 1552 |
| 个体数 | 97 | 97 |

注：据 Matlab2019a 软件计算得到。（1）括号内的值为标准误；（2） *** 代表 $p < 0.01$，** 代表 $p < 0.05$，* 代表 $p < 0.1$。

以第（2）列为例进行分析，环境规制的一次项对绿色经济增长在1%的置信水平下显著为负，环境规制的二次项对绿色经济增长在1%的置信水平下显著为正，说明资源型城市的环境规制与绿色经济增长之间也存在 U 型关系。环境规制对绿色经济增长的极值点为0.5745 ［−0.5676/（−2×0.4940）］，当环境规制水平小于0.5745的极值点时，环境规制会对绿色经济增长产生抑制作用，当环境规制强度每提高1个单位时，绿色经济增长能够显著减少0.5676个单位。而当环境规制水平高于0.5745的极值点时，环境规制对绿色经济增长表现出显著的促进作用，当环境规制强度每增加1个单位时，绿色经济增长能够显著增加0.4940个单位。

除此之外，在控制变量中，除政府制度质量对绿色经济增长的影响系数在10%的置信水平下不显著为正，与非空间计量估计结果（见表6−5）中系数在10%的置信水平下不显著为负有所出入外，其余结果均一致，这里不再赘述，具体解释可见对表6−5的分析。政府制度质量的差异说明在资源型城市中，政府制度质量可能会对绿色经济增长产生促进作用，但是在绿色经济发展制度建设方面依然存在严重不足，亟待进一步完善。以上结论一方面验证了空间计量模型与非空间计量模型之间的稳健性，另一方面更加验证了环境规制对绿色经济增长的非线性影响存在空间效应的假说2。

**3. 参数效应分解结果**

表6−13汇报了环境规制与绿色经济增长的空间自回归模型的直接效应和溢出效应，以第（4）~（6）列为例进行分析。在第（4）列的直接效应中，环境规制的一次项对绿色经济增长的直接效应为−0.5663，而非空间计量模型中的估计系数为−0.5877（见表6−5），说明非空间计量模型的估计系数弹性被高估了3.78%。同样地，环境规制的二次项对绿色经济增长的直接效应为0.4937，而非空间计量模型中的估计系数为0.5157，说明非空间计量模型的估计系数同样被高估了4.46%。如前文所述，这些系数被高估是由于存在显著的空间溢出效应。在第（5）列的溢出效应中，环境规制的一次项对绿色经济增长的溢出效应为−0.5119，显著为负，与直接效应的符号方向一致，说明资源型城市的本地环境规

制水平的提高不仅会对本地绿色经济增长产生抑制作用，也会对周边地区绿色经济增长产生抑制作用，而在非空间计量模型中将两种效应混为一体，所以估计系数被高估了。对于资源型城市来说，虽然其溢出效应不比总体样本的溢出效应，但是依然是很大的，如环境规制的一次项和二次项对绿色经济增长的溢出效应占直接效应的90.4%。

表6-13　　资源型城市环境规制与绿色经济增长的参数效应分解结果（CEPI）

| 变量 | 空间和时间双向固定（直接方法） | | | 空间和时间双向固定（偏误校正方法） | | |
|---|---|---|---|---|---|---|
| | （1）直接效应 | （2）溢出效应 | （3）总效应 | （4）直接效应 | （5）溢出效应 | （6）总效应 |
| *regulation* | -0.5759 *** (0.1400) | -0.2195 * (0.2945) | -0.7955 *** (0.2200) | -0.5663 *** (0.1465) | -0.5119 ** (0.2173) | -1.0782 *** (0.3262) |
| *regulation²* | 0.5025 *** (0.1136) | 0.1913 * (0.1054) | 0.6938 *** (0.1797) | 0.4937 *** (0.1179) | 0.4461 ** (0.1840) | 0.9398 *** (0.2676) |
| *advancedis* | 0.0412 *** (0.0110) | 0.0158 * (0.0091) | 0.0570 *** (0.0172) | 0.0404 *** (0.0109) | 0.0365 ** (0.0155) | 0.0770 *** (0.0238) |
| *rationalis* | -0.0839 *** (0.0222) | -0.0321 * (0.0185) | -0.1160 *** (0.0348) | -0.0827 *** (0.0222) | -0.0747 ** (0.0319) | -0.1573 *** (0.0488) |
| *governmentiq* | 0.0015 (0.0054) | 0.0006 (0.0024) | 0.0020 (0.0076) | 0.0014 (0.0057) | 0.0014 (0.0055) | 0.0028 (0.0110) |
| *opening* | 0.2367 *** (0.0332) | 0.0911 * (0.0486) | 0.3278 *** (0.0668) | 0.2364 *** (0.0346) | 0.2137 *** (0.0770) | 0.4501 *** (0.0958) |
| *humanc* | 0.5596 (0.8953) | 0.2079 (0.3921) | 0.7676 (1.2507) | 0.5628 (0.9081) | 0.5124 (0.8984) | 1.0752 (1.7765) |
| *innovation* | 2e-05 *** (0.0000) | 8e-06 * (0.0000) | 2.8e-05 *** (0.0000) | 1.9e-05 *** (0.0000) | 1.7e-05 ** (0.0000) | 3.7e-05 *** (0.0000) |
| *manufacturing* | -0.0261 (0.0726) | -0.0094 (0.0321) | -0.0354 (0.1023) | -0.0305 (0.0750) | -0.0285 (0.0733) | -0.0590 (0.1459) |
| *capital* | 0.4567 *** (0.1011) | 0.1733 * (0.0936) | 0.6270 *** (0.1584) | 0.4474 *** (0.1095) | 0.4461 ** (0.1840) | 0.8514 *** (0.2446) |

注：据 Matlab2019a 软件计算得到。（1）括号内的值为标准误；（2）*** 代表 $p < 0.01$，** 代表 $p < 0.05$，* 代表 $p < 0.1$。

　　另外，直接效应与表 6 - 12 中双向固定效应 SAR 的估计系数也不同，其原因是直接效应中存在反馈效应，资源型城市的反馈效应来源于滞后被解释变量（$W \times GEPI$），其结果在 1% 的置信水平下显著为正（0.4662）。环境规制的一次项对绿色经济增长的直接效应为 - 0.5663，且其双向固定效应下 SAR 的估计系数是 - 0.5676，因此其反馈效应达到 0.0013 或者说是直接效应的 - 0.23%；环境规制的二次项对绿色经济增长的直接效应为 0.4937，且其双向固定效应下 SAR 的估计系数是 0.4940，因此其反馈效应达到 - 0.0003 或者说是直接效应的 - 0.61%。可以看出，对于资源型城市同样存在反馈效应。

　　对于资源型城市的控制变量的直接效应和溢出效应来说，与总体样本的区别仅在于显著性水平上的差异。具体来说，产业结构高级化、产业结构合理化、政府制度质量、对外开放程度、人力资本水平、科技创新水平、制造业发展和物质资本投资水平的直接效应和溢出效应系数的符号方向都与总体样本下的空间自回归模型的结果保持一致。但是对于政府制度质量、人力资本水平和制造业发展来说，资源型城市并未表现出显著的促进或抑制作用。从直接效应和溢出效应系数的具体情况来看，产业结构高级化对本地和邻地的绿色经济增长具有显著的提升作用，当第三产业与第二产业的比值每增加 1 个单位时，本地绿色经济增长能够显著增加 0.0404 个单位，邻地绿色经济增长能够显著增加 0.0365 个单位。产业结构合理化对本地绿色经济增长的影响系数在 1% 的置信水平下显著为负，而对邻地的绿色经济增长的影响系数在 5% 的置信水平下显著为负，即产业结构合理化每增加 1 个单位时，本地绿色经济增长显著减少 0.0827 个单位，邻地绿色经济增长显著减少 0.0747 个单位。政府制度质量对本地和邻地的绿色经济增长的影响系数在 10% 的置信水平下均不显著且符号为正，说明在考虑空间溢出效应的情况下，提高市场化程度未能显著提高资源型城市绿色经济增长，但是对本地区和邻近地区均具有潜在的增长效应，如果能够有效提升政府制度质量，将对资源型城市绿色经济增长产生积极影响。对外开放程度对本地和邻地的绿色经济增长的影响系数在 1% 的置信水平下显著为正，其每增加 1 个单位时，本地绿色经济增长能够显著增加 0.2364 个单位，邻地绿色经济增长能够显著增加 0.2137 个单位。人力资本水平对本地和邻地的绿色经济增长的影响系数在 10% 的置信水平下均不显著为正，说明资源型城市对于高等教育的重视程度较弱，先天具有的资源禀赋使得依赖自然资源的初级生产部门发展繁荣，而这些部分对于劳动力教育程度的需求并不高，因此当地政府没有重视公民的教育发展，使得人力资本没有有效发挥出其对于绿色经济增长的促进作用。科技创新水平对本地和邻地的绿色经济增长的影响系数分别在 1% 和 5% 的置信水平下显著为正，当专利申请量每增加 1 个单位时，本地的绿色经济增长能够显著增加 0.000019 个单位，邻地的绿色经济增长能够显著增加 0.000017 个单位。制造业发展对本地和邻地的绿色经济增长的影响系数均在 10% 的置信水平下不显著为负，即资源型城市的制造业发展非但没有促进本地区绿色经济增长，对于邻近地区的绿色经济增长反而具有潜在的抑制作用，究其原因在于制造业本身多是具有"高能耗、高污染"特征的行业，对于兼顾资源环境和经济增长的绿色经济增长不一定存在促进作用，而资源丰裕的地区对于制造业发展可能具有一定程度的"挤出效应"（邵帅和杨莉莉，2010），因此可能使得制造业没有"用武之地"，未能对资源型城市产生促进或抑制的作用。物质资本投资水平对本地和邻地的绿色经济增长的影响系数分别在 1% 和 5% 的置信水平下显著为正，当固定资产投资占 GDP 的比重每增加 1 个单位时，本地的绿色经济增长能够显著增加 0.4474 个单位，邻地的绿色经济增长能够显著增加 0.4461 个单位。

### （二）非资源型城市结果分析

表 6 - 14 报告了非资源型城市环境规制与绿色经济增长非空间计量模型的优选检验结果，Hausman 检验结果（114.0334，$p < 0.01$）表明，必须拒绝随机效应模型，应该接受固定效应模型。LR 选择了空间和时间双向固定效应模型。LM Spatial Error 和 LM Spatial Lag 统计量均在 1% 的显著性水平下显著，拒绝了模型残差不存在空间相关和空间残差相关的原假设，无论是混合效应模型、空间固定效应模型、时间固定效应模型，或是空间和时间双向固定效应模型。对于 Robust LM 检验，

在空间和时间双向固定效应模型中，Robust LM Spatial Error 和 Robust LM Spatial Lag 统计量均未通过 10% 的显著性水平，不能拒绝模型不存在空间滞后和空间误差的原假设。因此，综合 Hausman 检验、LR 检验和 LM 检验的结果，非资源型城市样本的回归估计应该选择 NSM 的 OLS 回归估计结果。

表 6 – 14　　非资源型城市环境规制与绿色经济增长非空间

计量模型的优选检验结果

| 变量 | （1）<br>混合效应 | （2）<br>空间固定 | （3）<br>时间固定 | （4）<br>双向固定 |
|---|---|---|---|---|
| LM Spatial Lag | 305. 1857<br>[0. 0000] | 1131. 3415<br>[0. 0000] | 19. 9274<br>[0. 0000] | 17. 0754<br>[0. 0000] |
| LM Spatial Error | 212. 9612<br>[0. 0000] | 1207. 0331<br>[0. 0000] | 12. 8437<br>[0. 0000] | 17. 6396<br>[0. 0000] |
| Robust LM Spatial Lag | 115. 1819<br>[0. 0000] | 345. 5314<br>[0. 0000] | 17. 5695<br>[0. 0000] | 0. 1542<br>[0. 6950] |
| Robust LM Spatial Error | 22. 9574<br>[0. 0000] | 421. 2230<br>[0. 0000] | 10. 4858<br>[0. 0010] | 0. 7184<br>[0. 3970] |
| LR_1 检验 | | 3212. 6970<br>[0. 0000] | | |
| LR_2 检验 | | | 163. 1209<br>[0. 0027] | |
| LR_3 检验 | | | | 465. 9936<br>[0. 0000] |
| LR_4 检验 | | | | 3515. 5697<br>[0. 0000] |
| LR_5 检验 | | | | 3678. 6906<br>[0. 0000] |
| Hausman 检验 | | | | 114. 0334<br>[0. 0000] |

注：据 Matlab2019a 软件计算得到。（1）方括号内的值为 $P$ 值；（2）LR_1 检验代表空间固定效应与混合效应模型的 LR 检验，LR_2 检验代表时间固定效应与混合效应模型的 LR 检验，LR_3 检验代表空间和时间双向固定效应模型与空间固定效应的 LR 检验，LR_4 检验代表空间和时间双向固定效应模型与时间固定效应的 LR 检验，LR_5 检验代表空间和时间双向固定效应模型与混合效应的 LR 检验。

究其原因，可能在于非资源型城市相比资源型城市对资源的依赖程度较弱，因此不像资源型城市之间可能由于相同的资源依赖特征而具有一定的"模仿行为"，从而在环境规制的制定和实施上具有关联性。而研究样本中的非资源型城市，一方面并不存在资源依赖上的相似特征，因此各地区在环境规制上的互相干扰较小，另一方面由于研究样本城市之间并非全部相邻，相对分散造成地理距离过大，同样使得模型选择更加倾向于非空间的计量模型。因此，对于非资源型城市的模型估计结果，与表6-6的分析结论一致，这里不再赘述。

### （三）对比分析

基于上述对于资源型城市和非资源型城市环境规制对绿色经济增长影响的结果分析，从模型的选择上来看，通过 LM 检验、Robust LM 检验和 LR 检验，资源型城市最终选取空间和时间双向固定的 SAR，而非资源型城市选择了 NSM 的估计结果。从模型的估计结果来看，一方面，无论是资源型城市还是非资源型城市样本，环境规制与绿色经济增长之间都存在显著的 U 型关系。资源型城市相对于非资源型城市，资源型城市的 U 型曲线最早达到极值点，表明在同样力度的环境规制政策情况下，资源型城市中的环境规制变量能相比非资源型城市能够更早达到促进绿色经济增长由抑制转向促进的阈值。另一方面，图6-4不同于图6-2，全样本相对于非资源型城市，虽然极值点依然介于资源型城市样本和非资源型城市之间，但 U 型曲线更加陡峭了，环境规制对绿色经济增长的影响作用更强。产生这一现象的原因是，非空间计量模型忽略了空间溢出效应和反馈效应，结果与空间计量模型存在一定差异。

## 四、稳健性检验

### （一）更换空间权重矩阵的再考察

为进一步检验实证结果的稳健性，本书更换空间权重进行考察，分别基于空间相邻权重矩阵和经济距离权重矩阵进行稳健性检验。本章第一节介绍了这两种空间权重矩阵。表6-15的空间面板模型的优选检验结果显示，基于空间相邻权重矩阵的空间计量模型选择了双向固定的 SAR，基于经济距离权重矩阵的空间计量模型的优选检验结果选择了双向固定的 SDM。

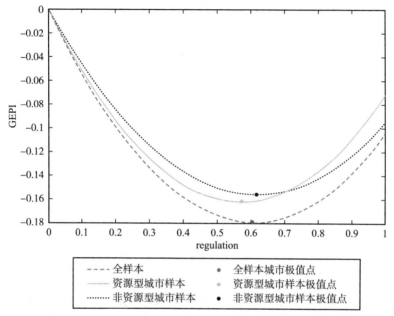

图 6-4　空间计量模型下资源型城市和非资源型城市 U 型曲线

表 6-15　　　更换空间权重矩阵空间计量模型的优选检验结果

| 变量 | 基于空间相邻权重矩阵的<br>稳健性检验双向固定（1） | 基于经济距离权重矩阵的<br>稳健性检验双向固定（2） |
| --- | --- | --- |
| LM Spatial Lag | 84.0824<br>[0.0000] | 41.4622<br>[0.0000] |
| LM Spatial Error | 77.0631<br>[0.0000] | 37.6235<br>[0.0000] |
| Robust LM Spatial Lag | 7.1069<br>[0.008] | 9.1032<br>[0.0003] |

续表

| 变量 | 基于空间相邻权重矩阵的<br>稳健性检验双向固定（1） | 基于经济距离权重矩阵的<br>稳健性检验双向固定（2） |
|---|---|---|
| Robust LM Spatial Error | 0.0876<br>［0.767］ | 5.2645<br>［0.022］ |
| LR_1 检验 | 4840.5728<br>［0.0000］ | 4840.5728<br>［0.0000］ |
| LR_2 检验 | 165.6227<br>［0.0000］ | 165.6227<br>［0.0000］ |
| LR_3 检验 | 545.1427<br>［0.0000］ | 545.1427<br>［0.0000］ |
| LR_4 检验 | 5220.0928<br>［0.0000］ | 5220.0928<br>［0.0000］ |
| Hausman 检验 | 110.6268<br>［0.0000］ | 542.8102<br>［0.0000］ |

注：据 Matlab2019a 软件计算得到。（1）方括号内的值为 $P$ 值；（2）LR_1 检验代表空间固定效应与混合效应模型的 LR 检验，LR_2 检验代表时间固定效应与混合效应模型的 LR 检验，LR_3 检验代表空间和时间双向固定效应模型与空间固定效应的 LR 检验，LR_4 检验代表空间和时间双向固定效应模型与时间固定效应的 LR 检验，LR_5 检验代表空间和时间双向固定效应模型与混合效应的 LR 检验。

　　表 6-16 汇报了基于空间相邻权重矩阵和经济距离权重矩阵下环境规制与绿色经济增长的双向固定效应的 SAR 和 SEM 回归结果，均使用偏误校正方法进行估计。从第（1）~（3）列结果发现，在基于空间相邻权重矩阵下，所有变量的估计系数和直接效应对应的符号和显著性均与基准结果保持一致，这里不再对估计结果进行赘述。但空间溢出效应与基准结果略有差异，所有变量的符号与直接效应相反，在一定程度上说明在不同的空间权重下，空间溢出效应会有明显差异，所以空间计量模型中空间权重的选择至关重要。类似地，在基于经济距离权重矩阵下，进一步进行 SEM 与 SDM 遴选的 LR 检验（$p > 0.1$），无法拒绝 SDM 转为 SEM 的原假设，因此选择了 SEM，并使用偏误校正方法，结

果发现，所有变量的估计系数对应的符号和显著性均与基准结果保持一致，这里也不再对估计结果进行赘述。特别说明的是，在 SEM 中，每个解释变量的直接效应与估计系数相同，溢出效应为 0，所以 SEM 与 NSM 一样，不需要进行参数效应分解。

表 6 – 16　　更换空间权重矩阵环境规制与绿色经济增长的
空间自回归模型回归结果（CEPI）

| 变量 | 基于空间相邻权重矩阵的稳健性检验 | | | 基于经济距离权重矩阵的稳健性检验 |
|---|---|---|---|---|
| | 空间和时间双向固定 SAR（偏误校正方法） | | | 空间和时间双向固定 SEM（偏误校正方法） |
| | （1）估计系数 | （2）直接效应 | （3）溢出效应 | （4）估计系数 |
| *regulation* | − 0. 6985 *** (0. 0899) | − 0. 7101 *** (0. 0882) | 0. 1383 *** (0. 021) | − 0. 5709 *** (0. 0877) |
| *regulation²* | 0. 5811 *** (0. 0704) | 0. 5904 *** (0. 0694) | − 0. 115 *** (0. 0167) | 0. 4723 *** (0. 0686) |
| *advancedis* | 0. 0339 *** (0. 0079) | 0. 0341 *** (0. 0082) | − 0. 0066 *** (0. 0017) | 0. 0297 *** (0. 0077) |
| *rationalis* | − 0. 071 *** (0. 0162) | − 0. 0715 *** (0. 017) | 0. 0139 *** (0. 0035) | − 0. 0626 *** (0. 0157) |
| *governmentiq* | 0. 0091 ** (0. 0038) | 0. 0094 ** (0. 0037) | − 0. 0018 ** (0. 0007) | 0. 0093 ** (0. 0037) |
| *opening* | 0. 2174 *** (0. 0346) | 0. 2203 *** (0. 0356) | − 0. 0429 *** (0. 0077) | 0. 211 *** (0. 0335) |
| *humanc* | 1. 5725 *** (0. 3326) | 1. 5986 *** (0. 3476) | − 0. 3115 *** (0. 0734) | 1. 5153 *** (0. 3263) |
| *innovation* | 5e − 06 *** (0. 0000) | 5e − 06 *** (0. 0000) | − 1e − 06 *** (0. 0000) | 4e − 06 *** (0. 0000003) |

续表

| 变量 | 基于空间相邻权重矩阵的稳健性检验 | | | 基于经济距离权重矩阵的稳健性检验 |
|---|---|---|---|---|
| | 空间和时间双向固定 SAR（偏误校正方法） | | | 空间和时间双向固定 SEM（偏误校正方法） |
| | （1）估计系数 | （2）直接效应 | （3）溢出效应 | （4）估计系数 |
| *manufacturing* | − 0.1492 *** (0.0384) | − 0.1484 *** (0.0383) | 0.0289 *** (0.0078) | − 0.1466 *** (0.0373) |
| *capital* | 0.5519 *** (0.0541) | 0.5594 *** (0.0558) | − 0.1089 *** (0.0142) | 0.4985 *** (0.0523) |
| $W \times GEPI$（*rho*） | − 0.2293 *** (0.0223) | | | − 0.3831 *** (0.1507) |
| $W \times X$ | Yes | | | No |
| 时间固定 | Yes | | | Yes |
| 空间固定 | Yes | | | Yes |
| SAR 与 SDM 遴选的 Wald 检验 | | | | 47.1723 [0.0000] |
| SAR 与 SDM 遴选的 LR 检验 | | | | 75.4871 [0.0000] |
| SEM 与 SDM 遴选的 Wald 检验 | | | | 53.6315 [0.0000] |
| SEM 与 SDM 遴选的 LR 检验 | | | | − 14.4338 [1.0000] |
| *R-squared* | 0.7286 | | | 0.7439 |
| *Log-likelihood* | — | | | 3514.9233 |
| 观察值 | 4576 | | | 4576 |
| 个体数 | 286 | | | 286 |

注：据 Matlab2019a 软件计算得到。（1）圆括号内的值为标准误，方括号内的值为 $P$ 值；（2）*** 代表 $p < 0.01$，** 代表 $p < 0.05$，* 代表 $p < 0.1$。

## （二）动态空间面板模型的再考察

由于作为被解释变量的绿色经济增长（GEPI）在测度过程中以资本、劳动等作为投入要素，并以 GDP 作为期望产出，因此 GEPI 可能与本书的解释变量相关而存在内生性问题。借鉴李和于（Lee & Yu, 2014）的做法，采用动态空间面板模型进行估计，以通用嵌套空间模型（GNSM）为例，设定如下动态空间面板数据模型，其他 7 种模型可参考本章第一节的模型设定内容：

$$Y = \rho_1 WY + \rho_2 Y(-1) + \rho_3 [WY(-1)] + X\beta_1 + X(-1)\beta_2 + WX\theta_1$$
$$+ [WX(-1)]\theta_2 + \mu$$
$$\mu = \lambda W\mu + \tau_0 [\mu(-1)] + \tau_1 W[\mu(-1)] + U + V + \varepsilon_1$$
$$U = \gamma WU + \varepsilon_2 \qquad (6-15)$$

其中，方程（6-15）为通用嵌套动态空间模型。$X$ 为解释变量，$U$、$V$ 分别代表个体效应、时期效应，$\varepsilon$ 代表随机扰动项，服从零均值同方差的正态分布。$W$ 为时空权重矩阵，采用空间距离权重矩阵基础上的时空权重矩阵。方程（6-15）通用嵌套模型在实际建模中也同样存在模型识别问题，需要进行退化处理。根据经验，首先在实际建模中，$\tau_1 W[\mu(-1)]$ 通常不考虑；其次在动态空间面板模型中，一般采用个体固定效应或个体和时间双向固定效应模型更加精准；最后一般来说，忽略 $WY$、$WX$ 将导致估计结果非一致性，忽略 $W\mu$ 将导致估计结果非有效性，所以在实证研究中，相比较 $W\mu$，更应该关注 $WY$、$WX$，因为在关注单一 $W\mu$ 的模型中，不容易区分短期效应、长期效应以及空间溢出效应。所以在实际模型中，一般主要关注动态空间 SAR 或动态空间 SDM，两者的表达式如下：

$$Y = \rho_1 WY + \rho_2 Y(-1) + \rho_3 [WY(-1)] + X\beta + U + V + \mu$$
$$(6-16)$$

$$Y = \rho_1 WY + \rho_2 Y(-1) + \rho_3 [WY(-1)] + X\beta + WX\theta + U + V + \mu$$
$$(6-17)$$

针对本章的研究变量，可以将上述动态空间 SAR 和 SDM 设定为如下具体形式：

$$GEPI_{it} = \rho_1 W_{NT} GEPI_{jt} + \rho_2 GEPI_{i,t-1} + \rho_3 W_{NT} GEPI_{j,t-1} + \beta_1 regulation_{it}$$

$$+ \beta_2 regulation_{it}^2 + \sum_1^q \beta_{3q} X_{qit} + \varphi_i + \delta_t + \varepsilon_{it} \qquad (6-18)$$

$$GEPI_{it} = \rho_1 W_{NT} GEPI_{jt} + \rho_2 GEPI_{it-1} + \rho_3 W_{NT} GEPI_{jt-1} + \beta_1 regulation_{it}$$

$$+ \beta_2 regulation_{it}^2 + \sum_1^q \beta_{3q} X_{qit} + \theta_1 W_{NT} regulation_{jt}$$

$$+ \beta_2 W_{NT} regulation_{jt}^2 + W_{NT} \sum_1^q \beta_{3q} X_{qjt} + \varphi_i + \delta_t + \varepsilon_{it} \qquad (6-19)$$

表 6 – 17 汇报了基于地理距离权重矩阵下环境规制与绿色经济增长的动态 SAR 和动态 SDM 回归结果，并分别汇报了个体固定效应和双向固定效应的回归结果。从第（1）~（4）列结果发现，所有变量的估计系数对应的符号和显著性均与基准结果保持一致，说明结果稳健，这里不再对估计结果进行赘述。另外，本书发现的一个新的结论是，绿色经济增长率的一阶滞后项系数非常显著且为正，这一点符合经济变量的惯性特征，与大部分使用动态面板数据的文献一致，被解释一阶滞后项的系数往往介于 0 ~ 1 之间。本书估计得到的一阶滞后项系数在 0.6117 ~ 0.6197 之间，且在 1% 的水平下显著，表明中国地级市层面的绿色经济增长处于惯性变化的状态，即上一期较高的绿色经济增长意味着本期绿色增长水平会继续提升，循环往复。

**表 6 – 17    环境规制与绿色经济增长的动态空间面板模型回归结果**

| 变量 | 动态 SAR | | 动态 SDM | |
|---|---|---|---|---|
| | （1）<br>估计系数 | （2）<br>估计系数 | （3）<br>估计系数 | （4）<br>估计系数 |
| *regulation* | − 0.172 ***<br>（0.0564） | − 0.1901 ***<br>（0.0569） | − 0.22 ***<br>（0.0622） | − 0.2082 ***<br>（0.0627） |
| *regulation*$^2$ | 0.1761 ***<br>（0.0463） | 0.1786 ***<br>（0.0468） | 0.1968 ***<br>（0.0507） | 0.1865 ***<br>（0.0515） |
| *advancedis* | 0.0167 ***<br>（0.0061） | 0.0152 **<br>（0.0063） | 0.0163 **<br>（0.0067） | 0.0136 **<br>（0.0069） |

续表

| 变量 | 动态 SAR | | 动态 SDM | |
|---|---|---|---|---|
| | （1）估计系数 | （2）估计系数 | （3）估计系数 | （4）估计系数 |
| *rationalis* | − 0. 0357 *** (0. 0125) | − 0. 0328 ** (0. 0129) | − 0. 0352 ** (0. 0137) | − 0. 0302 ** (0. 014) |
| *governmentiq* | 0. 0079 *** (0. 0028) | 0. 0075 ** (0. 0029) | 0. 007 ** (0. 003) | 0. 0071 ** (0. 003) |
| *opening* | 0. 1157 *** (0. 0255) | 0. 1253 *** (0. 0254) | 0. 1162 *** (0. 0256) | 0. 1141 *** (0. 0276) |
| *humanc* | 0. 539 *** (0. 2031) | 0. 4653 ** (0. 2038) | 0. 4161 ** (0. 1957) | 0. 4518 ** (0. 2005) |
| *innovation* | $2e - 06$ *** ($2e - 07$) | $2e - 06$ *** ($3e - 07$) | $2e - 06$ *** ($3e - 07$) | $2e - 06$ *** ($3e - 07$) |
| *manufacturing* | − 0. 0521 ** (0. 0237) | − 0. 0526 ** (0. 0241) | − 0. 0519 ** (0. 0255) | − 0. 0515 ** (0. 0255) |
| *capital* | 0. 1261 *** (0. 025) | 0. 1718 *** (0. 0381) | 0. 1646 *** (0. 0403) | 0. 1496 *** (0. 0403) |
| *GEPI* （t − 1） | 0. 6197 *** (0. 0178) | 0. 6167 *** (0. 0179) | 0. 6145 *** (0. 0179) | 0. 6117 *** (0. 018) |
| $W \times GEPI$ （t − 1） | − 0. 5045 *** (0. 0867) | − 0. 1983 (0. 3728) | − 0. 4829 *** (0. 113) | − 0. 072 (0. 283) |
| $W \times GEPI$ （*rho*） | 0. 8494 *** (0. 04) | 1. 0058 *** (0. 1487) | 0. 8005 *** (0. 0525) | 1. 0259 *** (0. 155) |
| $W \times X$ | No | No | Yes | Yes |
| 时间固定 | No | Yes | No | Yes |
| 空间固定 | Yes | Yes | Yes | Yes |
| *R-squared* | 0. 8077 | 0. 8085 | 0. 8083 | 0. 7439 |
| *Log-likelihood* | 3899. 3101 | 3462. 7603 | 3908. 9292 | 3514. 9233 |
| 观察值 | 4290 | 4290 | 4290 | 4290 |
| 个体数 | 286 | 286 | 286 | 286 |

注：据 Matlab2019a 软件计算得到。（1）括号内的值为标准误；（2）*** 代表 $p < 0.01$，** 代表 $p < 0.05$，* 代表 $p < 0.1$。

# 第四节　本 章 小 结

本章基于本书提出的理论假说 1 和假说 2 进行实证检验。第一节为研究设计，首先基于非空间面板数据模型的设定，考察环境规制对绿色经济增长的非线性影响；其次构建空间计量模型，探讨两者间的空间关系；最后对变量及数据来源进行说明，同时做了数据的描述性统计和变量的单位根检验。第二节和第三节则依据模型设定进行相关检验。得到如下主要结论：

（1）在非空间面板数据模型的检验判定的个体和时间双向固定效应模型中，无论是地级市总体样本、资源型城市还是非资源型城市样本，环境规制对绿色经济增长都存在显著的 U 型非线性影响，验证了假说 1 成立。在资源型与非资源型城市的对比分析中发现，资源型城市的 U 型曲线最早达到极值点，表明在同样力度的环境规制政策情况下，资源型城市中环境规制变量能最早达到促进绿色经济增长的阈值，这可能由于两类城市在资源依赖程度上存在差异。

（2）对于控制变量回归结果，在总体样本中，产业结构高级化、政府制度质量、对外开放、人力资本、科技创新、物质资本投资对绿色经济增长具有显著的提升作用，产业结构合理化和制造业发展具有显著的抑制作用。在资源型城市中，仅政府制度质量对绿色经济增长的作用符号改变，由显著促进作用转变为不显著的抑制作用，其他控制变量仅有显著性水平的变化。在非资源型城市中，对外开放对绿色经济增长的影响呈现显著抑制作用，其他控制变量仅有显著性水平下的变化。

（3）对于环境规制对绿色经济增长的空间溢出效应和空间反馈效应的分析，总体样本和资源型城市样本结果均表明，非空间计量模型的估计系数弹性被高估。原因一方面在于存在显著的空间溢出效应；另一方面，直接效应与未分解的空间计量模型的估计系数不同的原因在于直接效应中存在反馈效应，不仅存在溢出效应影响周边地区，周边地区也通过反馈效应反过来影响来源地。通过研究发现，总体样本中存在溢出效应，环境规制的一次项和二次项对绿色经济增长的溢出效应均是直接效应的 3.2 倍；环境规制的一次项对绿色经济增长的反馈效应是直接效应的 1.67%，其二次项对绿色经济增长的反馈效应是直接效应的 1.62%。这一研究结论验证了假说 2 成立。

# 第七章

# 环境规制、资源依赖与绿色经济
# 增长关系的实证检验

根据第四章的理论分析，资源依赖在环境规制对绿色经济增长的影响中具有中介作用。本章从资源依赖视角出发，重点强调环境规制通过降低资源依赖促进绿色经济增长的传导机制，旨在考察资源依赖在环境规制影响中国绿色经济增长中的重要作用，以及资源依赖对绿色经济增长的"资源福音"或"资源诅咒"效应。同时，本章进一步从资源依赖视角考察了环境规制影响绿色经济增长过程中资源依赖的两步传导机制，从产业结构、科技创新等途径搭建传导路径，从而更加充分地完善环境规制、资源依赖与绿色经济增长之间关系的研究框架。

## 第一节  研 究 设 计

### 一、中介传导机制检验的模型设定

（一）空间交互效应模型设定

首先引入环境规制与资源依赖的交互项，分析环境规制与资源依赖的交互效应，如图 7 - 1 所示。以通用嵌套空间模型（GNSM）为例，设定如下空间交互效应面板数据模型，其他 7 种模型可参考第四章的

GNSM 模型向其他 7 种模型的退化形式进行设定：

$$GEPI_{it} = \rho W_{NT} GEPI_{jt} + \beta_1 resource_{it} + \beta_2 (resource_{it} \times regulation_{it})$$

$$+ \beta_3 (resource_{it} \times regulation_{it}^2) + \sum_1^q \beta_{4q} X_{qit}$$

$$+ \theta_1 W_{NT} resource_{jt} + \theta_2 W_{NT} (resource_{jt} \times regulation_{jt})$$

$$+ \theta_3 W_{NT} (resource_{jt} \times regulation_{jt}^2) + W_{NT} \sum_1^q \theta_{4q} X_{qjt}$$

$$+ \varphi_i + \delta_t + \mu_{it}$$

$$\mu_{it} = \lambda W_{NT} \mu_{jt} + \varepsilon_{jt} \qquad\qquad (7-1)$$

其中，方程（7-1）为以资源依赖与环境规制的交互项构建的通用嵌套空间交互模型。相比上一章建立的模型，新增了资源依赖（resource）这一核心解释变量；$resource_{it} \times regulation_{it}$ 和 $resource_{it} \times regulation_{it}^2$ 分别为资源依赖与环境规制及其二次项的交互项；$X$ 为控制变量，包括产业结构高级化、产业结构合理化、政府制度质量、对外开放程度、人力资本水平、科技创新水平、制造业发展、物质资本投资水平。为了表达式的简洁，将环境规制及其二次项这两个核心解释变量同样放在 $X$ 中不再单独列出；$q$ 为 $X$ 的变量个数，$q = 1$，2，3，…，8。$\varphi_i$、$\delta_t$ 分别代表个体效应和时间效应，$\mu_{it}$ 代表随机扰动项，服从零均值同方差的正态分布，$\varepsilon_{jt}$ 也代表随机扰动项，但其分布形式存在空间依赖关系，$\lambda$ 代表空间扰动项自相关参数，$\rho$ 代表模型的空间自回归参数，$\beta$ 和 $\theta$ 为待估参数。$W_{NT}$ 为时空权重矩阵，同上一章采用地理距离空间权重矩阵基础上的时空权重矩阵。当新增的解释变量 $resource_{it} \times regulation_{it}$ 和 $resource_{it} \times regulation_{it}^2$ 对应的估计参数 $\beta$ 显著时，证明资源依赖对环境规制与绿色经济增长之间的关系具有显著的调节作用，或者证明环境规制与资源依赖存在显著的交互效应。

**图 7-1 交互效应示意**

### （二）空间中介效应模型设定

对资源依赖和环境规制之间的交互效应进行检验能证明两者之间的平行交互效应或者资源依赖在环境规制与绿色经济增长关系中所起的调节作用，但是无法考察两者之间潜在的垂直传导关系，对此，再次构建以资源依赖为中介变量的回归模型（如图 7 - 2 所示），巴伦和基尼（Baron & Kenny，1987）的中介模型设定如下：

$$Y_{it} = c + \beta_1 X_{it} + \sum_{q=1}^{n} \gamma_q control_{qit} + a_i + v_t + \varepsilon_{it} \qquad (7-2)$$

$$M_{it} = c + \beta_2 X_{it} + \sum_{q=1}^{n} \gamma_q control_{qit} + a_i + v_t + \varepsilon_{it} \qquad (7-3)$$

$$Y_{it} = c + \beta_3 X_{it} + \beta_4 M_{it} + \sum_{q=1}^{n} \gamma_q control_{qit} + a_i + v_t + \varepsilon_{it} \qquad (7-4)$$

其中，$Y$ 为被解释变量，$X$ 为核心解释变量，$control$ 为控制变量，$q$ 表示控制变量的个数，$a_i$、$v_t$ 和 $\varepsilon_{it}$ 分别为个体效应、时间效应和随机扰动项。

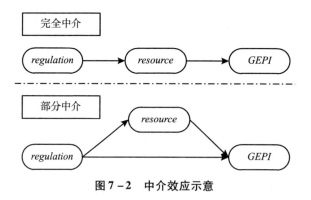

图 7 - 2　中介效应示意

基本思想是，第一步对公式（7 - 2）进行回归，用以检验核心解释变量 $X$ 对被解释变量 $Y$ 的影响，回归系数 $\beta_1$ 显著意味着变量 $X$ 的影响效应显著，否则停止中介效应的传导路径检验；第二步对公式（7 - 3）进行回归，用以检验变量 $X$ 是否通过中介变量 $M$ 对变量 $Y$ 产生影响，如果 $\beta_2$ 系数显著，说明变量 $X$ 对中介变量 $M$ 有显著的影响作用；最后对公式（7－4）进行回归，$\beta_3$ 与 $\beta_4$ 分别反映了变量 $X$ 与中介变量 $M$ 对变量 $Y$ 的直接与间接影响效应；综合 $\beta_2$ 与 $\beta_4$ 的系数的共同显著性便可以判断出中间传导路径的存在性，而不论 $\beta_1$ 的显著性如何。

以 GNSM 为例，基于巴伦和基尼（Baron & Kenny，1987）的中介效应模型和邵帅等（2019）构建的模型为基础进行改进，构建如下空间中介效应模型：

$$GEPI_{it} = \rho_{11}W_{NT}GEPI_{jt} + \beta_{11}regulation_{it} + \beta_{12}regulation_{it}^2 + \sum_{1}^{l}\beta_{13l}X_{lit}$$

$$+ \theta_{11}W_{NT}regulation_{jt} + \theta_{12}W_{NT}regulation_{jt}^2 + W_{NT}\sum_{1}^{l}\theta_{13l}X_{ljt}$$

$$+ \varphi_{1i} + \delta_{1t} + \mu_{1it}$$

$$\mu_{1it} = \lambda_1 W_{NT}\mu_{1jt} + \varepsilon_{1jt} \qquad (7-5)$$

$$resource_{it} = \rho_{21}W_{NT}resource_{jt} + \beta_{21}regulation_{it} + \beta_{22}regulation_{it}^2 + \beta_{23}GEPI_{it-1}$$

$$+ \theta_{21}W_{NT}regulation_{jt} + \theta_{22}W_{NT}regulation_{jt}^2 + \theta_{23}W_{NT}GEPI_{jt-1}$$

$$+ \varphi_{2i} + \delta_{2t} + \mu_{2it}$$

$$\mu_{2it} = \lambda_2 W_{NT}\mu_{2jt} + \varepsilon_{2jt} \qquad (7-6)$$

$$GEPI_{it} = \rho_{31}W_{NT}GEPI_{jt} + \beta_{31}regulation_{it} + \beta_{32}regulation_{it}^2 + \beta_{33}resource_{it}$$

$$+ \sum_{1}^{l}\beta_{34l}X_{lit} + \theta_{31}W_{NT}regulation_{jt} + \theta_{32}W_{NT}regulation_{jt}^2$$

$$+ \theta_{33}W_{NT}resource_{jt} + W_{NT}\sum_{1}^{l}\theta_{34l}X_{ljt} + \varphi_{3i} + \delta_{3t} + \mu_{3it}$$

$$\mu_{3it} = \lambda_3 W_{NT}\mu_{3jt} + \varepsilon_{3jt} \qquad (7-7)$$

其中，方程（7－5）、方程（7－6）、方程（7－7）依次为基本模型、中介变量模型和中介效应模型。$X$ 为控制变量，$l$ 为 $X$ 的变量个数，$l =$ 1，2，3，…，8，具体包括和上述空间交互效应相同的 8 个变量：*advancedis*、*rationalis*、*governmentiq*、*opening*、*humanc*、*innovation*、*manufacturing*、*capital*；$\varphi_i$、$\delta_t$ 分别代表个体效应和时间效应，$\mu_{it}$ 代表随机扰动项，服从零均值同方差的正态分布，$\varepsilon_{jt}$ 也代表随机扰动项，但其分布形式存在空间依赖关系，$\lambda$ 代表空间扰动项自相关参数，$\rho$ 代表模型的空间自回归参数，$\beta$ 和 $\theta$ 为待估参数，$W_{NT}$ 为时空权重矩阵，依然采用地理距离空间权重矩阵基础上的时空权重矩阵。$GEPI_{it-1}$ 为 $GEPI$ 的滞后一期变量。值得注意的是，将绿色经济增长滞后一期变量纳入中介变量模型（7-6）的原因在于，通常来说，宏观经济变量是具有时滞性的，同时，两个经济变量之间的关系会受到宏观环境的影响，仅仅采用静态的回归考察可能无法准确捕捉到变量之间的关系（邵帅等，2013；郑婷婷，2019），$GEPI_{it-1}$ 与 $GEPI$ 高度相关，衡量的是一种宏观经济状态，正好可以代替 $X$ 而作为控制变量引入。同时应该注意到，结合基准模型以及后续的两步影响机制分析模型设定情况，基准模型中涉及的控制变量 $X$ 既是影响 $GEPI$ 的解释变量，又可能是受环境规制和资源依赖等外部环境变量影响的变量。为了避免产生互为反向因果关系的矛盾，此处的中介变量模型在选择控制变量时，将不再纳入与模型（7-5）和模型（7-7）中相同的控制变量 $X$，只选择加入 $GEPI$ 滞后一期 $GEPI_{it-1}$。

遵循中介效应检验的基本思想，中介效应模型的估计方法通常是对方程（7-5）、方程（7-6）、方程（7-7）进行依次检验。具体步骤如图7-3所示：

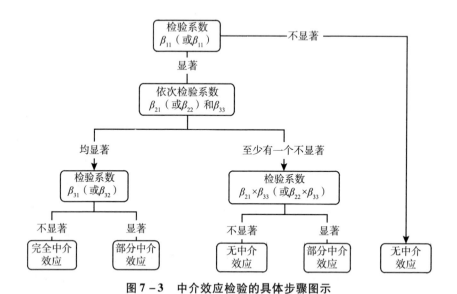

**图7-3  中介效应检验的具体步骤图示**

第一步，检验方程（7-5）的系数 $\beta_{11}$（或 $\beta_{12}$），即环境规制对绿色经济增长的总效应，如果显著存在，进入下一步，否则终止；

第二步，检验方程（7-6）的系数 $\beta_{21}$、$\beta_{22}$，即环境规制对资源依赖的垂直效应，如果显著存在，进入下一步，否则终止；

第三步，检验方程（7-7）的系数 $\beta_{31}$、$\beta_{32}$、$\beta_{33}$，即环境规制、资源依赖对绿色经济增长的影响效应。如果 $\beta_{33}$ 显著存在，则证明资源依赖对环境规制和绿色经济增长的关系存在显著的中介传导效应，反之进行系数乘积检验。进一步地，如果 $\beta_{33}$ 显著存在，但 $\beta_{31}$、$\beta_{32}$ 不显著，则证明资源依赖是环境规制和绿色经济增长的关系中唯一的中介传导变量；如果 $\beta_{31}$、$\beta_{32}$、$\beta_{33}$ 均显著存在，则证明资源依赖是环境规制和绿色经济增长的关系中的一个中介传导变量，还可能有其他中介变量。

## 二、两步传导机制检验的模型设定

环境规制一方面直接作用于绿色经济增长，另一方面通过影响资源依赖间接对绿色经济增长产生作用，资源依赖的中介作用构成了"环境规制→资源依赖→绿色经济增长"的中介传导机制。根据资源诅咒理论，资源依赖可能会对一个地区的产业结构、对外开放、科技创新等因素产生"挤出效应"，进而影响绿色经济增长，从而形成"环境规制→资源依赖→其他传导变量→绿色经济增长"两步传导机制。因此，在资源依赖中介传导机制的基础上，从产业结构高级化、产业结构合理化、政府制度质量、对外开放、人力资本、科技创新、制造业发展和物质资本投资八个方面，检验资源依赖的两步传导机制是否成立。

如图7-4所示，只需要进一步检验资源依赖和环境规制对上述经济社会因素的作用效应（即图7-4中的虚线部分），即可完成资源依赖的两步传导机制检验。仍以通用嵌套空间模型（GNSM）为例，设定如下空间面板数据模型：

$$advancedis_{it} = \rho W_{NT} advancedis_{jt} + \beta_1 regulation_{it} + \beta_2 regulation_{it}^2 + \beta_3 resource_{it}$$
$$+ \beta_4 GEPI_{it-1} + \theta_1 W_{NT} regulation_{jt} + \theta_2 W_{NT} regulation_{jt}^2$$
$$+ \theta_3 W_{NT} resource_{jt} + \theta_4 W_{NT} GEPI_{jt-1} + \varphi_i + \delta_t + \mu_{it}$$
$$\mu_{it} = \lambda W_{NT} \mu_{jt} + \varepsilon_{jt} \qquad (7-8)$$

其中，方程（7-8）是检验环境规制和资源依赖对产业结构高级化的影响模型。检验其他传导路径的模型同理可得，不再依次列出。如果解释变量 *resource* 对应的估计参数显著，证明资源依赖和产业结构高级化对环境规制与绿色经济增长之间关系构成两步传导机制。

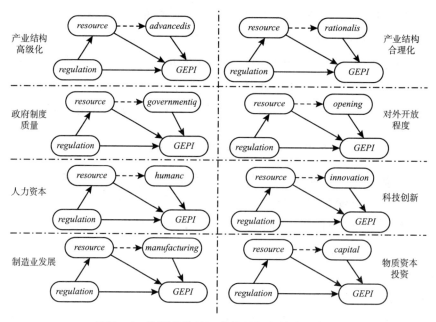

**图 7 - 4　资源依赖的两步传导机制检验示意图**

## 三、变量选择与说明

在对"资源诅咒"进行考察的实证研究中，一部分学者利用资源丰裕度指标（Atkinson & Hamilton，2003；邵帅，2010；陈运平等，2018），另一部分学者则采用资源依赖指标（丁菊红和邓可斌，2007；方颖等，2011；Namazi & Mohammadi，2018；Li et al.，2019）。在以资源丰裕度指标考察"资源诅咒"现象的研究中，主要度量方法包括绝对资源储量（包括资源储量、人均资源占有量、人均资源储量等）、一次能源产量或能源生产总量等指标。如戴维斯（Davis，1995）使用矿产资源产量衡量资源丰裕度，得出的研究结论首次否认了资源诅咒假说的存在。斯泰恩斯（Stijns，2005）以每千人拥有的矿产储量、生产量以及土地禀赋衡量资源丰裕度。阿莱克谢邪夫和康拉德（Alexeev & Conrad，2009）采用人均资源占有量作为资源丰裕度的衡量指标，得到资源丰裕度与经济增长的正相关关系。还有一些学者将自然资源划分为"点资源"和"散资源"进行研究。如伊尚等（Isham et al.，2005）的研究结论显示煤炭和石油等"点资源"比土地和水等"散资源"更可能造成资源诅咒。张菲菲等（2007）选取水、耕地、森林、能源和矿产五种资源，将它们分为"点资源"和"散资源"，对1978～2004年中国30个省市的资源丰裕度和区域经济发展之间的相关关系进行验证。孙大超和司明（2012）选取货币化的人均资源储量为资源丰裕度指标对中国省际资源丰裕度与经济增长的关系进行研究。周喜君和郭丕斌（2015）以煤炭产量占全国比重作为资源丰裕度的衡量指标，对2000～2012年中国中西部8个富煤省区的资源诅咒进行研究。

对于资源依赖指标的度量，目前主要采用包括初级产品出口比重、初级产品部门就业比重、采掘业固定资产投资占比、采掘业从业人数占比等指标。如萨克斯和瓦尔纳（Sachs & Warner，1995）采用初级产品（矿产资源）出口量与GDP之比衡量自然资源禀赋，被认为是度量资源依赖的最初指标。吉尔法松（Gylfason，2001）利用初级产品部门就业人数占总就业人数的比重作为资源依赖的度量指标。李天籽（2007）以地区采掘业总产值占比度量资源依赖度。邵帅和齐中英（2008）采用能源工业产值占工业总产值的比重衡量资源依赖度。田颖和刘林（2019）采用徐康宁和韩剑（2005）构造的资源丰裕度指数（Resource Abundance Index，RAI）衡量资源依赖度。宋等（Song et al.，2020）以采掘业从业人员与年末总人口之比来测度资源依赖水平。

一些学者对资源丰裕度与资源依赖度区分研究，如有学者指出，资源依赖由过度丰裕的自然资源、供给不足的物质资本和人力资本、效率低下的服务业和制造业、轻视出口型制造业和服务业的贸易和价格政策、高昂的运输成本以及恶化的宪法和制度等共同决定（Sala-i-Martin & Subramanian，2003）。有的学者首次将资源丰裕度指标和资源依赖度指标区分研究，结果发现资源丰裕度对经济增长具有促进作用，但是资源依赖指标与经济增长表现为负相关关系（Ning & Field，2005）。还有学者同样对资源丰裕度与资源依赖度进行区分，得出的结论是资源丰裕度对经济增长没有直接影响，但资源依赖度对经济增长具有直接影响（Norman，2009）。邵帅和杨莉莉（2010）利用资源丰裕度和资源依赖两个指标考察中国地级煤炭城市资源诅咒现象，结果发现丰裕的自然资源本身对于经济增长具有促进作用，但如果对资源型产业依赖则会显著抑制区域经济增长，资源诅咒效应明显存在。

以第二章的概念界定中对于资源丰裕度和资源依赖概念的界定和区分，以及这里对于资源依赖指标的讨论，考虑数据的可得性和合理性，本章新增中介传导机制变量"资源依赖"（*resource*）。借鉴吉尔法松和索伊加（Gylfason & Zoega，2006）、邵帅等（2013）、李江龙和徐斌（2018）等的测算方法，采用采掘业从业人员与年末总人口之比来度量，该比值数据表示某一地区经济体对于自然资源的依赖程度，即资源型行业在整个行业中所占据的作用大小和地位高低。本书认为，与自然资源丰裕度相比，资源依赖指标的度量更加容易设计和选取，属于相对值指标，该指标可以较好地反映产业结构向采掘业的倾斜程度，从而能够从就业的角度对资源产业依赖度进行合理的衡量。资源依赖的测算公式如下：

$$资源依赖指标 = \frac{地级市采掘业从业人员数}{地级市全部从业人员数} \times 100\% \qquad (7-9)$$

数据主要来源于《中国城市统计年鉴》，包括了 2003~2018 年中国 286 个地级市的面板数据。同时，针对缺失的数据，采用向前、向后插值的方法补充完成。最终的面板数据对应的均值为 0.0572，最大值为 0.5813，最小值为 0.0001，标准差为 0.0939，不存在异常值。同时，资源依赖指标经过 LLC 检验（-12.6187，$p < 0.01$）、HT 检验（0.4350，$p < 0.01$）、IPS 检验（-9.4237，$p < 0.01$）、Fisher 检验（1238.7497，$p < 0.01$）和 Hadri LM 检验（29.3130，$p < 0.01$），一致认为该指标是平稳的。

# 第二节 资源依赖的中介传导机制检验

## 一、空间交互效应检验结果

为了检验环境规制、资源依赖对绿色经济增长的空间交互效应，表 7 - 1 首先报告了对应的非空间计量模型的优选检验结果。与第四章的优选过程一致，依据空间面板模型的估计策略，Hausman 检验结果（128. 9256，$p < 0.01$）表明，必须拒绝随机效应模型。空间固定效应与混合效应模型的 LR 检验结果（4866. 3558，$p < 0.01$），时间固定效应与混合效应模型的 LR 检验结果（166. 4473，$p < 0.01$）均拒绝混合效应的原假设，而且空间和时间双向固定效应与空间固定效应模型的 LR 检验结果（518. 0209，$p < 0.01$）、空间和时间双向固定效应与时间固定效应模型的 LR 检验结果（5217. 9293，$p < 0.01$）、空间和时间双向固定效应模型与混合效应模型的 LR 检验结果（5384. 3767，$p < 0.01$）一致表明，应该接受空间和时间双向固定效应模型。基于 LM 检验的识别策略，在考虑空间和时间双向固定效应的模型中，Robust LM Spatial Error 在 10% 的显著性水平下依然无法拒绝模型不存在空间误差的原假设，而 Robust LM Spatial Lag 统计量在 5% 的显著性水平下显著，拒绝了模型残差不存在空间自相关的原假设。因此，综合来看应该选择空间和时间双向固定效应 SAR。

**表 7 - 1　环境规制、资源依赖与绿色经济增长交互效应的优选检验结果**

| 变量 | (1)<br>混合效应 | (2)<br>空间固定 | (3)<br>时间固定 | (4)<br>双向固定 |
|---|---|---|---|---|
| LM Spatial Lag | 340. 8245<br>[0. 0000] | 1243. 5059<br>[0. 0000] | 33. 6865<br>[0. 0000] | 45. 9132<br>[0. 0000] |
| LM Spatial Error | 326. 8706<br>[0. 0000] | 1602. 0423<br>[0. 0000] | 24. 4645<br>[0. 000] | 40. 3499<br>[0. 0000] |

续表

| 变量 | （1）<br>混合效应 | （2）<br>空间固定 | （3）<br>时间固定 | （4）<br>双向固定 |
|---|---|---|---|---|
| Robust LM Spatial Lag | 100.3437<br>[0.0000] | 366.5623<br>[0.0000] | 14.2970<br>[0.0000] | 5.6551<br>[0.0170] |
| Robust LM Spatial Error | 86.3898<br>[0.0000] | 725.0988<br>[0.0000] | 5.0750<br>[0.0240] | 0.0918<br>[0.7620] |
| LR_1 检验 | | 4866.3558<br>[0.0000] | | |
| LR_2 检验 | | | 166.4473<br>[0.0000] | |
| LR_3 检验 | | | | 518.0209<br>[0.0000] |
| LR_4 检验 | | | | 5217.9293<br>[0.0000] |
| LR_5 检验 | | | | 5384.3767<br>[0.0000] |
| Hausman 检验 | | | | 128.9256<br>[0.0000] |

注：据 Matlab2019a 软件计算得到。（1）方括号内的值为 $P$ 值；（2）LR_1 检验代表空间固定效应与混合效应模型的 LR 检验，LR_2 检验代表时间固定效应与混合效应模型的 LR 检验，LR_3 检验代表空间和时间双向固定效应模型与空间固定效应的 LR 检验，LR_4 检验代表空间和时间双向固定效应模型与时间固定效应的 LR 检验，LR_5 检验代表空间和时间双向固定效应模型与混合效应的 LR 检验。

  表 7-2 汇报了空间和时间双向固定效应模型下环境规制、资源依赖对绿色经济增长的空间交互效应对应的 SAR 参数估计结果。第（1）列是用直接方法估计的，第（2）列是用偏误校正方法估计的，两种方法所得的解释变量的直接估计系数差异较小，结果稳健。以第（2）列为例进行分析，环境规制的一次项对绿色经济增长在 1% 的置信水平下显著为负，环境规制的二次项对绿色经济增长在 1% 的置信水平下显著为正，说明在加入交互项后，环境规制与绿色经济增长之间依然存在 U

型关系。值得注意的是，本书重点关注的交互项系数均不显著，证明环境规制与资源依赖不存在交互效应或调节效应。进一步地，对空间自回归模型进行参数效应分解，第（3）～（5）列依次是采用估计偏误校正方法空间自回归模型估计的直接效应、溢出效应和总效应，可以看出回归结果依然稳健。

表 7 - 2　环境规制、资源依赖与绿色经济增长交互效应的回归结果（CEPI）

| 变量 | 直接方法 | | 偏误校正方法 | | |
|---|---|---|---|---|---|
| | （1）估计系数 | （2）估计系数 | （3）直接效应 | （4）溢出效应 | （5）总效应 |
| *regulation* | -0.6019 *** (0.0987) | -0.5948 *** (0.1019) | -0.5957 *** (0.1064) | -1.9064 *** (0.5394) | -2.5021 *** (0.609) |
| *regulation*$^2$ | 0.4981 *** (0.0765) | 0.4920 *** (0.079) | 0.4931 *** (0.0825) | 1.5782 *** (0.4345) | 2.0713 *** (0.4861) |
| *advancedis* | 0.0265 *** (0.0074) | 0.0263 *** (0.0076) | 0.0266 *** (0.0078) | 0.0855 ** (0.0327) | 0.1121 *** (0.0391) |
| *rationalis* | -0.0554 *** (0.0151) | -0.0549 *** (0.0156) | -0.0557 *** (0.016) | -0.1791 ** (0.0677) | -0.2348 *** (0.0808) |
| *governmentiq* | 0.0084 ** (0.0035) | 0.0084 ** (0.0037) | 0.0084 ** (0.0038) | 0.0268 ** (0.0137) | 0.0352 ** (0.0171) |
| *opening* | 0.2010 *** (0.0334) | 0.2013 *** (0.0345) | 0.2024 *** (0.0348) | 0.6486 *** (0.1846) | 0.851 *** (0.2072) |
| *humanc* | 1.7149 *** (0.3105) | 1.7203 *** (0.3208) | 1.7363 *** (0.3134) | 5.5693 *** (1.6353) | 7.3056 *** (1.8466) |
| *innovation* | 4e - 6 *** (0.0000) | 4e - 6 *** (0.0000) | 4e - 6 *** (0.0000) | 1e - 5 *** (0.0000) | 2e - 5 *** (0.0000) |
| *manufacturing* | -0.1699 *** (0.0361) | -0.1721 *** (0.0373) | -0.1736 *** (0.0395) | -0.5571 *** (0.1831) | -0.7308 *** (0.2129) |
| *capital* | 0.4586 *** (0.0504) | 0.4527 *** (0.052) | 0.4539 *** (0.0552) | 1.4537 *** (0.3676) | 1.9077 *** (0.3953) |
| *regulation × resource* | 0.6568 (0.76) | 0.6440 (0.7854) | 0.6427 (0.8408) | 2.056 (2.7247) | 2.6987 (3.5425) |

续表

| 变量 | 直接方法 | | 偏误校正方法 | | |
|---|---|---|---|---|---|
| | （1）<br>估计系数 | （2）<br>估计系数 | （3）<br>直接效应 | （4）<br>溢出效应 | （5）<br>总效应 |
| $regulation^2 \times$<br>$resource$ | -0.6302<br>（0.6067） | -0.6158<br>（0.6269） | -0.6146<br>（0.6713） | -1.9666<br>（2.2009） | -2.5812<br>（2.8502） |
| $resource$ | -0.3553<br>（0.2533） | -0.3528<br>（0.2618） | -0.3519<br>（0.2791） | -1.129<br>（0.9244） | -1.4809<br>（1.1911） |
| $W \times X$ | Yes | Yes | | | |
| 时间固定 | Yes | Yes | | | |
| 空间固定 | Yes | Yes | | | |
| $R\text{-}squared$ | 0.7476 | 0.7481 | | | |
| $Log\text{-}likelihood$ | 3523.8122 | 3523.8122 | | | |
| 观察值 | 4576 | 4576 | | | |
| 个体数 | 286 | 286 | | | |

注：据 Matlab2019a 软件计算得到。（1）括号内的值为标准误；（2）*** 代表 $p < 0.01$，** 代表 $p < 0.05$，* 代表 $p < 0.1$。

## 二、空间中介效应检验结果

### （一）基准回归结果分析

为了检验资源依赖对环境规制与绿色经济增长的传导机制，依据中介效应模型的设定，需要逐次对基本模型（7-5）、中介变量模型（7-6）和中介效应方程（7-7）进行检验。方程（7-5）对应的基本模型回归结果正是第六章表6-9的回归结果，这里不再展示。表7-3进一步报告了中介变量模型和中介效应模型对应的非空间计量模型的优选检验结果。依据空间面板模型的估计策略，中介变量模型对应的 Hausman 检验结果（8.1183，$p > 0.1$）表明，无法拒绝随机效应模型，且在对应的 LM 检验中，LM Spatial Lag 统计量不显著而 LM Spatial Error 显著，无法拒绝不存在空间自回归的原假设，因此对于中介变量模型来说应该选择随机效应 SEM 进行估计。中介效应模型对应的 Hausman 检验结果（135.6650，$p < 0.01$）表明，必须拒绝随机效应模型，选取固定效应模型。同时，LR 检验结果选择了空间和时间双向固定效应模型，且通过 Robust LM 检验拒绝了不存在空间自回归的原假设而无法拒绝不存在空间误差的原假设，因此最终选择空间和时间双向固定效应 SAR。

表 7-3　　环境规制、资源依赖与绿色经济增长中介效应的优选检验结果

| 变量 | 中介变量模型 | 中介效应模型 | | | |
|---|---|---|---|---|---|
| | （1）<br>随机效应 | （2）<br>混合效应 | （3）<br>空间固定 | （4）<br>时间固定 | （5）<br>双向固定 |
| LM Spatial Lag | 0.1050<br>[0.7460] | 341.7565<br>[0.0000] | 1271.6325<br>[0.0000] | 34.0825<br>[0.0000] | 45.7786<br>[0.0000] |
| LM Spatial Error | 1009.0591<br>[0.0000] | 332.8402<br>[0.0000] | 1635.7393<br>[0.0000] | 25.1269<br>[0.0000] | 39.1767<br>[0.0000] |
| Robust LM<br>Spatial Lag | 195812.1448<br>[0.0000] | 98.4780<br>[0.0000] | 372.3852<br>[0.0000] | 13.4072<br>[0.0000] | 6.9473<br>[0.0080] |
| Robust LM<br>Spatial Error | 196821.0989<br>[0.0000] | 89.5617<br>[0.0000] | 736.4919<br>[0.0000] | 4.4516<br>[0.0350] | 0.3455<br>[0.5570] |
| LR_1 检验 | | | 4865.4497<br>[0.0000] | | |
| LR_2 检验 | | | | 165.7158<br>[0.0000] | |
| LR_3 检验 | | | | | 523.5748<br>[0.0000] |
| LR_4 检验 | | | | | 5223.309<br>[0.0000] |
| LR_5 检验 | | | | | 5389.0244<br>[0.0000] |
| Hausman 检验 | 8.1183<br>[0.3223] | | | | 135.6650<br>[0.0000] |

注：据 Matlab2019a 软件计算得到。（1）方括号内的值为 $P$ 值；（2）LR_1 检验代表空间固定效应与混合效应模型的 LR 检验，LR_2 检验代表时间固定效应与混合效应模型的 LR 检验，LR_3 检验代表空间和时间双向固定效应模型与空间固定效应的 LR 检验，LR_4 检验代表空间和时间双向固定效应模型与时间固定效应的 LR 检验，LR_5 检验代表空间和时间双向固定效应模型与混合效应的 LR 检验。

153

表7-4汇报了环境规制对资源依赖的中介变量模型参数估计结果。在随机效应 SEM 中，环境规制的一次项对资源依赖在 1% 的置信水平下显著为正，其二次项对资源依赖在 1% 的置信水平下显著为负，说明环境规制与资源依赖之间存在显著的倒 U 型关系，依据检验步骤可以进行下一步的中介效应模型的检验。

表7-4　　环境规制、资源依赖与绿色经济增长中介变量模型的回归结果

| 被解释变量 | 随机效应空间误差模型（*resource*） |
|---|---|
| *regulation* | 0.0471 ***<br>（0.0179） |
| *regulation*$^2$ | -0.0457 ***<br>（0.0139） |
| *GEPI*（-1） | -0.0027<br>（0.0028） |
| $W \times X$ | Yes |
| 时间固定 | No |
| 空间固定 | No |
| *Log-likelihood* | 9657.7175 |
| 观察值 | 4290 |
| 个体数 | 286 |

注：据 Matlab2019a 软件计算得到。（1）括号内的值为标准误；（2）*** 代表 $p < 0.01$，** 代表 $p < 0.05$，* 代表 $p < 0.1$。

依据模型优选结果，表7-5汇报了环境规制、资源依赖对绿色经济增长的中介效应模型所对应的双向固定效应 SAR 参数估计结果。第（2）列中，环境规制的一次项对绿色经济增长在 1% 的置信水平下显著为负，环境规制的二次项对绿色经济增长在 1% 的置信水平下显著为正，说明在加入资源依赖后，环境规制与绿色经济增长之间存在 U 型关系。同时，资源依赖对绿色经济增长在 1% 的置信水平下显著为负，一方面说明资源依赖为环境规制与绿色经济增长之间的中介变量，另一方面说明，在地级市总体样本中，资源依赖对绿色经济增长表现为"资源诅咒"，符合理论

预期。可能的原因是在 2003 ~ 2018 年研究期间，尤其是早期，我国正处于经济快速增长的阶段，对自然资源的过度依赖虽然很好促进了经济增长，但也带了严重的环境污染问题，整体而言不利于绿色经济增长。其他控制变量的回归结果与第六章的基准回归结果一致，不再赘述。进一步地，第（3）~（5）列依次是偏误校正方法下的 SAR 对应的直接效应、溢出效应和总效应，回归结果稳健。

表 7 – 5　　　环境规制、资源依赖与绿色经济增长中介效应模型的回归结果

| 变量 | 直接方法 | 偏误校正方法 | | | |
|---|---|---|---|---|---|
| | 估计系数 | 估计系数 | 直接效应 | 溢出效应 | 总效应 |
| | （1）*GEPI* | （2）*GEPI* | （3）*GEPI* | （4）*GEPI* | （5）*GEPI* |
| *regulation* | − 0. 5710 *** <br> （0. 0840） | − 0. 5641 *** <br> （0. 0868） | − 0. 5719 *** <br> （0. 0861） | − 1. 7761 *** <br> （0. 5221） | − 2. 3480 *** <br> （0. 5739） |
| *regulation*$^2$ | 0. 4677 *** <br> （0. 0658） | 0. 4620 *** <br> （0. 068） | 0. 4686 *** <br> （0. 0666） | 1. 4545 *** <br> （0. 4196） | 1. 9231 *** <br> （0. 4572） |
| *advancedis* | 0. 0263 *** <br> （0. 0074） | 0. 0260 *** <br> （0. 0076） | 0. 0271 *** <br> （0. 0079） | 0. 0843 ** <br> （0. 0344） | 0. 1114 *** <br> （0. 0407） |
| *rationalis* | − 0. 0552 *** <br> （0. 0151） | − 0. 0547 *** <br> （0. 0156） | − 0. 0570 *** <br> （0. 0161） | − 0. 1770 ** <br> （0. 0705） | − 0. 2339 *** <br> （0. 0832） |
| *governmentiq* | 0. 0085 ** <br> （0. 0036） | 0. 0084 ** <br> （0. 0037） | 0. 0086 ** <br> （0. 0036） | 0. 0265 ** <br> （0. 0129） | 0. 0351 ** <br> （0. 0161） |
| *opening* | 0. 2121 *** <br> （0. 0323） | 0. 212 *** <br> （0. 0334） | 0. 2125 *** <br> （0. 0338） | 0. 6590 *** <br> （0. 1946） | 0. 8714 *** <br> （0. 2149） |
| *humanc* | 1. 7388 *** <br> （0. 3097） | 1. 7436 *** <br> （0. 3201） | 1. 7548 *** <br> （0. 3232） | 5. 4328 *** <br> （1. 6518） | 7. 1876 *** <br> （1. 8619） |
| *innovation* | 4e − 6 *** <br> （0. 0000） | 4e − 6 *** <br> （0. 0000） | 4e − 6 *** <br> （0. 0000） | 1. 3e − 5 *** <br> （0. 0000） | 1. 8e − 5 *** <br> （0. 0000） |
| *manufacturing* | − 0. 1682 *** <br> （0. 0361） | − 0. 1704 *** <br> （0. 0373） | − 0. 1722 *** <br> （0. 0385） | − 0. 5350 *** <br> （0. 1819） | − 0. 7071 *** <br> （0. 2099） |
| *capital* | 0. 4583 *** <br> （0. 0504） | 0. 4526 *** <br> （0. 052） | 0. 4553 *** <br> （0. 0529） | 1. 4098 *** <br> （0. 3762） | 1. 8651 *** <br> （0. 4001） |

续表

| 变量 | 直接方法 | 偏误校正方法 | | | |
|---|---|---|---|---|---|
| | 估计系数 | 估计系数 | 直接效应 | 溢出效应 | 总效应 |
| | (1) $GEPI$ | (2) $GEPI$ | (3) $GEPI$ | (4) $GEPI$ | (5) $GEPI$ |
| *resource* | -0.1702 ** <br> (0.0806) | -0.1703 ** <br> (0.0833) | -0.1740 * <br> (0.0853) | -0.5431 * <br> (0.3113) | -0.7171 * <br> (0.3876) |
| $W \times X$ | Yes | Yes | | | |
| 时间固定 | Yes | Yes | | | |
| 空间固定 | Yes | Yes | | | |
| *R-squared* | 0.7474 | 0.7480 | | | |
| *Log-likelihood* | 3522.4737 | 3522.4737 | | | |
| 观察值 | 4576 | 4576 | | | |
| 个体数 | 286 | 286 | | | |

注：据 Matlab2019a 软件计算得到。(1) 括号内的值为标准误；(2) *** 代表 $p < 0.01$，** 代表 $p < 0.05$，* 代表 $p < 0.1$。

综上所述，资源依赖是环境规制影响绿色经济增长关系过程中的一个中介变量，验证了假说3。值得注意的是，表7-5中，环境规制小于 0.6104 [-0.5710/(-2×0.4677)] 的极值点时，对绿色经济增长有抑制作用，而高于 0.6104 的极值点时，对绿色经济增长表现出显著的促进作用。在表7-4展示的中介变量模型中，环境规制小于 0.5153 [-0.0471/(2×-0.0457)] 的极值点时，环境规制处于较弱状态，其力度的加大并不能抑制资源依赖反而具有正向促进作用，由于资源依赖对绿色经济增长表现为资源诅咒，此时，如图7-5左侧①所示，环境规制对资源依赖的间接提高作用会导致绿色经济增长下降，此时的环境规制对绿色经济增长的直接作用也是负向的，如图左侧②所示。当环境规制高于 0.5153 的极值点（图中 A 点）时，环境规制对资源依赖表现出显著的抑制作用，说明随着环境规制强度的提高，其首先在 *regulation* = 0.5153 处表现出对资源依赖的抑制效应，此时环境规制对资源依赖的抑制作用将间接对绿色经济增长产生正向促进作用（如图中①所示），在未达到环境规制的阈值（*regulation* = 0.6104）之前，依然表现为对绿色经济增长的抑制作用（如图中②所示）。当环境规制大于 0.6104 才能在间接和直接影响两个方面同时表现为对绿色经济增长的正向促进效应，同时也关注到，环境规制通过抑制资源依赖从而间接促进绿色经济增长的中介传导机制相比环境规制直接促进绿色经济增长的作用更容易实现。

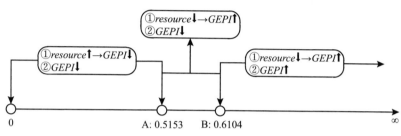

**图 7 - 5　环境规制变量的极值分布**

观察图 7 - 6 环境规制变量的极值分布结果可以看出，随着时间推移，环境规制力度在逐年增加，环境规制变量值高于 0.6104 的城市数量从 2003 年的 39 个增加到 2018 年的 278 个，说明我国绝大多数城市都在逐年加大环境规制力度，同时达到了抑制资源依赖、促进绿色经济增长的良好成效。

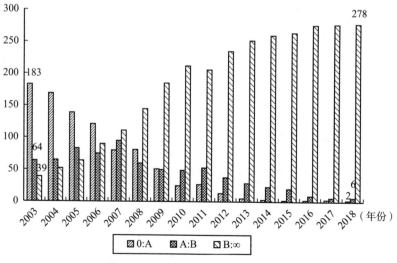

**图 7 - 6　环境规制变量的分级分布**

## （二）城市类型异质性分析

根据现有研究，虽然一个国家或地区"资源诅咒"的现象普遍存在，但仍然有不少"资源福音"的例子存在。例如，博茨瓦纳、智利、马来西亚（Ross，2001）、挪威（Wright & Czelusta，2004）以及我国的山东省（徐康宁和韩剑，2005）。基于前文对于资源丰裕度和资源依赖的概念区分以及现有研究成果，有理由认为，丰裕的自然资源对于一个国家或地区的绿色经济增长的影响是正向促进的，但是如果不加节制过分依赖于资源型产业，将各类生产要素集中于资源型产业则会对经济和资源环境的协调发展产生不利影响。很多自然资源禀赋高的地区未能实现较好的绿色经济增长，主要原因就在于过度依赖自然资源带来的红利，长时期只关注资源型产业发展或者依赖资源出口发展经济，从而无法实现可持续的经济发展，造成阻碍经济增长的资源诅咒现象（Gylfason & Zoega，2006）。因此，自然资源的优势不一定总能成为一个国家或地区实现经济和资源环境"双赢"的充分条件，丰裕的自然资源不一定会成为资源福音，同样也不一定会带来资源诅咒，关键在于该地区对自然资源的开发、利用和管理是否科学合理且有规划。如果一个国家或地区将大多数的精力都单纯集中于利用自然资源的开发和出口，并非在于合理积累人力资本、发展制造业、推动技术进步和制度创新等具有"后发优势"的要素上，将可能在一段快速发展的时期之后出现缺乏后劲的表现，前期无节制的资源开发所带来的负面效应将使经济和资源环境发展停滞，甚至由于资源的耗尽而使该国或地区的经济发展出现衰退（邵帅和杨莉莉，2010）。

目前所探讨的形成资源诅咒的传导机制，都可以归因于对自然资源的过度依赖。资源价格波动对贸易条件和宏观经济稳定性的打击、单一的资源型经济结构、严重缺乏的人力资本积累动力，导致人力资本的投入无法获得额外的收入补偿而造成忽视教育、滋生寻租和腐败行为，以及政府制度质量的弱化等，这些可能路径都可以认为是对自然资源过分依赖形成的。对于资源丰裕地区，在其经济发展过程中，由于更加倾向于发展资源型产业而减少其他产业的发展，更加重视资源优势产业从而相比资源贫乏的地区更加容易形成资源诅咒，导致我国资源型城市和非资源型城市在资源依赖影响绿色经济增长过程中的差异。因此，本研究对资源依赖在资源型城市和非资源型城市中的异质性中介传导作用分别进行探讨。

**1. 资源型城市分析**

（1）空间交互效应检验结果

根据表 7-6 对模型的优选检验结果，依据空间面板模型的估计策略，Hausman 检验结果（41.7410，$p<0.05$）表明，必须拒绝随机效应模型。LR 检验结果表明，应该接受空间和时间双向固定效应模型。基于 LM 检验的识别策略，选择空间和时间双向固定效应 SAR。

**表 7-6　资源型城市环境规制、资源依赖与绿色经济增长交互效应的优选检验结果**

| 变量 | （1）混合效应 | （2）空间固定 | （3）时间固定 | （4）双向固定 |
|---|---|---|---|---|
| LM Spatial Lag | 29.3448 [0.0000] | 105.4094 [0.0000] | 1.9194 [0.1660] | 3.3991 [0.0650] |
| LM Spatial Error | 23.9107 [0.0000] | 75.9827 [0.0000] | 1.6305 [0.2020] | 1.9069 [0.1670] |
| Robust LM Spatial Lag | 5.9808 [0.0140] | 33.3929 [0.0000] | 0.7361 [0.3910] | 4.0879 [0.0430] |
| Robust LM Spatial Error | 0.5466 [0.4600] | 3.9662 [0.0460] | 0.4472 [0.5040] | 2.5957 [0.1070] |
| LR_1 检验 | | 1650.7431 [0.0000] | | |
| LR_2 检验 | | | 33.6288 [0.0061] | |
| LR_3 检验 | | | | 86.6733 [0.0000] |
| LR_4 检验 | | | | 1703.7876 [0.0000] |

续表

| 变量 | （1）<br>混合效应 | （2）<br>空间固定 | （3）<br>时间固定 | （4）<br>双向固定 |
|---|---|---|---|---|
| LR_5 检验 | | | | 1737. 4164<br>［0. 0000］ |
| Hausman 检验 | | | | 41. 7410<br>［0. 0349］ |

注：据 Matlab2019a 软件计算得到。（1）方括号内的值为 $P$ 值；（2）LR_1 检验代表空间固定效应与混合效应模型的 LR 检验，LR_2 检验代表时间固定效应与混合效应模型的 LR 检验，LR_3 检验代表空间和时间双向固定效应模型与空间固定效应的 LR 检验，LR_4 检验代表空间和时间双向固定效应模型与时间固定效应的 LR 检验，LR_5 检验代表空间和时间双向固定效应模型与混合效应的 LR 检验。

表7-7 汇报了资源型城市样本环境规制、资源依赖对绿色经济增长交互效应参数估计结果。重点关注的环境规制和资源依赖的交互项系数不显著，因此资源型城市也不存在环境规制与资源依赖的交互效应。无论直接方法，还是偏误校正方法，又或是对应的参数效应分解，结果均稳健。

表7-7　　　　资源型城市环境规制、资源依赖与绿色经济
增长交互效应的回归结果（*CEPI*）

| 变量 | 直接方法 | 偏误校正方法 | | | |
|---|---|---|---|---|---|
| | （1）<br>估计系数 | （2）<br>估计系数 | （3）<br>直接效应 | （4）<br>溢出效应 | （5）<br>总效应 |
| *regulation* | - 0. 5285 ***<br>（0. 1937） | - 0. 5211 ***<br>（0. 2009） | - 0. 5358 ***<br>（0. 1922） | - 0. 4055 *<br>（0. 2078） | - 0. 9413 **<br>（0. 3705） |
| *regulation*$^2$ | 0. 4386 ***<br>（0. 1548） | 0. 4338 ***<br>（0. 1605） | 0. 4458 ***<br>（0. 1552） | 0. 3375 **<br>（0. 1695） | 0. 7833 **<br>（0. 3002） |
| *advancedis* | 0. 0387 ***<br>（0. 0107） | 0. 0383 ***<br>（0. 0111） | 0. 0382 ***<br>（0. 0110） | 0. 0287 **<br>（0. 0125） | 0. 067 ***<br>（0. 0212） |
| *rationalis* | - 0. 0788 ***<br>（0. 0217） | - 0. 0779 ***<br>（0. 0224） | - 0. 0778 ***<br>（0. 0222） | - 0. 0585 **<br>（0. 0253） | - 0. 1362 **<br>（0. 0429） |

续表

| 变量 | 直接方法 | 偏误校正方法 | | | |
|---|---|---|---|---|---|
| | （1）<br>估计系数 | （2）<br>估计系数 | （3）<br>直接效应 | （4）<br>溢出效应 | （5）<br>总效应 |
| *governmentiq* | 0.0006<br>（0.0055） | 0.0006<br>（0.0057） | 0.0003<br>（0.0058） | 0.0001<br>（0.0046） | 0.0004<br>（0.0103） |
| *opening* | 0.2548***<br>（0.0349） | 0.2526***<br>（0.0362） | 0.2537***<br>（0.0376） | 0.1913***<br>（0.071） | 0.445***<br>（0.092） |
| *humanc* | 0.8359<br>（0.8758） | 0.8274<br>（0.9081） | 0.8138<br>（0.8956） | 0.6184<br>（0.7528） | 1.4323<br>（1.6119） |
| *innovation* | $2e-5$***<br>（0.0000） | $2e-5$***<br>（0.0000） | $1.9e-5$***<br>（0.0000） | $1.5e-5$**<br>（0.0000） | $3.4e-5$***<br>（0.0000） |
| *manufacturing* | -0.1220<br>（0.0744） | -0.1255<br>（0.0771） | -0.1230<br>（0.0755） | -0.0926<br>（0.0663） | -0.2156<br>（0.136） |
| *capital* | 0.4269***<br>（0.1022） | 0.4109***<br>（0.1059） | 0.4179***<br>（0.1034） | 0.3131**<br>（0.13） | 0.7310<br>（0.2052） |
| *regulation* ×<br>*resource* | 0.013<br>（0.965） | 0.0177<br>（1.0006） | 0.0931<br>（1.0182） | 0.0814<br>（0.8204） | 0.1745<br>（1.8152） |
| $regulation^2$ ×<br>*resource* | 0.119462<br>（0.7783） | 0.1044<br>（0.8071） | 0.0462<br>（0.8193） | 0.0254<br>（0.6571） | 0.0716<br>（1.4576） |
| *resource* | -0.513195<br>（0.3126） | -0.5044<br>（0.3241） | -0.5249<br>（0.3263） | -0.3997<br>（0.3005） | -0.9245<br>（0.6019） |
| $W \times X$ | Yes | Yes | | | |
| 时间固定 | Yes | Yes | | | |
| 空间固定 | Yes | Yes | | | |
| *R-squared* | 0.7137 | 0.7141 | | | |
| *Log-likelihood* | 1224.8779 | 1224.8779 | | | |
| 观察值 | 1552 | 1552 | | | |
| 个体数 | 97 | 97 | | | |

注：据 Matlab2019a 软件计算得到。（1）括号内的值为标准误；（2）*** 代表 $p < 0.01$，** 代表 $p < 0.05$，* 代表 $p < 0.1$。

（2）空间中介效应检验结果

表 7-8 则报告了中介变量模型和中介效应模型对应的非空间计量模型的优选检验结果。依据空间面板模型的估计策略，中介变量模型对应的 Hausman 检验结果（43.5790, $p < 0.01$）表明，必须拒绝随机效应模型；同时 LR 检验选择了空间和时间双向固定效应模型，对应的标准 LM 检验均显著而稳健的 LM 检验均不显著，表明无法拒绝不存在空间滞后和空间误差的原假设，因此，对于中介变量模型来说应该选择个体和时间双向固定效应 NSM 进行参数估计。从中介效应模型对应的检验结果看，Hausman 检验结果（34.6972, $p < 0.1$）表明必须拒绝随机效应模型。LR 检验结果选择了空间和时间双向固定效应模型，标准的 LM 检验拒绝了不存在空间滞后的原假设而无法拒绝不存在空间误差的原假设，因此对于中介效应模型来说，最终选择了空间和时间双向固定效应 SAR。

表 7-8　　　　资源型城市环境规制、资源依赖与绿色经济增长
中介效应的优选检验结果

| 变量 | 中介变量模型 | 中介效应模型 |
|---|---|---|
| | （1）双向固定效应 | （2）双向固定效应 |
| M Spatial Lag | 14.9353<br>[0.0000] | 3.8336<br>[0.0500] |
| LM Spatial Error | 15.3115<br>[0.0000] | 2.2337<br>[0.1350] |
| Robust LM Spatial Lag | 0.0024<br>[0.9610] | 4.2833<br>[0.0380] |
| Robust LM Spatial Error | 0.3787<br>[0.1430] | 2.6834<br>[0.1010] |
| LR_1 检验 | 4138.4865<br>[0.0000] | 1657.5398<br>[0.0000] |
| LR_2 检验 | 43.3337<br>[0.0001] | 35.0446<br>[0.0039] |
| LR_3 检验 | 87.3095<br>[0.0000] | 85.6361<br>[0.0000] |

续表

| 变量 | 中介变量模型 | 中介效应模型 |
|---|---|---|
| | （1）双向固定效应 | （2）双向固定效应 |
| LR_4 检验 | 4182. 4623<br>［0. 0000］ | 1708. 1313<br>［0. 0000］ |
| LR_5 检验 | 4225. 7960<br>［0. 0000］ | 1743. 1759<br>［0. 0005］ |
| Hausman 检验 | 43. 5790<br>［0. 0000］ | 34. 6972<br>［0. 0557］ |

注：据 Matlab2019a 软件计算得到。（1）方括号内的值为 $P$ 值；（2）LR_1 检验代表空间固定效应与混合效应模型的 LR 检验，LR_2 检验代表时间固定效应与混合效应模型的 LR 检验，LR_3 检验代表空间和时间双向固定效应模型与空间固定效应的 LR 检验，LR_4 检验代表空间和时间双向固定效应模型与时间固定效应的 LR 检验，LR_5 检验代表空间和时间双向固定效应模型与混合效应的 LR 检验。

表 7 - 9 汇报了资源型城市样本中环境规制对资源依赖的中介变量模型的参数估计结果。环境规制的一次项对资源依赖在 1% 的置信水平下显著为正，其二次项对资源依赖在 1% 的置信水平下显著为负，说明环境规制与资源依赖之间存在显著的倒 U 型曲线关系，可以进行下一步的中介效应模型检验。值得注意的是，从资源型城市样本环境规制及其二次项的系数的绝对值大小看，环境规制对资源依赖的作用效应明显大于地级市总体样本，说明对于资源型城市来说，环境规制对资源依赖具有更加显著的作用。

表 7 - 9　　　　资源型城市环境规制、资源依赖与绿色经济
增长中介变量模型的回归结果

| 被解释变量 | 非空间双向固定效应模型（*resource*） |
|---|---|
| *regulation* | 0. 1347 ***<br>（0. 0384） |
| *regulation*$^2$ | - 0. 1302 ***<br>（0. 0304） |

163

| 被解释变量 | 非空间双向固定效应模型（resource） |
|---|---|
| GEPI（-1） | -0.0314***<br>(0.0068) |
| 时间固定 | Yes |
| 个体固定 | Yes |
| R-squared | 0.0325 |
| 观察值 | 1455 |
| 个体数 | 97 |

注：据 Matlab2019a 软件计算得到。（1）括号内的值为标准误；（2）*** 代表 $p < 0.01$，** 代表 $p < 0.05$，* 代表 $p < 0.1$。

表 7 - 10 汇报了资源型城市样本中，环境规制、资源依赖对绿色经济增长的中介效应模型对应的空间和时间双向固定效应 SAR 参数估计结果。无论是用直接方法，还是用偏误校正方法，以及后续的参数效应分解，结果均稳健。以第（2）列为例进行分析，环境规制的一次项对绿色经济增长在 1% 的置信水平下显著为负，环境规制的二次项对绿色经济增长在 1% 的置信水平下显著为正，在加入资源依赖变量后，环境规制与绿色经济增长之间依然存在 U 型关系。同时，资源依赖对绿色经济增长在 1% 的置信水平下显著为负，且对应的估计系数大于总体样本回归结果，既说明资源依赖是环境规制与资源依赖之间的中介变量，同时说明，在资源型城市样本中，资源依赖对绿色经济增长呈现"资源诅咒"现象，符合理论预期。

表 7 - 10　　资源型城市环境规制、资源依赖与绿色经济<br>增长中介效应模型的回归结果（CEPI）

| 变量 | 直接方法 | 偏误校正方法 | | | |
|---|---|---|---|---|---|
| | （1）<br>估计系数 | （2）<br>估计系数 | （3）<br>直接效应 | （4）<br>溢出效应 | （5）<br>总效应 |
| regulation | -0.5231***<br>(0.1396) | -0.5156***<br>(0.1447) | -0.5063***<br>(0.1423) | -0.3901**<br>(0.1785) | -0.8964***<br>(0.2904) |

续表

| 变量 | 直接方法 | 偏误校正方法 | | | |
|---|---|---|---|---|---|
| | （1）<br>估计系数 | （2）<br>估计系数 | （3）<br>直接效应 | （4）<br>溢出效应 | （5）<br>总效应 |
| $regulation^2$ | 0.4546 ***<br>（0.1127） | 0.4480 ***<br>（0.1169） | 0.4424 ***<br>（0.1159） | 0.3404 **<br>（0.1506） | 0.7827 ***<br>（0.2394） |
| $advancedis$ | 0.0395 ***<br>（0.0107） | 0.0390 ***<br>（0.0111） | 0.0390 ***<br>（0.0117） | 0.0300 **<br>（0.0140） | 0.0690 ***<br>（0.0232） |
| $rationalis$ | − 0.0802 ***<br>（0.0216） | − 0.0793 ***<br>（0.0224） | − 0.0793 ***<br>（0.0235） | − 0.0610 **<br>（0.0285） | − 0.1403 ***<br>（0.0469） |
| $governmentiq$ | 0.0004<br>（0.0055） | 0.0004<br>（0.0057） | 0.0003<br>（0.0055） | 0.0002<br>（0.0044） | 0.0004<br>（0.0097） |
| $opening$ | 0.2497 ***<br>（0.0335） | 0.2481 ***<br>（0.0347） | 0.2481 ***<br>（0.0358） | 0.1901 **<br>（0.0705） | 0.4382 ***<br>（0.0894） |
| $humanc$ | 0.7948<br>（0.8745） | 0.7912<br>（0.9067） | 0.7998<br>（0.9062） | 0.6152<br>（0.7656） | 1.4150<br>（1.6330） |
| $innovation$ | $1.9e-5$ ***<br>（0.0000） | $1.8e-5$ ***<br>（0.0000） | $1.8e-5$ ***<br>（0.0000） | $1.4e-5$ **<br>（0.0000） | $3.2e-5$ ***<br>（0.0000） |
| $manufacturing$ | − 0.1249 *<br>（0.0743） | − 0.1280 *<br>（0.0770） | − 0.1268<br>（0.0771） | − 0.0977<br>（0.0712） | − 0.2245<br>（0.1419） |
| $capital$ | 0.4378 ***<br>（0.1015） | 0.4216 ***<br>（0.1052） | 0.4243 ***<br>（0.1095） | 0.3235 **<br>（0.1364） | 0.7478 ***<br>（0.2176） |
| $resource$ | − 0.4709 ***<br>（0.0978） | − 0.4639 ***<br>（0.1014） | − 0.4637 ***<br>（0.1048） | − 0.3547 **<br>（0.1434） | − 0.8185 ***<br>（0.2157） |
| $W \times X$ | Yes | Yes | | | |
| 时间固定 | Yes | Yes | | | |
| 空间固定 | Yes | Yes | | | |
| $R\text{-}squared$ | 0.7136 | 0.7140 | | | |
| $Log\text{-}likelihood$ | 1224.3467 | 1224.3467 | | | |
| 观察值 | 1552 | 1552 | | | |
| 个体数 | 97 | 97 | | | |

注：据 Matlab2019a 软件计算得到。（1）括号内的值为标准误；（2） *** 代表 $p < 0.01$，** 代表 $p < 0.05$，* 代表 $p < 0.1$。

综上所述,在资源型城市样本中,资源依赖同样是环境规制影响绿色经济增长关系中的一个中介变量。不同的是,资源型城市中资源依赖对绿色经济增长具有更强的抑制作用,即资源依赖对资源型城市的绿色经济增长具有显著的"资源诅咒"效应。如图 7 - 7 所示,在表 7 - 10 所展示的中介效应模型回归结果中,环境规制影响绿色经济增长的极值点为 0.5753 [ = - 0.5231/( - 2 × 0.4546)]。如图左侧所示,在中介变量模型中,环境规制小于 0.5173 [ = - 0.1347/(2 × - 0.1302)] 的极值点时(表示为图中 C 点),对资源依赖有促进作用,而资源型城市的资源依赖对绿色经济增长有抑制作用,因此通过资源依赖这一中介变量对绿色经济增长间接产生不利影响(如图左侧①所示),与此同时,该阶段的环境规制对绿色经济增长直接产生的影响也是不利的(如图左侧②所示)。随着环境规制越过 0.5173 的极值点,对资源依赖产生了显著的抑制作用,此时环境规制一方面通过抑制资源依赖间接促进绿色经济增长(如图中①所示),另一方面又表现为对绿色经济增长的直接抑制作用(如图中②所示)。说明随着环境规制强度的提高,首先在 *regulation* = 0.5173 处表现出对资源依赖的抑制效应,而继续提高到一定的阈值后(*regulation* = 0.5753,图中 D 点),才能从间接和直接两个途径同时表现为对绿色经济增长的促进效应(如图右侧①②所示)。这也说明环境规制通过资源依赖促进绿色经济增长的间接传导机制相比环境规制直接影响绿色经济增长的影响机制更容易实现。结合资源诅咒效应理论,本书认为资源型城市应该实施严格的环境规制政策,环境规制力度大于 0.5753 最佳。经统计,如图 7 - 8 所示为

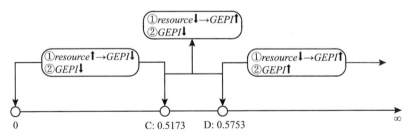

**图 7 - 7  资源型城市中环境规制变量的极值分布**

2003～2018 年资源型城市中环境规制政策力度分级分布，资源型城市环境规制力度也在逐年增加，其值高于 0.5753 的城市数量从 2003 年的 14 个增加到 2018 年的 93 个，约占资源型城市总数的 96%，说明绝大部分城市的环境规制都同时起到了抑制资源依赖、促进绿色经济增长的作用。

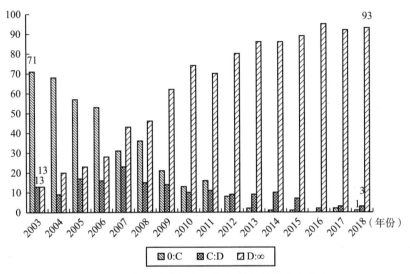

图 7 - 8　资源型城市中环境规制变量的分级分布

### 2. 非资源型城市分析

（1）空间交互效应检验结果

表 7 - 11 报告了非资源型城市 NSM 的优选检验结果。依据空间面板模型的估计策略，Hausman 检验结果（106.4517，$p < 0.01$）表明，必须拒绝随机效应模型而选择固定效应模型。对应的 LR 检验一致表明，应该接受空间和时间双向固定效应模型。基于 LM 检验的识别策略，在考虑空间和时间双向固定效应的模型中，Robust LM Spatial Error 和 LM Spatial Lag 统计量在 10% 的显著性水平下均不显著，无法拒绝模型不存在空间滞后和空间误差的原假设，因此应该选择普通的非空间面板个体和时间的双向固定效应模型。

167

**表 7 – 11** 非资源型城市环境规制、资源依赖与绿色经济增长交互效应优选检验结果

| 变量 | （1）混合效应 | （2）个体固定 | （3）时间固定 | （4）双向固定 |
|---|---|---|---|---|
| LM Spatial Lag | 300. 3670 [0. 0000] | 1133. 5331 [0. 0000] | 18. 1386 [0. 0000] | 16. 5329 [0. 000] |
| LM Spatial Error | 205. 8152 [0. 0000] | 1199. 8936 [0. 0000] | 10. 8158 [0. 0010] | 17. 8599 [0. 0000] |
| Robust LM Spatial Lag | 115. 8629 [0. 0000] | 347. 0405 [0. 0000] | 20. 4556 [0. 0000] | 0. 0088 [0. 9250] |
| Robust LM Spatial Error | 21. 3110 [0. 0000] | 413. 4010 [0. 0000] | 13. 1329 [0. 0000] | 1. 3358 [0. 2480] |
| LR_1 检验 | | 3205. 4105 [0. 0000] | | |
| LR_2 检验 | | | 164. 4071 [0. 0000] | |
| LR_3 检验 | | | | 468. 6136 [0. 0000] |
| LR_4 检验 | | | | 3509. 6170 [0. 0000] |
| LR_5 检验 | | | | 3674. 0241 [0. 0000] |
| Hausman 检验 | | | | 106. 4517 [0. 0000] |

注：据 Matlab2019a 软件计算得到。（1）方括号内的值为 $P$ 值；（2）LR_1 检验代表空间固定效应与混合效应模型的 LR 检验，LR_2 检验代表时间固定效应与混合效应模型的 LR 检验，LR_3 检验代表空间和时间双向固定效应模型与空间固定效应的 LR 检验，LR_4 检验代表空间和时间双向固定效应模型与时间固定效应的 LR 检验，LR_5 检验代表空间和时间双向固定效应模型与混合效应的 LR 检验。

表 7 – 12 汇报了非资源型城市样本的环境规制、资源依赖与绿色经济增长交互效应对应的参数估计结果。与总体样本和资源型城市样本的估计结果一致，本章重点关注的环境规制与资源依赖的交互项系数均不

显著，说明非资源型城市的环境规制与资源依赖同样不存在交互效应。

表 7 - 12　　　　非资源型城市环境规制、资源依赖与绿色
经济增长交互效应的回归结果

| 被解释变量 | 非空间双向固定效应模型（GEPI） |
|---|---|
| regulation | -0.5037 ***<br>(0.1268) |
| regulation² | 0.4150 ***<br>(0.0969) |
| advancedis | 0.0188 *<br>(0.0104) |
| rationalis | -5.1328<br>(3.6524) |
| governmentiq | 0.0131 ***<br>(0.0047) |
| opening | -0.3048 **<br>(0.1198) |
| humanc | 1.6036 ***<br>(0.3410) |
| innovation | 4e-06 ***<br>(0.0000) |
| manufacturing | -0.2179 ***<br>(0.0421) |
| capital | 0.5180 ***<br>(0.0584) |
| regulation × resource | -0.3772<br>(2.7954) |
| regulation² × resource | -0.0255<br>(2.1336) |
| resource | 0.5979<br>(0.9377) |
| 个体固定 | Yes |

续表

| 被解释变量 | 非空间双向固定效应模型（*GEPI*） |
|---|---|
| 时间固定 | Yes |
| 观测值 | 3024 |
| *R-squared* | 0.1120 |
| 个体数 | 189 |

注：据 Matlab2019a 软件计算得到。（1）括号内的值为标准误；（2）*** 代表 $p < 0.01$，** 代表 $p < 0.05$，* 代表 $p < 0.1$。

（2）空间中介效应检验结果

表 7 – 13 报告了非资源型城市的中介变量模型和中介效应模型对应的非空间计量模型的优选检验结果。依据空间面板模型的估计策略，中介变量模型检验得到的 Hausman 检验结果（21.8399，$p < 0.01$）表明，必须拒绝随机效应模型而选择固定效应模型；LR 检验结果表明，中介变量模型应该接受双向固定效应模型，从其对应的 LM 检验结果看，在双向固定效应模型中，标准的 LM 检验和 Robust LM 检验均不显著，因此应该选择个体和时间双向固定的 NSM 对非资源型城市的中介变量模型进行估计。同样地，对于中介效应模型来说，Hausman 检验结果（118.9704，$p < 0.01$）表明，必须拒绝随机效应模型而选择固定效应模型。LR 检验结果选择了双向固定效应模型，标准的 LM 检验指向 Robust LM 检验，而 Robust LM Spatial Lag 和 Robust LM Spatial Error 统计量均不显著的检验结果将非资源型城市的中介效应模型指向了选择个体和时间双向固定效应的普通面板数据模型。

表 7 – 13　　环境规制、资源依赖与绿色经济增长中介效应的优选检验结果

| 变量 | 中介变量模型 | 中介效应模型 |
|---|---|---|
| | （1）双向固定效应 | （2）双向固定效应 |
| LM Spatial Lag | 0.0249<br>[0.8750] | 16.4266<br>[0.0000] |

续表

| 变量 | 中介变量模型 | 中介效应模型 |
|---|---|---|
| | （1）双向固定效应 | （2）双向固定效应 |
| LM Spatial Error | 0.0055<br>[0.9410] | 16.7449<br>[0.0000] |
| Robust LM Spatial Lag | 2.1656<br>[0.1410] | 0.2313<br>[0.6310] |
| Robust LM Spatial Error | 2.1462<br>[0.1430] | 0.5495<br>[0.4590] |
| LR_1 检验 | 5982.8191<br>[0.0000] | 3210.8775<br>[0.0000] |
| LR_2 检验 | 11.1996<br>[0.7383] | 164.6336<br>[0.0000] |
| LR_3 检验 | 129.0337<br>[0.0000] | 470.8029<br>[0.0000] |
| LR_4 检验 | 6100.6531<br>[0.0000] | 3517.0468<br>[0.0000] |
| LR_5 检验 | 6111.8527<br>[0.0000] | 3681.6804<br>[0.0000] |
| Hausman 检验 | 21.8399<br>[0.0027] | 118.9704<br>[0.0000] |

注：据 Matlab2019a 软件计算得到。（1）方括号内的值为 $P$ 值；（2）LR_1 检验代表空间固定效应与混合效应模型的 LR 检验，LR_2 检验代表时间固定效应与混合效应模型的 LR 检验，LR_3 检验代表空间和时间双向固定效应模型与空间固定效应的 LR 检验，LR_4 检验代表空间和时间双向固定效应模型与时间固定效应的 LR 检验，LR_5 检验代表空间和时间双向固定效应模型与混合效应的 LR 检验。

表 7-14 汇报了非资源型城市样本中环境规制对资源依赖的中介变量模型的参数估计结果。检验结果中，环境规制的一次项对资源依赖在 1% 的置信水平下显著为正，环境规制的二次项对资源依赖在 1% 的置信水平下显著为负，说明环境规制与资源依赖之间存在显著的倒 U 型关系，可以进行中介效应模型检验。值得注意的是，从环境规制对资源

依赖作用的系数绝对值的大小看，在非资源型城市样本中，环境规制及其二次项对资源依赖的作用效应明显小于资源型城市样本，可能的原因是非资源城市中资源依赖程度较资源型城市较低，使得环境规制的政策作用效果微弱。

表 7 – 14　　　　非资源型城市环境规制、资源依赖与绿色

经济增长中介变量模型回归结果

| 被解释变量 | 普通双固定效应模型（*resource*） |
|---|---|
| *regulation* | 0. 0441 *** <br> （0. 0123） |
| *regulation*$^2$ | – 0. 0320 *** <br> （0. 0094） |
| *GEPI*（–1） | 0. 0030 <br> （0. 0020） |
| 时间固定 | Yes |
| 个体固定 | Yes |
| *R-squared* | 0. 0050 |
| 观察值 | 2835 |
| 个体数 | 189 |

注：据 Matlab2019a 软件计算得到。（1）括号内的值为标准误；（2）*** 代表 $p < 0.01$，** 代表 $p < 0.05$，* 代表 $p < 0.1$。

表 7 – 15 汇报了环境规制、资源依赖与绿色经济增长的中介效应模型的参数估计结果。由结果来看，环境规制的一次项对绿色经济增长在 1% 的置信水平下显著为负，环境规制的二次项对绿色经济增长在 1% 的置信水平下显著为正，说明在加入资源依赖后，环境规制与绿色经济增长之间依然存在 U 型关系。值得注意的是，本书重点关注的资源依赖的系数在 5% 的置信水平下显著为正，不仅说明资源依赖即是环境规制与资源依赖之间的中介变量，也证明资源依赖对非资源型城市绿色经济增长具有资源福音效应，与资源型城市样本检验的回归结果相反。

表 7 – 15　　　　　　非资源型城市环境规制、资源依赖与绿色
经济增长中介效应模型回归结果

| 被解释变量 | 非空间双向固定效应模型（GEPI） |
| --- | --- |
| regulation | $-0.5215^{***}$<br>（0.1076） |
| $regulation^2$ | $0.4211^{***}$<br>（0.0834） |
| advancedis | $0.0183^{*}$<br>（0.0103） |
| rationalis | $-5.1169$<br>（3.6507） |
| governmentiq | $0.0134^{***}$<br>（0.0046） |
| opening | $-0.3152^{***}$<br>（0.1195） |
| humanc | $1.6217^{***}$<br>（0.3405） |
| innovation | $4e-6^{***}$<br>（0.0000） |
| manufacturing | $-0.2191^{***}$<br>（0.0421） |
| capital | $0.5203^{***}$<br>（0.0583） |
| resource | $0.3659^{**}$<br>（0.1668） |
| 时间固定 | Yes |
| 个体固定 | Yes |
| R-squared | 0.1120 |
| 观察值 | 3024 |
| 个体数 | 189 |

注：据 Matlab2019a 软件计算得到。（1）括号内的值为标准误；（2）$***$ 代表 $p<0.01$，$**$ 代表 $p<0.05$，$*$ 代表 $p<0.1$。

综上所述，在非资源型城市中，资源依赖也是环境规制和绿色经济增长的关系机制中的中介传导变量。同时，非资源型城市中资源依赖对绿色经济增长具有显著的促进作用，即资源依赖对非资源型城市的绿色经济增长具有显著的资源祝福。如图7-9所示，非资源型城市中环境规制影响绿色经济增长的极值点为0.6192〔= -0.5215/（-2 × 0.4211）〕（如图中F点所示），当环境规制低于0.6192时，此时环境规制一方面直接对绿色经济增长产生抑制作用（如图左侧②所示），另一方面通过对资源依赖的正向影响间接对绿色经济增长产生积极影响（如图左侧①所示）。当环境规制高于0.6192的极值点时，环境规制对绿色经济增长的直接作用表现出显著的促进作用（如图中间②所示），同时，在中介变量模型中，环境规制小于0.6891〔= -0.0441/（2 × -0.0320）〕的极值点时（如图中E点所示），对资源依赖有促进作用，而非资源型城市资源依赖的资源福音效应进一步促进绿色经济增长水平的提高（如图中间①所示）。当环境规制高于0.6891的极值点时，其一方面通过直接途径正向促进绿色经济增长，另一方面又通过抑制资源依赖进降低绿色经济增长，这两种途径如图右侧①②所表现。这里需要注意非资源型城市与总体样本和资源型城市在极值点上的差异，后两者均为中介变量模型的极值点（A点和C点）小于基本模型的极值点（B点和D点），而非资源型城市表现为基本模型的极值点（F点）小于中介变量模型的极值点（E点）。综合来看，对于非资源型城市，随着环境规制强度的提高，其首先在 regulation = 0.6172 处表现出对绿色经济增长的"一正一负"效应，而继续提高到 0.61792 < regulation < 0.6891 的阈值区间后，才能同时表现为对绿色经济增长的"双促进"效应，而超过 regulation = 0.6891 的阈值后又呈现出对绿色经济增长的"一正一负"效应。因此，本书认为非资源型城市中应该实施环境规制政策，但环境规制的力度不宜过大，介于 0.6192 ~ 0.6891 之间效果最佳。

图7-10所示为2003~2018年非资源型城市中环境规制政策力度分级分布，可以看出，非资源型城市也在逐年加大环境规制力度，环境规制高于0.6891的城市数量从2003年的15个增加到2018年的180个，约占非资源型城市样本总体的95%，环境规制变量值介于0.6192~

0.6891 的城市数量从 2003 年的 18 个降到 2018 年的仅 6 个，说明绝大部分非资源型城市也在一味追求环境规制力度的增加，却忽视了环境规制过大可能会抑制资源依赖，对绿色经济增长产生弊端的问题。

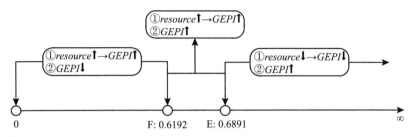

图 7-9　非资源型城市中环境规制变量的极值分布

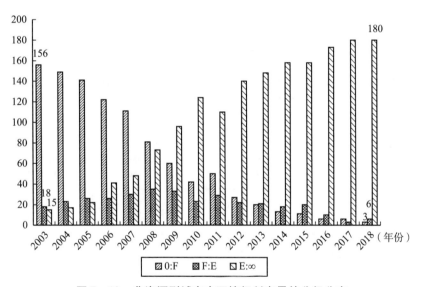

图 7-10　非资源型城市中环境规制变量的分级分布

通过对资源型城市和非资源型城市的区域异质性分析发现，资源型城市可能面临更大的绿色转型挑战。资源型城市不仅在绿色经济增长状况方面劣于非资源型城市，而且由于资源依赖的存在，这种差距会随着时间逐步变大，自然资源对于资源型城市实现绿色经济增长表现为"资源诅咒"效应，而对于非资源型城市来说，自然资源则对实现绿色经济增长表现为"资源福音"效应。

# 第三节　资源依赖的两步传导机制检验

## 一、资源依赖与产业结构高级化的两步传导机制检验

首先，在检验资源依赖对产业结构高级化的作用之前，需要进行模型遴选。表7-16报告了对应的NSM的优选检验结果。依据空间面板模型的估计策略，对于全体样本和资源型城市样本，优选检验结果选择混合效应的SDM；对于非资源型城市样本，选择了空间和时间双向固定效应的SDM。

表7-16　　资源依赖对产业结构高级化作用效应的优选检验结果

| 变量 | 全样本 | 资源型城市 | 非资源型城市 |
|---|---|---|---|
| | （1）混合效应 | （2）混合效应 | （3）双向固定效应 |
| LM Spatial Lag | 62.5325 [0.0000] | 3.9933 [0.0460] | 139.3612 [0.0000] |
| LM Spatial Error | 43.1336 [0.0000] | 2.7764 [0.0960] | 122.3432 [0.0000] |
| Robust LM Spatial Lag | 23.4160 [0.0000] | 5.7113 [0.0170] | 39.9791 [0.0000] |
| Robust LM Spatial Error | 4.0171 [0.0450] | 4.4945 [0.0340] | 22.9612 [0.0000] |
| LR_1检验 | 636.6970 [0.0000] | 124.4247 [0.0317] | 4190.9178 [0.0000] |
| LR_2检验 | 51.5284 [0.3689] | 24.6429 [0.0550] | 90.2112 [0.0000] |

续表

| 变量 | 全样本 | 资源型城市 | 非资源型城市 |
|---|---|---|---|
| | （1）混合效应 | （2）混合效应 | （3）双向固定效应 |
| LR_3 检验 | 54.3419<br>［0.0000］ | 21.5538<br>［0.1200］ | 488.8958<br>［0.0000］ |
| LR_4 检验 | 639.5105<br>［0.0000］ | 121.3356<br>［0.0478］ | 4589.6025<br>［0.0000］ |
| LR_5 检验 | 691.0389<br>［1.0000］ | 145.9785<br>［1.0000］ | 4679.8136<br>［0.0000］ |
| Hausman 检验 | 15.9385<br>［0.0682］ | 22.6594<br>［0.0070］ | 48.8843<br>［0.0000］ |

注：据 Matlab2019a 软件计算得到。（1）方括号内的值为 $P$ 值；（2）LR_1 检验代表空间固定效应与混合效应模型的 LR 检验，LR_2 检验代表时间固定效应与混合效应模型的 LR 检验，LR_3 检验代表空间和时间双向固定效应模型与空间固定效应的 LR 检验，LR_4 检验代表空间和时间双向固定效应模型与时间固定效应的 LR 检验，LR_5 检验代表空间和时间双向固定效应模型与混合效应的 LR 检验。

表7-17 汇报资源依赖对产业结构高级化影响的回归结果。从 Wald 检验和 LR 检验看，拒绝将 SDM 简化为 SAR 或 SEM 的原假设。从回归结果看，资源依赖系数显著为负，说明资源依赖对产业结构高级化存在明显的抑制作用，而产业结构高级化对绿色经济增长存在正向影响（依据表7-5的结果），因此对产业结构高级化的挤出不利于绿色经济增长的改善。究其原因，自然资源的繁荣带来的短期利益让该地区将更多资源用于资源产业的发展，这会导致该地区的产业结构发展不平衡，容易形成"一业独大"的局面。同时，资源产业具有较强的吸纳效应，而产业结构具有刚性强不易改变的特点，可能长时间呈现出扭曲的状态，因此难以实现产业结构高级化带来的结构红利（Zhao et al.，2020）。结合资源依赖中介传导机制检验结果，在 286 个城市总体样本下，产业结构高级化构成"环境规制→资源依赖→产业结构高级化→绿色经济增长"两步传导机制。

表 7 - 17    资源依赖对产业结构高级化作用效应的回归结果 （*advancedis*）

| 变量 | 混合效应 SDM | | | |
|---|---|---|---|---|
| | （1）估计系数 | （2）直接效应 | （3）溢出效应 | （4）总效应 |
| *regulation* | - 1. 3728<br>（0. 9851） | - 1. 3701<br>（1. 0169） | - 1. 6468<br>（4. 2994） | - 3. 0169<br>（4. 0881） |
| *regulation*$^2$ | 1. 1837<br>（0. 7537） | 1. 1804<br>（0. 7853） | 0. 9793<br>（3. 3298） | 2. 1598<br>（3. 1570） |
| *resource* | - 0. 7242 ***<br>（0. 2308） | - 0. 7099 ***<br>（0. 2368） | 4. 1169 **<br>（2. 0493） | 3. 4070 *<br>（1. 9914） |
| *GEPI*（- 1） | 0. 3257 ***<br>（0. 1007） | 0. 3285 ***<br>（0. 1001） | 3. 4402 ***<br>（0. 9165） | 3. 7687 ***<br>（0. 9141） |
| *W* × *regulation* | - 0. 9866<br>（3. 2708） | | | |
| *W* × *regulation*$^2$ | 0. 5189<br>（2. 5398） | | | |
| *W* × *resource* | 3. 3908 **<br>（1. 4712） | | | |
| *W* × *GEPI*（- 1） | 2. 5256 ***<br>（0. 7546） | | | |
| *W* × *advancedis*（*rho*） | 0. 2370 **<br>（0. 1044） | | | |
| Constant | 0. 3521<br>（1. 0717） | | | |
| SAR 与 SDM 遴选的<br>Wald 检验 | 9. 5774<br>［0. 0482］ | | | |
| SAR 与 SDM 遴选的<br>LR 检验 | 11. 0156<br>［0. 0264］ | | | |

续表

| 变量 | 混合效应 SDM | | | |
|---|---|---|---|---|
| | （1）估计系数 | （2）直接效应 | （3）溢出效应 | （4）总效应 |
| SEM 与 SDM 遴选的 Wald 检验 | 9.4801 ［0.0502］ | | | |
| SEM 与 SDM 遴选的 LR 检验 | 11.0311 ［0.0262］ | | | |
| 时间固定 | Yes | | | |
| 空间固定 | Yes | | | |
| R-squared | 0.0276 | | | |
| Log-likelihood | -7233.2446 | | | |
| 观察值 | 4290 | | | |
| 个体数 | 286 | | | |

注：据 Matlab2019a 软件计算得到。（1）圆括号内的值为标准误；（2）方括号内的值为 $P$ 值；（3）*** 代表 $p < 0.01$，** 代表 $p < 0.05$，* 代表 $p < 0.1$。

表 7 - 18 汇报了资源依赖对产业结构高级化的作用效应的区域异质性结果。在资源型城市中，资源依赖的直接效应虽然为负但并不显著，即资源依赖对产业结构高级化的抑制作用不明显，产业结构高级化也就不承担资源依赖与绿色经济增长之间的中介传导角色，这一点与全样本回归结果并不一致，一般来说，资源型城市的资源依赖程度更严重，对于制造业等非资源型产业发展的挤出问题应该更加凸显，而资源型城市的实证结果未对此加以验证，可能的原因在于本书的产业结构高级化指标是对第二产业向第三产业的演进过程的反映，资源型城市本身第二、第三产业占比较低，因此资源依赖没有对这一演化过程产生较为显著的影响。因此，对于 97 个资源型城市样本来说，"环境规制→资源依赖→产业结构高级化→绿色经济增长"这一两步传导机制并不成立。

表 7 – 18　　　　资源依赖对产业结构高级化作用效应的
区域异质性结果 （*advancedis*）

| 被解释变量 | 资源型城市 | | | 非资源型城市 | | |
|---|---|---|---|---|---|---|
| | 混合效应 SDM | | | 双向固定效应 SDM （偏误校正） | | |
| | （1）<br>估计系数 | （2）<br>直接效应 | （3）<br>溢出效应 | （4）<br>估计系数 | （5）<br>直接效应 | （6）<br>溢出效应 |
| *regulation* | – 2. 3295<br>(2. 6795) | – 2. 4185<br>(2. 7087) | 3. 4256<br>(7. 8491) | – 0. 9558 ***<br>(0. 2199) | – 1. 2605 ***<br>(0. 2280) | – 51. 6556 ***<br>(14. 6317) |
| *regulation*$^2$ | 1. 9143<br>(2. 0970) | 1. 9673<br>(2. 1038) | – 2. 4837<br>(6. 1685) | 0. 8106 ***<br>(0. 1693) | 0. 9992 ***<br>(0. 1701) | 32. 2073 ***<br>(9. 9626) |
| *resource* | – 0. 2566<br>(0. 4725) | – 0. 2555<br>(0. 4638) | 0. 1726<br>(2. 6697) | – 0. 6476 **<br>(0. 3230) | – 0. 7339 *<br>(0. 3801) | – 13. 1909<br>(31. 2422) |
| *GEPI* （ – 1） | 0. 1177<br>(0. 2911) | 0. 1258<br>(0. 2945) | 4. 9600<br>(1. 7234) | 0. 0651 *<br>(0. 0344) | 0. 0980 **<br>(0. 0361) | 5. 6125 **<br>(2. 6057) |
| *W × regulation* | 2. 8975<br>(7. 3521) | | | – 7. 2222 ***<br>(1. 7033) | | |
| *W × regulation*$^2$ | – 2. 1071<br>(5. 8075) | | | 4. 3482 ***<br>(1. 2581) | | |
| *W × resource* | 0. 2051<br>(2. 4682) | | | – 1. 6319<br>(4. 3266) | | |
| *W × GEPI* （ – 1） | 4. 6771 ***<br>(1. 6663) | | | 0. 7940 **<br>(0. 3437) | | |
| *W × advancedis* （ *rho* ） | 0. 0470<br>(0. 1182) | | | 0. 8416 ***<br>(0. 0283) | | |
| Constant | – 1. 0832<br>(2. 3000) | | | | | |
| SAR 与 SDM 的 Wald 检验 | 15. 7184<br>[ 0. 0034 ] | | | 32. 4933<br>[ 0. 0000 ] | | |
| SAR 与 SDM 的 LR 检验 | 15. 4569<br>[ 0. 0038 ] | | | 38. 5578<br>[ 0. 0000 ] | | |
| SEM 与 SDM 的 Wald 检验 | 15. 9460<br>[ 0. 0031 ] | | | 39. 1971<br>[ 0. 0000 ] | | |

续表

| 被解释变量 | 资源型城市 | | | 非资源型城市 | | |
|---|---|---|---|---|---|---|
| | 混合效应 SDM | | | 双向固定效应 SDM（偏误校正） | | |
| | （1）估计系数 | （2）直接效应 | （3）溢出效应 | （4）估计系数 | （5）直接效应 | （6）溢出效应 |
| SEM 与 SDM 的 LR 检验 | 15.7984 [0.0033] | | | 45.3989 [0.0000] | | |
| 时间固定 | No | | | Yes | | |
| 个体/空间固定 | No | | | Yes | | |
| *R-squared* | 0.0091 | | | 0.8399 | | |
| *Log-likelihood* | -3182.9105 | | | 554.7375 | | |
| 观察值 | 1455 | | | 2835 | | |
| 个体数 | 97 | | | 189 | | |

注：据 Matlab2019a 软件计算得到。（1）圆括号内的值为标准误；（2）方括号内的值为 $P$ 值；（3）\*\*\* 代表 $p < 0.01$，\*\* 代表 $p < 0.05$，\* 代表 $p < 0.1$。

类似地，在非资源型城市样本中，使用偏误校正方法，并进行参数效应分解，结果均稳健。对应的 Wald 检验（$p < 0.01$）和 LR 检验（$p < 0.01$）均拒绝将 SDM 简化为 SAR 或 SEM 的原假设。本书重点关注的资源依赖变量的直接效应显著为负，资源依赖对产业结构高级化存在较强的抑制作用，这与非资源型城市中资源依赖对绿色经济增长的"资源福音"结果相斥，说明在非资源型城市中，资源依赖对绿色经济增长的"资源福音"效应并非通过产业结构高级化垂直传导，资源依赖程度的提高反而会挤出产业结构高级化，造成抑制绿色经济增长的作用效应。资源依赖与绿色经济增长之间构建出"环境规制→资源依赖→产业结构高级化→绿色经济增长"的两步传导路径，资源依赖通过对产业结构高级化的"挤出"从而对绿色经济增长产生了负向影响。原因可能在于非资源型城市不同于资源型城市对资源型产业的重视程度，这类城市并未形成某一产业"一业独大"的局面，产业结构布局更加均衡合理，从而对于资源的依赖会形成现有研究已证实的"挤出"

产业结构的传导路径（邵帅和杨莉莉，2010；Song et al.，2020）。

## 二、资源依赖与产业结构合理化的两步传导机制检验

表 7 – 19 中，对于全体样本和资源型城市样本，Hausman 检验判定模型应该选用随机效应，LM 优选检验结果选择了随机效应的 SAR；对于非资源型城市样本，优选检验结果选择混合效应的 SAR。

表 7 – 19　　资源依赖对产业结构合理化作用效应的优选检验结果

| 变量 | 全样本 | 资源型城市 | 非资源型城市 |
|---|---|---|---|
| | （1）随机效应 | （2）随机效应 | （3）混合效应 |
| LM Spatial Lag | 3.3686 [0.066] | 3.0758 [0.079] | 111.9248 [0.0000] |
| LM Spatial Error | 1.1225 [0.289] | 0.0070 [0.933] | 82.3069 [0.0000] |
| Robust LM Spatial Lag | 1037.0365 [0.000] | 1935.3334 [0.000] | 31.6363 [0.000] |
| Robust LM Spatial Error | 1034.7904 [0.000] | 1932.2646 [0.000] | 2.0185 [0.1550] |
| LR_1 检验 | — | — | 1474.4482 [0.0000] |
| LR_2 检验 | — | — | 42.2406 [0.0002] |
| LR_3 检验 | — | — | 44.8219 [0.0001] |
| LR_4 检验 | — | — | 1477.0294 [0.0000] |
| LR_5 检验 | | | 1519.2700 [1.0000] |
| Hausman 检验 | 0.3352 [1.0000] | 8.7514 [0.4605] | 124.6981 [0.0000] |

注：据 Matlab2019a 软件计算得到。（1）方括号内的值为 $P$ 值；（2）LR_1 检验代表空间固定效应与混合效应模型的 LR 检验，LR_2 检验代表时间固定效应与混合效应模型的 LR 检验，LR_3 检验代表空间和时间双向固定效应模型与空间固定效应的 LR 检验，LR_4 检验代表空间和时间双向固定效应模型与时间固定效应的 LR 检验，LR_5 检验代表空间和时间双向固定效应模型与混合效应的 LR 检验。

　　表7-20汇报了资源依赖对产业结构合理化作用效应的随机效应SAR回归结果。从表中显示的结果看，资源依赖系数显著为正，表明资源依赖对产业结构合理化具有正向促进作用，再结合表7-5的基本模型回归结果，产业结构合理化对绿色经济增长存在显著的抑制效应，说明在总体286个城市样本中，产业结构合理化构成了"环境规制→资源依赖→产业结构合理化→绿色经济增长"的两步传导机制，并且资源依赖对产业结构合理化并未呈现出"挤出"效应；相反，资源依赖正向推动了产业结构朝着合理化的方向发展。

**表7-20　资源依赖对产业结构合理化作用效应的回归结果（*rationalis*）**

| 被解释变量 | 随机效应 SAR | | | |
|---|---|---|---|---|
| | （1）估计系数 | （2）直接效应 | （3）溢出效应 | （4）总效应 |
| *regulation* | -0.5589<br>(0.4720) | -0.5506<br>(0.4960) | 0.1027<br>(0.1189) | -0.4478<br>(0.4144) |
| *regulation*$^2$ | 0.4937<br>(0.3628) | 0.4847<br>(0.3792) | -0.0900<br>(0.0936) | 0.3946<br>(0.3187) |
| *resource* | 0.2039*<br>(0.1098) | 0.2088*<br>(0.1123) | -0.0387<br>(0.0323) | 0.1701<br>(0.0954) |
| *GEPI*（-1） | -0.0267<br>(0.0475) | -0.0292<br>(0.0464) | 0.0052<br>(0.0102) | -0.0240<br>(0.0384) |
| $W \times regulation$ | 4.9696<br>(3.9929) | 4.8650<br>(4.0975) | -0.9401<br>(1.0269) | 3.9248<br>(3.3659) |
| $W \times regulation^2$ | -4.2127<br>(2.9089) | -4.1382<br>(2.9760) | 0.7945<br>(0.7758) | -3.3436<br>(2.4577) |
| $W \times resource$ | -0.6478<br>(0.7674) | -0.6315<br>(0.7708) | 0.1146<br>(0.1768) | -0.5169<br>(0.6350) |
| $W \times GEPI$（-1） | -0.4450<br>(0.6846) | -0.4105<br>(0.6856) | 0.0748<br>(0.1552) | -0.3357<br>(0.5606) |

续表

| 被解释变量 | 随机效应 SAR | | | |
|---|---|---|---|---|
| | （1）估计系数 | （2）直接效应 | （3）溢出效应 | （4）总效应 |
| $W \times rationalis$（rho） | −0.2450<br>（0.1434） | | | |
| 时间固定 | No | | | |
| 空间固定 | No | | | |
| R-squared | 0.0036 | | | |
| Log-likelihood | −9915.0836 | | | |
| 观察值 | 4290 | | | |
| 个体数 | 286 | | | |

注：据 Matlab2019a 软件计算得到。（1）括号内的值为标准误；（2）\*\*\* 代表 $p < 0.01$，\*\* 代表 $p < 0.05$，\* 代表 $p < 0.1$。

　　表 7 – 21 汇报了资源依赖对产业结构合理化作用效应的区域异质性结果。在资源型城市中，资源依赖的直接效应和溢出效应均不显著，资源依赖对产业结构合理化既无抑制作用，又不存在促进效应，因此也就不存在资源依赖与绿色经济增长之间的中介传导路径，未构成两步传导机制。在非资源型城市中，资源依赖变量系数显著为正，其对产业结构合理化存在显著的正向促进效应，因此存在"环境规制→资源依赖→产业结构合理化→绿色经济增长"的两步传导机制。这一点与资源型城市样本结论不同而与全样本分析结论一致，由此看出城市样本的异质性分析十分必要。结合资源依赖单步传导机制检验结果可以发现，资源型城市样本中仅环境规制对产业结构合理化存在正向促进作用，资源依赖未对产业结构合理化产生显著影响。非资源型城市的环境规制未对产业结构合理化产生显著影响，但资源依赖通过正向提升产业结构合理化进一步对绿色经济增长产生抑制作用。

表 7 – 21　　　　　资源依赖对产业结构合理化作用效应的

区域异质性结果（*rationalis*）

| 被解释变量 | 资源型城市 | | | 非资源型城市 | | |
|---|---|---|---|---|---|---|
| | 随机效应 SAR | | | 混合效应 SAR | | |
| | （1）估计系数 | （2）直接效应 | （3）溢出效应 | （4）估计系数 | （5）直接效应 | （6）溢出效应 |
| *regulation* | – 2.0799 (1.3160) | – 2.0391 (1.3437) | 0.5162 (0.4001) | 0.0004 (0.0006) | 0.0004 (0.0006) | 0.0008 (0.0013) |
| *regulation*$^2$ | 1.9029 * (1.0335) | 1.8807 * (1.0570) | – 0.4768 (0.3263) | – 0.0004 (0.0005) | – 0.0004 (0.0005) | – 0.0008 (0.0010) |
| *resource* | 0.1772 (0.2314) | 0.1772 (0.2308) | – 0.0439 (0.0636) | 0.0011 *** (0.0004) | 0.0011 *** (0.0004) | 0.0022 ** (0.0010) |
| *GEPI*（– 1） | – 0.0799 (0.1423) | – 0.0733 (0.1424) | 0.0185 (0.0381) | – 0.0001 (0.0001) | – 0.0001 (0.0001) | – 0.0001 (0.0001) |
| *W × regulation* | 16.4396 * (8.6163) | 16.3357 * (8.5779) | – 4.1820 (2.7549) | | | |
| *W × regulation*$^2$ | – 13.6094 ** (6.2876) | – 13.5336 ** (6.3156) | 3.4656 (2.1020) | | | |
| *W × resource* | – 0.4028 (1.2668) | – 0.4114 (1.2801) | 0.1051 (0.3432) | | | |
| *W × GEPI*（– 1） | 0.0342 (1.1468) | 0.0205 (1.1420) | – 0.0017 (0.3071) | | | |
| *W × rationalis*（*rho*） | – 0.3490 ** (0.1442) | | | 0.6530 *** (0.0565) | | |
| Constant | | | | 0.3468 *** (0.0565) | | |
| 时间固定 | No | | | No | | |
| 空间固定 | No | | | No | | |
| *R-squared* | 0.0125 | | | 0.0515 | | |
| *Log-likelihood* | 9219.4767 | | | 16432.9660 | | |
| 观察值 | 1455 | | | 2835 | | |
| 个体数 | 97 | | | 189 | | |

注：据 Matlab2019a 软件计算得到。（1）括号内的值为标准误；（2）*** 代表 $p < 0.01$，** 代表 $p < 0.05$，* 代表 $p < 0.1$。

## 三、资源依赖与政府制度质量的两步传导机制检验

为了检验资源依赖对政府制度质量的作用效应，表 7 – 22 报告了对应的非空间计量模型的优选检验结果。依据空间面板模型的估计策略，对于全体样本和非资源型城市样本，优选检验结果一致选择随机效应 SDM；而对于资源型城市样本，优选检验结果选择随机效应 SEM。

表 7 – 22 　　资源依赖对政府制度质量作用效应的优选检验结果

| 变量 | 全样本 | 资源型城市 | 非资源型城市 |
|---|---|---|---|
| | （1）随机效应 | （2）随机效应 | （3）随机效应 |
| LM Spatial Lag | 8.6839 [0.0030] | 0.5108 [0.4750] | 10.9540 [0.001] |
| LM Spatial Error | 771.2245 [0.0000] | 43.4199 [0.0000] | 417.5762 [0.000] |
| Robust LM Spatial Lag | 65263.7033 [0.0000] | 6279.1951 [0.0000] | 45012.9815 [0.000] |
| Robust LM Spatial Error | 66026.2439 [0.0000] | 6322.1042 [0.0000] | 45419.6036 [0.000] |
| Hausman 检验 | 11.7750 [0.2263] | 9.8829 [0.3600] | 14.4973 [0.1057] |

注：据 Matlab2019a 软件计算得到。（1）方括号内的值为 $P$ 值；（2）LR_1 检验代表空间固定效应与混合效应模型的 LR 检验，LR_2 检验代表时间固定效应与混合效应模型的 LR 检验，LR_3 检验代表空间和时间双向固定效应模型与空间固定效应的 LR 检验，LR_4 检验代表空间和时间双向固定效应模型与时间固定效应的 LR 检验，LR_5 检验代表空间和时间双向固定效应模型与混合效应的 LR 检验。

从表 7 – 23 来看，资源依赖对政府制度质量的影响显著为负，即其对政府制度质量具有显著的抑制作用，而制度质量对绿色经济增长存在显著促进效应，说明政府制度质量构成了"环境规制→资源依赖→政府制度质量→绿色经济增长"的两步传导机制。分析其原因，制度因素是中国市场经济发展路程中的最根本因素之一，政府制度质量对于我

国经济与资源环境的协调发展具有重要影响。私营和个体经济是我国经济改革的直接产物，对于中国的绿色经济增长具有不可替代的积极作用（邵帅等，2013）。且相比于国有企业，个体与私营企业的产权更加明确，能够获得更高的生产效率，因此政府制度质量与绿色经济增长表现为正相关关系（谢千里等，2001；樊纲等，2011）。但是，中国的资源企业基本都是国有企业，这将会对本就缺乏的生产要素产生挤出作用。因此表现为资源依赖对政府制度质量的影响系数显著为负（郑婷婷，2019）。同样的道理，由于邻近地区之间的"模仿"行为，较高的资源依赖也会对周边地区的政府制度质量产生"挤出效应"，因此溢出效应中资源依赖的系数也显著为负。

表 7 – 23　　资源依赖对政府制度质量作用效应的回归结果（*governmentiq*）

| 被解释变量 | 随机效应 SDM | | | |
|---|---|---|---|---|
| | （1）估计系数 | （2）直接效应 | （3）溢出效应 | （4）总效应 |
| *regulation* | 0.7304 * (0.4017) | 0.7335 * (0.3981) | 4.0815 *** (1.4684) | 4.8149 *** (1.4143) |
| *regulation*$^2$ | − 0.4878 (0.3113) | − 0.4872 (0.3086) | − 2.4520 ** (1.2012) | − 2.9393 ** (1.1619) |
| *resource* | − 0.8593 *** (0.2241) | − 0.9010 *** (0.2272) | − 15.9965 *** (5.0728) | − 16.8975 *** (5.0499) |
| *GEPI*（− 1） | 0.0592 (0.0603) | 0.0609 (0.0577) | 0.1192 (0.6328) | 0.1802 (0.6299) |
| *W × regulation* | 0.7866 (0.5767) | | | |
| *W × regulation*$^2$ | − 0.4354 (0.4548) | | | |

续表

| 被解释变量 | 随机效应 SDM | | | |
|---|---|---|---|---|
| | （1）估计系数 | （2）直接效应 | （3）溢出效应 | （4）总效应 |
| $W \times resource$ | − 4. 4713 *** (1. 4649) | | | |
| $W \times GEPI$（− 1） | 0. 0090 (0. 2030) | | | |
| $W \times rationalis$（rho） | 0. 6810 *** (0. 0524) | | | |
| SAR 与 SDM 遴选的 Wald 检验 | 15. 7885 [0. 0033] | | | |
| SEM 与 SDM 遴选的 Wald 检验 | 32. 6670 [0. 0000] | | | |
| 时间固定 | No | | | |
| 空间固定 | No | | | |
| R-squared | 0. 4903 | | | |
| Log-likelihood | − 20673. 121 | | | |
| 观察值 | 4290 | | | |
| 个体数 | 286 | | | |

注：据 Matlab2019a 软件计算得到。（1）圆括号内的值为标准误；（2）方括号内的值为 $P$ 值；（3）*** 代表 $p < 0.01$，** 代表 $p < 0.05$，* 代表 $p < 0.1$。

表 7 - 24 汇报了资源依赖对政府制度质量的作用效应的区域异质性结果。在资源型城市中，虽然资源依赖对政府制度质量具有显著的挤出效果，但是政府制度质量与绿色经济增长之间无显著的相关关系（依据表 7 - 7），表明即使资源依赖会抑制政府制度质量，但是由于政府制度质量对绿色经济增长的影响效应不显著，因此不会形成"环境规制→资源依赖→政府制度质量→绿色经济增长"这一两步传导机制。

**表7-24　资源依赖对制度质量作用效应的区域异质性结果（*governmentiq*）**

| 被解释变量 | 资源型城市 | 非资源型城市 | | |
|---|---|---|---|---|
| | 随机效应 SEM | 随机效应 SAR | | |
| | （1）估计系数 | （2）估计系数 | （3）直接效应 | （4）溢出效应 |
| *regulation* | 0.4277<br>（0.7389） | 1.0134 **<br>（0.4838） | 1.0204 **<br>（0.4932） | 1.1297 *<br>（0.6755） |
| *regulation*$^2$ | − 0.1701<br>（0.5863） | − 0.7588 **<br>（0.3719） | − 0.7603 **<br>（0.3746） | − 0.8413<br>（0.5090） |
| *resource* | − 0.8300 ***<br>（02823） | − 1.9451 ***<br>（0.5703） | − 1.9423 ***<br>（0.5547） | − 2.1644 **<br>（0.9735） |
| *GEPI*（−1） | − 0.0375<br>（0.1128） | 0.1312 *<br>（0.0702） | 0.1324 *<br>（0.0685） | 0.1473 *<br>（0.0934） |
| *W* × *regulation* | 0.7718<br>（4.5220） | − 10.2754 ***<br>（3.7644） | − 10.2525 ***<br>（3.8615） | − 11.3275 *<br>（5.7790） |
| *W* × *regulation*$^2$ | − 0.0436<br>（3.2710） | 8.0233 ***<br>（2.7639） | 7.9946 ***<br>（2.8178） | 8.8282 **<br>（4.2898） |
| *W* × *resource* | − 4.6678<br>（1.6116） | − 16.6154 ***<br>（5.1248） | − 16.4026 ***<br>（5.2481） | − 17.9798 **<br>（7.9049） |
| *W* × *GEPI*（−1） | − 1.1085<br>（0.7903） | − 1.3178 *<br>（0.6870） | − 1.2490 *<br>（0.6861） | − 1.3719<br>（0.8797） |
| *W* × *governmentiq*（*rho*） | − 0.1660<br>（0.1386） | 0.5160 ***<br>（0.0764） | | |
| SAR 与 SDM 遴选的<br>Wald 检验 | | 6.9759<br>［0.1372］ | | |
| SEM 与 SDM 遴选的<br>Wald 检验 | | 20.2963<br>［0.0000］ | | |
| 时间固定 | No | No | | |
| 空间固定 | No | No | | |
| *R-squared* | 0.3708 | 0.5165 | | |
| *Log-likelihood* | − 1259.3753 | − 21088.449 | | |
| 观察值 | 1455 | 2835 | | |
| 个体数 | 97 | 189 | | |

注：据 Matlab2019a 软件计算得到。（1）圆括号内的值为标准误；（2）方括号内的值为 *P* 值；（3）***代表 $p < 0.01$，**代表 $p < 0.05$，*代表 $p < 0.1$。

在非资源型城市中，对应的 SAR 与 SDM 遴选的 Wald 检验（$p > 0.1$），SEM 与 SDM 遴选的 Wald 检验（$p < 0.01$）无法拒绝 SDM 转为 SAR 的原假设，因此选择 SAR，且参数效应分解的结果稳健。资源依赖变量系数显著为负，表明资源依赖对政府制度质量有显著的负向作用。这一点无论对于资源型城市还是非资源型城市抑或全样本城市来说均成立。综合资源依赖中介传导机制检验结果发现，在非资源型城市中，一方面，资源依赖对政府制度质量具有显著的抑制作用。另一方面，政府制度质量对绿色经济增长也存在显著正向影响，即政府制度质量构成了"环境规制→资源依赖→政府制度质量→绿色经济增长"的两步传导机制。

## 四、资源依赖与对外开放的两步传导机制检验

表 7 - 25 报告了非空间计量模型的优选检验结果，对于全体样本城市，检验结果选择混合效应的 SDM；对于资源型城市样本，选择非空间的混合效应模型；对于非资源型城市样本，选择时间和空间双向固定效应 SDM。

表 7 - 25    资源依赖和环境规制对对外开放的作用效应的优选检验结果

| 变量 | 全样本 | 资源型城市 | 非资源型城市 |
|---|---|---|---|
| | （1）混合效应 | （2）混合效应 | （3）双向固定 |
| LM Spatial Lag | 45. 5044 [0. 0000] | 0. 0757 [0. 7830] | 375. 3841 [0. 0000] |
| LM Spatial Error | 97. 2373 [0. 0000] | 0. 3652 [0. 5460] | 367. 7504 [0. 0000] |
| Robust LM Spatial Lag | 97. 0271 [0. 0000] | 18. 2667 [0. 0000] | 16. 1400 [0. 0000] |
| Robust LM Spatial Error | 148. 7600 [0. 0000] | 18. 5561 [0. 0000] | 8. 5063 [0. 0040] |
| LR_1 检验 | 2699. 4580 [0. 0000] | 853. 4285 [0. 0000] | 2998. 5473 [0. 0000] |

续表

| 变量 | 全样本 | 资源型城市 | 非资源型城市 |
|------|--------|-----------|-------------|
| | （1）混合效应 | （2）混合效应 | （3）双向固定 |
| LR_2 检验 | 72.5147 [0.0000] | 11.2502 [0.7347] | 189.5081 [0.0000] |
| LR_3 检验 | 13.7792 [0.5423] | 8.3003 [0.9112] | 43.8292 [0.0001] |
| LR_4 检验 | 2640.7225 [0.0000] | 850.4786 [0.0000] | 2852.8684 [0.0000] |
| LR_5 检验 | 2713.2372 [1.0000] | 861.7288 [1.0000] | 3042.3765 [0.0035] |
| Hausman 检验 | 26.6289 [0.0016] | 21.5519 [0.0104] | 36.2806 [0.0000] |

注：据 Matlab2019a 软件计算得到。（1）方括号内的值为 P 值；（2）LR_1 检验代表空间固定效应与混合效应模型的 LR 检验，LR_2 检验代表时间固定效应与混合效应模型的 LR 检验，LR_3 检验代表空间和时间双向固定效应模型与空间固定效应的 LR 检验，LR_4 检验代表空间和时间双向固定效应模型与时间固定效应的 LR 检验，LR_5 检验代表空间和时间双向固定效应模型与混合效应的 LR 检验。

表 7 - 26 汇报了资源依赖对对外开放作用效应的混合效应 SDM 回归结果，对应的 Wald 检验（$p < 0.01$）和 LR 检验（$p < 0.01$），拒绝将 SDM 转化为 SAR 或 SEM 的原假设，因此选择 SDM 进行分析。在估计系数和直接效应中，资源依赖系数显著为正，即资源依赖对对外开放有显著的促进效应，因此在总体样本中，对外开放构成了"环境规制→资源依赖→对外开放→绿色经济增长"的两步传导机制。从溢出效应来看，本地区资源依赖对邻近地区的对外开放造成了负向影响，即本地区资源依赖程度的加剧将不利于周边地区对外开放程度的深化。这一点不难理解，一方面，一个地区资源依赖程度越高，表明该地区越注重资源型产业发展，这将对制造业发展产生抑制影响，而外商投资的主要对象是制造业，因此在一定程度上削弱了对外资的吸引力，制造业的衰落不可避免地对周边地区引进外资造成负面影响。另一方面，以煤炭、石油、天然气等为主的能源企业由于涉及国家政治、经济和社会的战略安

全，通常是国有垄断企业，具有很高的进入门槛，因此也不利于相关外资的引入。

表 7 - 26    资源依赖对对外开放作用效应的回归结果（*opening*）

| 被解释变量 | 混合效应 SDM | | | |
|---|---|---|---|---|
| | （1）估计系数 | （2）直接效应 | （3）溢出效应 | （4）总效应 |
| *regulation* | 0.1635 *** <br> (0.0488) | 0.1624 *** <br> (0.0503) | - 0.4174 <br> (0.3244) | - 0.2550 <br> (0.3190) |
| *regulation*$^2$ | - 0.0779 ** <br> (0.0373) | - 0.0769 ** <br> (0.0381) | 0.2535 <br> (0.2525) | 0.1765 <br> (0.2478) |
| *resource* | 0.1246 *** <br> (0.0114) | 0.1220 *** <br> (0.0111) | - 0.9913 *** <br> (0.1818) | - 0.8693 *** <br> (0.1806) |
| *GEPI* （- 1） | 0.0123 ** <br> (0.0050) | 0.0117 ** <br> (0.0048) | - 0.2079 *** <br> (0.0736) | - 0.1962 *** <br> (0.0734) |
| $W \times$ *regulation* | - 0.2968 * <br> (0.1627) | | | |
| $W \times$ *regulation*$^2$ | 0.1711 <br> (0.1262) | | | |
| $W \times$ *resource* | - 0.5415 *** <br> (0.0735) | | | |
| $W \times GEPI$ （- 1） | - 0.1088 *** <br> (0.0358) | | | |
| $W \times$ *opening* （*rho*） | 0.5060 *** <br> (0.0754) | | | |
| Constant | 0.1144 ** <br> (0.0548) | | | |
| SAR 与 SDM 遴选的 <br> Wald 检验 | 15.9909 <br> [0.0030] | | | |

续表

| 被解释变量 | 混合效应 SDM | | | |
|---|---|---|---|---|
| | （1）估计系数 | （2）直接效应 | （3）溢出效应 | （4）总效应 |
| SAR 与 SDM 遴选的 LR 检验 | 16.0559 [0.0029] | | | |
| SEM 与 SDM 遴选的 Wald 检验 | 13.9477 [0.0075] | | | |
| SEM 与 SDM 遴选的 LR 检验 | 14.0504 [0.0071] | | | |
| 时间固定 | No | | | |
| 空间固定 | No | | | |
| R-squared | 0.0547 | | | |
| Log-likelihood | 5658.1039 | | | |
| 观察值 | 4290 | | | |
| 个体数 | 286 | | | |

注：据 Matlab2019a 软件计算得到。（1）圆括号内的值为标准误；（2）方括号内的值为 $P$ 值；（3）$***$ 代表 $p < 0.01$，$**$ 代表 $p < 0.05$，$*$ 代表 $p < 0.1$。

表 7–27 汇报了资源依赖对对外开放作用效应的区域异质性结果。在资源型城市中，资源依赖对对外开放具有显著的正向促进作用。因此，资源型城市"环境规制→资源依赖→对外开放→绿色经济增长"的两步传导机制成立。类似地，在非资源型城市中，对应的 Wald 检验（$p < 0.01$）和 LR 检验（$p < 0.01$），拒绝 SDM 转为 SAR 的原假设，因此选择 SDM，并使用偏误校正方法进行参数效应分解，结果均稳健。从回归结果看，资源依赖变量的估计系数在 10% 的显著性水平下显著，资源依赖对对外开放存在促进效应，结合资源单步传导机制检验结果看，对外开放与绿色经济增长表现为显著负相关关系，因此对外开放是资源依赖与绿色经济增长之间形成"资源福音"的中介传导路径之一，也构成了资源依赖的两步传导机制。

**表 7 – 27　资源依赖对对外开放作用效应的区域异质性结果（*opening*）**

| 被解释变量 | 资源型城市 | 非资源型城市 | | |
|---|---|---|---|---|
| | 非空间混合效应 | 双向固定 SDM | | |
| | （1）估计系数 | （2）估计系数 | （3）直接效应 | （4）溢出效应 |
| *regulation* | 0.2678 ** <br>（0.1162） | 0.0203 <br>（0.0167） | 0.0333 * <br>（0.0182） | 2.6246 <br>（1.8412） |
| *regulation*² | − 0.1943 ** <br>（0.0894） | − 0.0120 <br>（0.0128） | − 0.0217 <br>（0.0138） | − 1.9365 <br>（1.3362） |
| *resource* | 0.1684 *** <br>（0.0221） | 0.0420 * <br>（0.0245） | 0.0084 <br>（0.0348） | − 7.1450 <br>（4.8731） |
| *GEPI*（−1） | 0.0406 *** <br>（0.0141） | − 0.0044 * <br>（0.0026） | − 0.0094 *** <br>（0.0033） | − 1.0596 ** <br>（0.4327） |
| *W × regulation* | | 0.1691 <br>（0.1288） | | |
| *W × regulation*² | | − 0.1276 <br>（0.0952） | | |
| *W × resource* | | − 0.5569 <br>（0.3281） | | |
| *W × GEPI*（−1） | | − 0.0736 * <br>（0.0261） | | |
| *W × opening*（*rho*） | | 0.9255 *** <br>（0.0135） | | |
| Constant | − 0.0962 *** <br>（0.0373） | | | |
| SAR 与 SDM 遴选的 Wald 检验 | | 17.9237 <br>[0.0013] | | |
| SAR 与 SDM 遴选的 LR 检验 | | 20.3530 <br>[0.0000] | | |
| SEM 与 SDM 遴选的 Wald 检验 | | 19.9602 <br>[0.0000] | | |

| 被解释变量 | 资源型城市 | 非资源型城市 | | |
| --- | --- | --- | --- | --- |
| | 非空间混合效应 | 双向固定 SDM | | |
| | （1）估计系数 | （2）估计系数 | （3）直接效应 | （4）溢出效应 |
| SEM 与 SDM 遴选的 LR 检验 | | 22.3944 [0.0000] | | |
| 时间固定 | No | Yes | | |
| 空间固定 | No | Yes | | |
| *R-squared* | 0.0452 | 0.6952 | | |
| *Log-likelihood* | 1212.0000 | 7855.0263 | | |
| 观察值 | 1455 | 2835 | | |
| 个体数 | 97 | 189 | | |

注：据 Matlab2019a 软件计算得到。（1）圆括号内的值为标准误；（2）方括号内的值为 $P$ 值；（3）***代表 $p < 0.01$，**代表 $p < 0.05$，*代表 $p < 0.1$。

## 五、资源依赖与人力资本的两步传导机制检验

表 7-28 中，对于 286 个地级市全体样本，优选检验结果选择了时间和空间双向固定效应 SDM；对于 97 个资源型城市样本来说，优选检验结果选择了非空间的个体和时间双向固定效应模型；而对于 189 个非资源型城市样本来说，优选检验结果选择了随机效应 SEM。

表 7-28　　资源依赖和对人力资本的作用效应的优选检验结果

| 变量 | 全样本 | 资源型城市 | 非资源型城市 |
| --- | --- | --- | --- |
| | （1）双向固定 | （2）双向固定 | （3）随机效应 |
| LM Spatial Lag | 26.3179 [0.0000] | 2.2494 [0.1340] | 0.0451 [0.8320] |
| LM Spatial Error | 34.3566 [0.0000] | 1.8788 [0.1700] | 3.1843 [0.0740] |

续表

| 变量 | 全样本 | 资源型城市 | 非资源型城市 |
|---|---|---|---|
| | （1）双向固定 | （2）双向固定 | （3）随机效应 |
| Robust LM Spatial Lag | 41.4155 [0.0000] | 1.6369 [0.201] | 373.2910 [0.0000] |
| Robust LM Spatial Error | 49.4543 [0.0000] | 1.2663 [0.2600] | 376.4303 [0.0000] |
| LR_1 检验 | 11562.2593 [0.0000] | 2460.6190 [0.0000] | — |
| LR_2 检验 | 31.5101 [0.0075] | 7.6457 [0.9372] | — |
| LR_3 检验 | 626.4382 [0.0000] | 144.8326 [0.0000] | — |
| LR_4 检验 | 12157.1874 [0.0000] | 2597.8058 [0.0000] | — |
| LR_5 检验 | 12188.6975 [0.0000] | 2605.4516 [0.0000] | — |
| Hausman 检验 | 260.5019 [0.0000] | 36.6481 [0.0000] | 0.8167 [0.9998] |

注：据 Matlab2019a 软件计算得到。（1）方括号内的值为 $P$ 值；（2）LR_1 检验代表空间固定效应与混合效应模型的 LR 检验，LR_2 检验代表时间固定效应与混合效应模型的 LR 检验，LR_3 检验代表空间和时间双向固定效应模型与空间固定效应的 LR 检验，LR_4 检验代表空间和时间双向固定效应模型与时间固定效应的 LR 检验，LR_5 检验代表空间和时间双向固定效应模型与混合效应的 LR 检验。

  表 7-29 汇报了资源依赖和环境规制对人力资本的作用效应的双向固定效应 SDM 回归结果，对应的 Wald 检验（$p < 0.01$）和 LR 检验（$p < 0.01$），拒绝将 SDM 简化为 SAR 或 SEM 的原假设，因此选择 SDM 进行回归估计，并使用偏误校正方法进行参数效应分解，结果均稳健。从模型估计系数的显著性来看，资源依赖系数在 10% 的置信水平下不显著，表明资源依赖与人力资本之间无显著相关关系，资源依赖对人力

资本既无抑制效应，又不存在促进效应，因此人力资本也就不构成资源依赖与绿色经济增长之间的两步中介传导路径。值得注意的是，资源依赖没有"挤出"人力资本与我国的现实状况是符合的（李天籽，2007；杨莉莉等，2014）。中国从古至今对教育的重视程度都很高，并且随着义务教育的普及，中国居民家庭在教育上的投入占家庭支出的比重未出现明显提升，因此即使是资源依赖严重的地区，家庭的教育观念也并未显著较弱。

表 7 – 29　　　资源依赖对人力资本的作用效应的回归结果（*humanc*）

| 被解释变量 | 双向固定效应 SDM（偏误校正方法） | | | |
|---|---|---|---|---|
| | （1）估计系数 | （2）直接效应 | （3）溢出效应 | （4）总效应 |
| *regulation* | – 0. 0333 *** <br> (0. 0044) | – 0. 032 *** <br> (0. 0043) | 0. 4596 *** <br> (0. 1266) | 0. 4277 *** <br> (0. 1260) |
| $regulation^2$ | 0. 0227 *** <br> (0. 0035) | 0. 0218 *** <br> (0. 0034) | – 0. 3145 *** <br> (0. 0902) | – 0. 2927 *** <br> (0. 0896) |
| *resource* | 0. 0046 <br> (0. 0039) | 0. 0052 <br> (0. 0039) | 0. 1414 <br> (0. 1283) | 0. 1462 <br> (0. 1286) |
| *GEPI*（– 1） | 0. 0031 *** <br> (0. 0007) | 0. 003 *** <br> (0. 0007) | – 0. 0274 <br> (0. 0245) | – 0. 0244 <br> (0. 0244) |
| $W \times regulation$ | 0. 1874 *** <br> (0. 0359) | | | |
| $W \times regulation^2$ | – 0. 1280 *** <br> (0. 0261) | | | |
| $W \times resource$ | 0. 0498 <br> (0. 0451) | | | |
| $W \times GEPI$（– 1） | – 0. 0120 <br> (0. 0086) | | | |
| $W \times opening$（*rho*） | 0. 6243 *** <br> (0. 0617) | | | |

续表

| 被解释变量 | 双向固定效应 SDM（偏误校正方法） | | | |
|---|---|---|---|---|
| | （1）估计系数 | （2）直接效应 | （3）溢出效应 | （4）总效应 |
| SAR 与 SDM 遴选的 Wald 检验 | 38.9907 ［0.0000］ | | | |
| SAR 与 SDM 遴选的 LR 检验 | 43.7095 ［0.0000］ | | | |
| SEM 与 SDM 遴选的 Wald 检验 | 32.4151 ［0.0000］ | | | |
| SEM 与 SDM 遴选的 LR 检验 | 38.2998 ［0.0000］ | | | |
| 时间固定 | Yes | | | |
| 空间固定 | Yes | | | |
| R-squared | 0.9488 | | | |
| Log-likelihood | 16629.062 | | | |
| 观察值 | 4290 | | | |
| 个体数 | 286 | | | |

注：据 Matlab2019a 软件计算得到。（1）圆括号内的值为标准误；（2）方括号内的值为 $P$ 值；（3）*** 代表 $p < 0.01$，** 代表 $p < 0.05$，* 代表 $p < 0.1$。

表 7-30 汇报了资源依赖对人力资本作用效应的区域异质性结果。在资源型城市中，从资源依赖变量显著性看，其对人力资本在 1% 的水平下显著为正，说明资源依赖对人力资本具有正向促进效应，这一点符合前文所述我国从古至今对于教育的重视从未减弱，且不论地区发展程度如何这一观点。因此，在资源型城市中，资源依赖对人力资本产生显著影响，但是由于人力资本对绿色经济增长的作用效应不显著，因此未构成资源依赖的两步传导机制。而在非资源型城市中，资源依赖变量系数在 10% 的显著性水平下为负，即资源依赖对人力资本有显著的抑制作用，这与非资源型城市中资源依赖对绿色经济增长的"资源福音"结果相斥，说明在非资源型城市中，资源依赖对绿色经济增长的"资

源福音"效应并非通过人力资本垂直传导，资源依赖程度的提高反而会挤出人力资本，产生抑制绿色经济增长的作用效应。对于非资源型城市来说，"环境规制→资源依赖→人力资本→绿色经济增长"的两步传导机制成立。

表 7 - 30　　　　资源依赖和环境规制对人力资本的作用
效应的区域异质性结果（*humanc*）

| 被解释变量 | 资源型城市 | 非资源型城市 |
|---|---|---|
| | 非空间双向固定（1） | 随机效应 SEM（2） |
| *regulation* | -0.0123***<br>(0.0041) | -0.0354***<br>(0.0063) |
| *regulation*$^2$ | 0.0112***<br>(0.0033) | 0.0230***<br>(0.0048) |
| *resource* | 0.0085***<br>(0.0028) | -0.0171*<br>(0.0091) |
| *GEPI*（-1） | 0.0002<br>(0.0007) | 0.0035***<br>(0.001) |
| $W \times regulation$ | | 0.2824***<br>(0.0513) |
| $W \times regulation^2$ | | -0.2168***<br>(0.0378) |
| $W \times resource$ | | 0.0202<br>(0.1209) |
| $W \times GEPI$（-1） | | -0.0036<br>(0.0102) |
| *Lambda* | | 0.2081*<br>(0.1133) |
| 时间固定 | Yes | No |

续表

| 被解释变量 | 资源型城市 | 非资源型城市 |
|---|---|---|
| | 非空间双向固定（1） | 随机效应 SEM（2） |
| 空间固定 | Yes | No |
| *R-squared* | 0.0136 | 0.9479 |
| *Log-likelihood* | 6324.8 | 10015.775 |
| 观察值 | 1455 | 2835 |
| 个体数 | 97 | 189 |

注：据 Matlab2019a 软件计算得到。（1）括号内的值为标准误；（2）*** 代表 $p < 0.01$，** 代表 $p < 0.05$，* 代表 $p < 0.1$。

## 六、资源依赖与科技创新的两步传导机制检验

为了检验资源依赖和环境规制对科技创新的作用效应，表 7-31 报告了对应的 NSM 优选检验结果。依据空间面板模型的估计策略，无论是全体样本、资源型城市还是非资源型城市样本，Hausman 检验结果表明，必须拒绝随机效应模型而选择固定效应模型；各样本对应的 LR 检验结果也一致选择了混合效应模型进行回归；进一步，LM 检验也一致选择了 SDM。因此，对三类样本的回归结果均选用混合效应 SDM 进行估计。

表 7-31　　资源依赖对科技创新的作用效应的优选检验结果

| 变量 | 全样本 | 资源型城市 | 非资源型城市 |
|---|---|---|---|
| | （1）混合效应 | （2）混合效应 | （3）混合效应 |
| LM Spatial Lag | 464.1864<br>[0.0000] | 330.7358<br>[0.000] | 544.0965<br>[0.000] |
| LM Spatial Error | 1021.3368<br>[0.0000] | 240.7673<br>[0.000] | 478.5759<br>[0.000] |

续表

| 变量 | 全样本 | 资源型城市 | 非资源型城市 |
|---|---|---|---|
|  | （1）混合效应 | （2）混合效应 | （3）混合效应 |
| Robust LM Spatial Lag | 18.0224<br>［0.0000］ | 188.6318<br>［0.000］ | 77.2195<br>［0.000］ |
| Robust LM Spatial Error | 575.1728<br>［0.0000］ | 98.6633<br>［0.000］ | 11.6988<br>［0.001］ |
| LR_1 检验 | 4120.8960<br>［0.0000］ | 981.2974<br>［0.0000］ | 2696.5664<br>［0.0000］ |
| LR_2 检验 | 16.2004<br>［0.3689］ | 52.4571<br>［0.0000］ | 19.7177<br>［0.3689］ |
| LR_3 检验 | 257.5951<br>［0.0000］ | 193.5297<br>［0.0000］ | 224.6910<br>［0.0000］ |
| LR_4 检验 | 4362.2907<br>［0.0000］ | 1122.3701<br>［0.0000］ | 2901.5397<br>［0.0000］ |
| LR_5 检验 | 4378.4911<br>［0.1695］ | 1174.8271<br>［1.0000］ | 2921.2574<br>［0.1265］ |
| Hausman 检验 | 466.0640<br>［0.0000］ | 481.9919<br>［0.0000］ | 209.4111<br>［0.0000］ |

注：据 Matlab2019a 软件计算得到。（1）方括号内的值为 P 值；（2）LR_1 检验代表空间固定效应与混合效应模型的 LR 检验，LR_2 检验代表时间固定效应与混合效应模型的 LR 检验，LR_3 检验代表空间和时间双向固定效应模型与空间固定效应的 LR 检验，LR_4 检验代表空间和时间双向固定效应模型与时间固定效应的 LR 检验，LR_5 检验代表空间和时间双向固定效应模型与混合效应的 LR 检验。

表 7 - 32 汇报了资源依赖对科技创新作用效应的 SDM 回归结果。同时为了进一步检验 SDM 能否简化为 SAR 或 SEM，表 7 - 32 汇报了 Wald 检验（$p < 0.01$）和 LR 检验（$p < 0.01$），均拒绝原假设，接受 SDM。无论是估计系数还是对应的参数效应分解，结果均是稳健的。资源依赖变量系数显著为负，即资源依赖会抑制科技创新，与资源诅咒理论预期相符，也和大多数的研究结论一致。这一现象的原因可能如下：首先，资源依赖地区基本上以资源型产业为主导，而资源产业行业对于

技术创新的要求较低（邵帅和杨莉莉，2010），这将使得资源依赖严重地区的创新成本大大提高，从而大幅减少科技创新的投入力度；其次，丰裕的自然资源能够在短时期内给资源产业带来巨大的利润，提供较高的待遇吸引潜在创新者和企业家，长期从事初级产品部门生产将严重削弱企业家的创新行为，弱化企业家才能，进而阻碍经济发展（Torvik，2002）；最后，企业家才能远离具有"干中学"特征和制造业部门和技术溢出的创新部门会造成制造业供给下降，创新严重不足（Matsuyama，1992）。综上所述，对于全样本来说，技术创新构成了"环境规制→资源依赖→技术创新→绿色经济增长"的两步传导机制。

表7-32　　资源依赖对科技创新作用效应的回归结果（*innovation*）

| 被解释变量 | 混合效应 SDM | | | |
|---|---|---|---|---|
| | （1）估计系数 | （2）直接效应 | （3）溢出效应 | （4）总效应 |
| *regulation* | -34814.44 *** <br> (5837.81) | -35396.65 *** <br> (6005.38) | -135655.04 <br> (238880.60) | -171051.68 <br> (239304.41) |
| *regulation*$^2$ | 35291.03 *** <br> (4466.95) | 35726.19 *** <br> (4626.06) | 102492.25 <br> (184660.74) | 138218.44 <br> (184920.23) |
| *resource* | -8210.55 *** <br> (1367.27) | -11029.03 *** <br> (1470.98) | -632994.19 *** <br> (151663.14) | -644023.22 *** <br> (152141.51) |
| *GEPI*（-1） | -333.72 <br> (596.59) | -668.32 <br> (647.25) | -70405.73 <br> (53176.85) | -71074.05 <br> (53435.72) |
| *W* × *regulation* | 20843.98 <br> (19674.06) | | | |
| *W* × *regulation*$^2$ | -23951.93 <br> (15332.57) | | | |
| *W* × *resource* | -40255.50 *** <br> (8732.30) | | | |
| *W* × *GEPI*（-1） | -5158.72 <br> (4146.33) | | | |

续表

| 被解释变量 | 混合效应 SDM | | | |
|---|---|---|---|---|
| | （1）估计系数 | （2）直接效应 | （3）溢出效应 | （4）总效应 |
| $W \times innovation$（$rho$） | 0.92 *** (0.0.1) | | | |
| Constant | 8626.11 (6471.27) | | | |
| SAR 与 SDM 遴选的 Wald 检验 | 155.5479 [0.0000] | | | |
| SAR 与 SDM 遴选的 LR 检验 | 151.8702 [0.0000] | | | |
| SEM 与 SDM 遴选的 Wald 检验 | 189.1011 [0.0000] | | | |
| SEM 与 SDM 遴选的 LR 检验 | 183.2934 [0.0000] | | | |
| 时间固定 | No | | | |
| 空间固定 | No | | | |
| $R$-squared | 0.2221 | | | |
| $Log$-likelihood | −44531.38 | | | |
| 观察值 | 4290 | | | |
| 个体数 | 286 | | | |

注：据 Matlab2019a 软件计算得到。（1）圆括号内的值为标准误；（2）方括号内的值为 $P$ 值；（3）***代表 $p < 0.01$，**代表 $p < 0.05$，*代表 $p < 0.1$。

表 7-33 汇报了资源依赖对科技创新作用效应的区域异质性结果，对应的 Wald 检验（$p < 0.01$）和 LR 检验（$p < 0.01$）均拒绝原假设，接受 SDM。在资源型城市中，本书重点关注的资源依赖变量的直接效应和溢出效应显著为负，资源依赖对科技创新存在"挤出"效应，即符合资源诅咒效应，也说明科技创新是资源依赖和绿色经济增长之间的一个中介传导机制，"环境规制→资源依赖→技术创新→绿色经济增长"

表 7 - 33　资源依赖对科技创新作用效应的区域异质性结果（innovation）

| 被解释变量 | 资源型城市 混合效应 SDM | | | 非资源型城市 混合效应 SDM | | |
| --- | --- | --- | --- | --- | --- | --- |
| | (1) 估计系数 | (2) 直接效应 | (3) 溢出效应 | (4) 估计系数 | (5) 直接效应 | (6) 溢出效应 |
| $regulation$ | -4584.01*** (900.81) | -5402.51*** (900.41) | -7.8e+05*** (1.7e+04) | -42144.05*** (8773.14) | -41677.48*** (9186.05) | 28009.79 (2.3e+05) |
| $regulation^2$ | 4646.54*** (705.19) | 5335.99*** (701.21) | 6.6e+04*** (1.3e+04) | 42431.33*** (6650.04) | 41969.62*** (6959.27) | -29531.92 (1.8e+05) |
| $resource$ | -1147.36*** (158.78) | -937.21*** (171.21) | 19231.83*** (6302.69) | -23058.67*** (5174.67) | -31071.49*** (5291.30) | -1.4e+06*** (3.5e+05) |
| $GEPI$（-1） | -595.32*** (97.75) | -693.18*** (102.09) | -9492.31*** (3763.23) | -374.48 (863.59) | -583.23 (845.75) | -27308.61 (40002.18) |
| $W \times regulation$ | -8608.97*** (2713.33) | | | 39243.84 (31180.03) | | |
| $W \times regulation^2$ | 6618.17*** (2184.56) | | | -39961.92 (24081.23) | | |
| $W \times resource$ | 3969.64*** (830.12) | | | -160385.67*** (35428.44) | | |
| $W \times GEPI$（-1） | -1023.81*** (553.59) | | | -3098.45 (5197.65) | | |
| $W \times innovation$（$rho$） | 0.84*** (0.03) | | | 0.87*** (0.02) | | |

续表

| 被解释变量 | 资源型城市 混合效应 SDM | | | 非资源型城市 混合效应 SDM | | |
|---|---|---|---|---|---|---|
| | (1) 估计系数 | (2) 直接效应 | (3) 溢出效应 | (4) 估计系数 | (5) 直接效应 | (6) 溢出效应 |
| Constant | 3770.65*** (842.60) | | | 5886.17 | | |
| SAR 与 SDM 的 Wald 检验 | 151.0499 [0.0000] | | | 71.1143 [0.0000] | | |
| SAR 与 SDM 的 LR 检验 | 145.0763 [0.0000] | | | 70.2474 [0.0000] | | |
| SEM 与 SDM 的 Wald 检验 | 176.7180 [0.0000] | | | 90.4334 [0.0000] | | |
| SEM 与 SDM 的 LR 检验 | 169.3483 [0.0000] | | | 89.0058 [0.0000] | | |
| 时间固定 | No | | | No | | |
| 空间固定 | No | | | No | | |
| R-squared | 0.4507 | | | 0.2403 | | |
| Log-likelihood | -11664.294 | | | -29922.337 | | |
| 观察值 | 1455 | | | 2835 | | |
| 个体数 | 97 | | | 197 | | |

注：据 Matlab2019a 软件计算得到。（1）圆括号内的值为标准误；（2）方括号内的值为 $P$ 值；（3）*** 代表 $p < 0.01$，** 代表 $p < 0.05$，* 代表 $p < 0.1$。

两步传导机制是成立的。从溢出效应来看，本地区的资源依赖对邻近地区的科技创新具有正向促进作用，这一点与非资源型城市的资源依赖的溢出效应得到的结论相反，在非资源型城市资源依赖的形成不利于邻近地区科技创新水平的提升。且在非资源型城市中资源依赖变量的估计系数和直接效应同样显著为负，与非资源型城市资源依赖的"资源福音"效应相悖，即科技创新虽然能够显著提高绿色经济增长水平，但是资源依赖的提高会抑制科技创新水平，从而不利于绿色经济增长。因此，资源依赖的两步传导机制在非资源型城市中依然成立。

## 七、资源依赖与制造业发展的两步传导机制检验

为了检验资源依赖对制造业发展的作用效应，表7-34 报告了对应的 NSM 优选检验结果。依据空间面板模型的估计策略，对于全体样本，选择空间和时间双向固定效应 SAR；而对于资源型城市样本和非资源型城市样本，优选检验结果一致选择非空间的个体和时间双向固定效应模型。

表7-34　　　资源依赖对制造业发展作用效应的优选检验结果

| 变量 | 全样本 | 资源型城市 | 非资源型城市 |
|---|---|---|---|
| | （1）双向固定 | （2）双向固定 | （3）双向固定 |
| LM Spatial Lag | 401.9848 [0.0000] | 1.6905 [0.1940] | 222.2130 [0.0000] |
| LM Spatial Error | 397.4702 [0.0000] | 0.8016 [0.3710] | 221.4978 [0.0000] |
| Robust LM Spatial Lag | 4.5633 [0.0330] | 3.7546 [0.0530] | 0.8501 [0.3570] |
| Robust LM Spatial Error | 0.0487 [0.8250] | 2.8657 [0.0900] | 0.1350 [0.7130] |
| LR_1 检验 | 8631.9075 [0.0000] | 2792.2594 [0.0000] | 5749.5979 [0.0000] |

续表

| 变量 | 全样本 | 资源型城市 | 非资源型城市 |
|---|---|---|---|
| | (1) 双向固定 | (2) 双向固定 | (3) 双向固定 |
| LR_2 检验 | 270.6917 [0.0000] | 144.6353 [0.0000] | 124.1597 [0.0000] |
| LR_3 检验 | 182.5314 [0.0000] | 140.1694 [0.0000] | 77.7879 [0.0000] |
| LR_4 检验 | 8543.7472 [0.0000] | 2787.7935 [0.0000] | 5703.2260 [0.0000] |
| LR_5 检验 | 8814.4389 [0.0000] | 2932.4289 [0.0000] | 5827.3857 [0.0000] |
| Hausman 检验 | 96.1929 [0.0000] | 103.6411 [0.0000] | 76.7404 [0.0000] |

注：据 Matlab2019a 软件计算得到。(1) 方括号内的值为 $P$ 值；(2) LR_1 检验代表空间固定效应与混合效应模型的 LR 检验，LR_2 检验代表时间固定效应与混合效应模型的 LR 检验，LR_3 检验代表空间和时间双向固定效应模型与空间固定效应的 LR 检验，LR_4 检验代表空间和时间双向固定效应模型与时间固定效应的 LR 检验，LR_5 检验代表空间和时间双向固定效应模型与混合效应的 LR 检验。

表 7-35 汇报了资源依赖对制造业发展作用效应的空间和时间双向固定效应 SAR 结果，并使用偏误校正方法进行参数效应分解，结果均稳健。资源依赖系数显著为负，其对制造业发展有显著的抑制效应，正属于"资源诅咒"理论中"荷兰病"效应，也说明"环境规制→资源依赖→制造业发展→绿色经济增长"两步传导机制成立。这一结论与现有研究的结论一致（徐康宁和王剑，2006；杨莉莉等，2014），究其原因，制造业是一个国家或地区关系国民经济的基础性产业，其发展关乎经济的长期稳定向好。而资源生产部门与制造业的关联并不紧密，因此资源产业与其他产业的后项联系较小，前向联系也不稳定。资源产业类的初级生产部门的长期繁荣并不能显著推动经济增长，但是其短期内的红利又会吸引更多的生产要素向其集中，制造业的发展相应会受到限制，经济发展失去长久的推动力（Corden & Neary，1982；邵帅等，2013）。

表 7 - 35    资源依赖对制造业发展作用效应的回归结果（*manufacturing*）

| 被解释变量 | 双向固定效应 SAR（偏误校正方法） | | | |
|---|---|---|---|---|
| | （1）估计系数 | （2）直接效应 | （3）溢出效应 | （4）总效应 |
| *regulation* | 0.0248<br>（0.0368） | 0.0276<br>（0.0385） | 0.3505<br>（0.5188） | 0.3775<br>（0.5564） |
| *regulation*$^2$ | 0.0120<br>（0.0285） | 0.0117<br>（0.0299） | 0.1573<br>（0.4051） | 0.1691<br>（0.4344） |
| *resource* | -0.2908 ***<br>（0.0341） | -0.3041 ***<br>（0.0355） | -3.9942 ***<br>（0.9393） | -4.2984<br>（0.9589） |
| *GEPI*（-1） | -0.0320 ***<br>（0.0061） | -0.0332 ***<br>（0.0064） | -0.4358 ***<br>（0.1242） | -0.4690<br>（0.1288） |
| *W × manufacturing*<br>（*rho*） | 0.9309 ***<br>（-0.0124） | | | |
| 时间固定 | Yes | | | |
| 空间固定 | Yes | | | |
| *R-squared* | 0.8969 | | | |
| *Log-likelihood* | 7258.8096 | | | |
| 观察值 | 4290 | | | |
| 个体数 | 286 | | | |

注：据 Matlab2019a 软件计算得到。（1）括号内的值为标准误；（2）*** 代表 $p < 0.01$，** 代表 $p < 0.05$，* 代表 $p < 0.1$。

表 7 - 36 汇报了资源依赖和对制造业发展的作用效应的区域异质性结果。在资源型城市中，从资源依赖的系数看，其对制造业发展在 1% 的显著性水平下为负，即资源依赖会显著"挤出"制造业发展，这符合"资源诅咒"形成的传导机制，构成了"环境规制→资源依赖→制造业发展→绿色经济增长"的两步传导机制。在非资源型城市中，资源依赖变量系数不显著，因此不存在对制造业发展的抑制作用，说明"荷兰病"只存在于我国的资源型城市而在非资源型城市并未显著表现出来，资源依赖的两步传导机制在非资源型城市中并不成立。

**表7-36**　　　　　　　　资源依赖对制造业发展作用效应的区域
异质性结果（*manufacturing*）

| 被解释变量 | 资源型城市 | 非资源型城市 |
| --- | --- | --- |
| | 非空间双向固定效应 | 非空间双向固定效应 |
| | （1）估计系数 | （2）估计系数 |
| *regulation* | -0.1601*** <br> (0.0492) | 0.1275** <br> (0.0501) |
| *regulation*$^2$ | 0.1634*** <br> (0.039) | -0.0645* <br> (0.0384) |
| *resource* | -0.3905*** <br> (0.0334) | 0.0045 <br> (0.0766) |
| *GEPI*（-1） | -0.0287*** <br> (0.0087) | -0.037*** <br> (0.0081) |
| 时间固定 | Yes | Yes |
| 空间固定 | Yes | Yes |
| *R-squared* | 0.1131 | 0.0153 |
| *Log-likelihood* | 2722.6 | 4545.0 |
| 观察值 | 1455 | 2835 |
| 个体数 | 97 | 197 |

注：据 Matlab2019a 软件计算得到。（1）括号内的值为标准误；（2）***代表 $p<0.01$，**代表 $p<0.05$，*代表 $p<0.1$。

## 八、资源依赖与物质资本的两步传导机制检验

为了检验资源依赖和环境规制对物质资本的作用效应，表7-37报告了对应 NSM 的优选检验结果。依据空间面板模型的估计策略，无论是286个城市全体样本、97个资源型城市还是189个非资源型城市样本，优选检验结果一致选择空间和时间双向固定效应 SDM。

表 7 – 37        资源依赖对物质资本作用效应的优选检验结果

| 变量 | 全样本 | 资源型城市 | 非资源型城市 |
|---|---|---|---|
|  | （1）双向固定 | （2）双向固定 | （3）双向固定 |
| LM Spatial Lag | 1812. 4334<br>［0. 0000］ | 407. 7489<br>［0. 0000］ | 1344. 3814<br>［0. 0000］ |
| LM Spatial Error | 1692. 9442<br>［0. 0000］ | 360. 2240<br>［0. 0000］ | 1254. 1188<br>［0. 0000］ |
| Robust LM Spatial Lag | 185. 3529<br>［0. 0000］ | 110. 5318<br>［0. 0000］ | 158. 2824<br>［0. 0000］ |
| Robust LM Spatial Error | 65. 8637<br>［0. 0000］ | 63. 0068<br>［0. 0000］ | 68. 0198<br>［0. 0000］ |
| LR_1 检验 | 4965. 8388<br>［0. 0000］ | 1473. 3497<br>［0. 0000］ | 3368. 8032<br>［0. 0000］ |
| LR_2 检验 | 1951. 3899<br>［0. 0000］ | 765. 8037<br>［0. 0000］ | 1213. 2707<br>［0. 0000］ |
| LR_3 检验 | 5550. 2042<br>［0. 5423］ | 1996. 9428<br>［0. 0000］ | 3615. 5986<br>［0. 0000］ |
| LR_4 检验 | 8564. 6531<br>［0. 0000］ | 2704. 4889<br>［0. 0000］ | 5771. 1310<br>［0. 0000］ |
| LR_5 检验 | 10516. 0430<br>［0. 0000］ | 3470. 2925<br>［0. 0000］ | 6984. 4017<br>［0. 0000］ |
| Hausman 检验 | 149. 8223<br>［0. 0000］ | 79. 7371<br>［0. 0000］ | 138. 3747<br>［0. 0000］ |

注：据 Matlab2019a 软件计算得到。（1）方括号内的值为 $P$ 值；（2）LR_1 检验代表空间固定效应与混合效应模型的 LR 检验，LR_2 检验代表时间固定效应与混合效应模型的 LR 检验，LR_3 检验代表空间和时间双向固定效应模型与空间固定效应的 LR 检验，LR_4 检验代表空间和时间双向固定效应模型与时间固定效应的 LR 检验，LR_5 检验代表空间和时间双向固定效应模型与混合效应的 LR 检验。

表 7 – 38 汇报了资源依赖对物质资本作用效应的双向固定效应 SDM 结果，对应的 Wald 检验（$p < 0.01$）和 LR 检验（$p < 0.01$）选择

SDM，并使用偏误校正方法进行参数效应分解，结果均稳健。资源依赖系数显著为负，资源依赖对物质资本有显著的抑制作用，说明在总体样本中，物质资本是资源依赖与绿色经济增长之间"资源诅咒"的传导路径之一。这一结论符合吉尔法松和索伊加（Gylfason & Zoega，2006）的研究，即认为一个国家或地区如果过度依赖自然资源，将严重挤出物质资本。中国当前处于经济新常态发展阶段，经济增长的驱动力正在向创新驱动转变，对自然资源初级生产部门的重视不利于固定资产的投资，在一定程度上造成物质资本投入不足，造成对物质资本的"挤出"（邵帅和齐中英，2008）。综上所述，在全体城市样本中，物质资本构成"环境规制→资源依赖→制造业发展→绿色经济增长"两步传导机制。

表 7－38　　资源依赖对物质资本作用效应的回归结果（*capital*）

| 被解释变量 | 双向固定效应 SDM（偏误校正方法） | | | |
| --- | --- | --- | --- | --- |
| | （1）估计系数 | （2）直接效应 | （3）溢出效应 | （4）总效应 |
| *regulation* | 0.0225<br>(0.0232) | 0.1238 *** <br>(0.0281) | 41.5284 *** <br>(9.1277) | 41.6522 *** <br>(9.1449) |
| *regulation*$^2$ | 0.0008<br>(0.0181) | －0.0612 *** <br>(0.0204) | －25.4388 *** <br>(6.0642) | －25.5000 *** <br>(6.0748) |
| *resource* | －0.0652 *** <br>(0.0205) | －0.1066 *** <br>(0.0279) | －16.5643 ** <br>(8.0146) | －16.6709 ** <br>(8.0335) |
| *GEPI*（－1） | 0.0237 *** <br>(0.0037) | 0.0605 *** <br>(0.0072) | 15.1659 *** <br>(2.9229) | 15.2264 *** <br>(2.9292) |
| *W × regulation* | 1.2692 *** <br>(0.1877) | | | |
| *W × regulation*$^2$ | －0.7902 *** <br>(0.1365) | | | |

| 被解释变量 | 双向固定效应 SDM（偏误校正方法） | | | |
|---|---|---|---|---|
| | （1）估计系数 | （2）直接效应 | （3）溢出效应 | （4）总效应 |
| $W \times resource$ | -0.4529*<br>(0.2360) | | | |
| $W \times GEPI$（-1） | 0.4533***<br>(0.0448) | | | |
| $W \times capital$（rho） | 0.9695***<br>(0.0054) | | | |
| SAR 与 SDM 遴选的<br>Wald 检验 | 143.7442<br>[0.0000] | | | |
| SAR 与 SDM 遴选的<br>LR 检验 | 154.7329<br>[0.0000] | | | |
| SEM 与 SDM 遴选的<br>Wald 检验 | 163.1401<br>[0.0000] | | | |
| SEM 与 SDM 遴选的<br>LR 检验 | 174.2049<br>[0.0000] | | | |
| 时间固定 | Yes | | | |
| 空间固定 | Yes | | | |
| R-squared | 0.9419 | | | |
| Log-likelihood | 9493.0295 | | | |
| 观察值 | 4290 | | | |
| 个体数 | 286 | | | |

注：据 Matlab2019a 软件计算得到。（1）圆括号内的值为标准误；（2）方括号内的值为 $P$ 值；（3）***代表 $p < 0.01$，**代表 $p < 0.05$，*代表 $p < 0.1$。

表 7-39 汇报了资源依赖对物质资本作用效应的区域异质性结果。在资源型城市中，对应的 Wald 检验（$p < 0.01$）和 LR 检验（$p < 0.01$），拒绝 SDM 简化为 SAR 或 SEM 的原假设，因此选择 SDM，并使用偏误校正方法进行参数效应分解，结果均稳健。从直接效应的系数来

看，资源依赖会挤出物质资本，符合资源诅咒理论，说明在资源型城市样本中，物质资本构成"环境规制→资源依赖→物质资本→绿色经济增长"这一两步传导机制。在非资源型城市中，选择偏误校正方法的空间杜宾模型，并进行参数效应分解，结果均稳健。资源依赖变量的直接效应不再显著，说明资源依赖对物质资本的挤出效应只存在于我国的资源型城市中，也证实非资源型城市不存在物质资本的两步传导机制。

表 7 – 39    资源依赖对物质资本作用效应的区域异质性结果 (*capital*)

| 被解释变量 | 资源型城市 | | | 非资源型城市 | | |
|---|---|---|---|---|---|---|
| | 双向固定 SDM (偏误校正方法) | | | 双向固定 SDM (偏误校正方法) | | |
| | (1) 估计系数 | (2) 直接效应 | (3) 溢出效应 | (4) 估计系数 | (5) 直接效应 | (6) 溢出效应 |
| *regulation* | − 0.0083 (0.0317) | 0.0420 (0.0329) | 4.6966 *** (1.4356) | 0.0515 * (0.0303) | 0.2440 *** (0.0549) | 34.8956 *** (8.8806) |
| *regulation*$^2$ | 0.0062 (0.0253) | − 0.0229 (0.0257) | − 2.7475 *** (0.9455) | − 0.0126 (0.0233) | − 0.1067 *** (0.0358) | − 17.0531 *** (5.5753) |
| *resource* | − 0.0106 (0.0209) | − 0.0720 *** (0.0246) | − 5.7310 *** (1.3476) | − 0.1449 *** (0.0445) | − 0.1336 (0.1004) | 2.3343 (15.7373) |
| *GEPI* ( − 1) | 0.0222 *** (0.0054) | 0.0268 *** (0.0062) | 0.3980 (0.2604) | 0.0274 *** (0.0047) | 0.0889 *** (0.0138) | 11.1988 *** (2.3907) |
| $W \times regulation$ | 0.7815 *** (0.2017) | | | 1.2797 *** (0.2341) | | |
| $W \times regulation^2$ | − 0.4557 *** (0.1453) | | | − 0.6402 *** (0.1729) | | |
| $W \times resource$ | − 0.9531 *** (0.1463) | | | 0.2442 (0.5961) | | |
| $W \times GEPI$ ( − 1) | 0.0497 (0.0396) | | | 0.3973 *** (0.0473) | | |
| $W \times capital$ (*rho*) | 0.8277 *** (0.0298) | | | 0.9621 *** (0.0069) | | |

续表

| 被解释变量 | 资源型城市 | | | 非资源型城市 | | |
|---|---|---|---|---|---|---|
| | 双向固定 SDM（偏误校正方法） | | | 双向固定 SDM（偏误校正方法） | | |
| | （1）估计系数 | （2）直接效应 | （3）溢出效应 | （4）估计系数 | （5）直接效应 | （6）溢出效应 |
| SAR 与 SDM 遴选的 Wald 检验 | 72.0929 [0.0000] | | | 111.9601 [0.0000] | | |
| SAR 与 SDM 遴选的 LR 检验 | 79.1788 [0.0000] | | | 120.9509 [0.0000] | | |
| SEM 与 SDM 遴选的 Wald 检验 | 78.3895 [0.0000] | | | 128.8195 [0.0000] | | |
| SEM 与 SDM 遴选的 LR 检验 | 85.3998 [0.0000] | | | 138.4510 [0.0000] | | |
| 时间固定 | Yes | | | Yes | | |
| 空间固定 | Yes | | | Yes | | |
| R-squared | 0.9474 | | | 0.9440 | | |
| Log-likelihood | 3482.5247 | | | 6152.0249 | | |
| 观察值 | 1455 | | | 2835 | | |
| 个体数 | 97 | | | 189 | | |

注：据 Matlab2019a 软件计算得到。（1）圆括号内的值为标准误；（2）方括号内的值为 $P$ 值；（3）\*\*\* 代表 $p < 0.01$，\*\* 代表 $p < 0.05$，\* 代表 $p < 0.1$。

综合上述资源依赖与产业结构高级化、产业结构合理化、政府制度质量、对外开放、人力资本、科技创新、制造业发展和物质资本的两步传导机制检验，本书提出的理论假说 4 中，即"在资源依赖影响绿色经济增长过程中，产业结构、政府制度质量、对外开放、人力资本、科技创新、制造业发展和物质资本起到中介传导作用，从而构成资源依赖的两步传导机制"，除人力资本未构成资源依赖影响绿色经济增长的传导机制以外，其他中介传导作用均存在，验证了假说 4。

# 第四节　本　章　小　结

本章基于本书提出的理论假说 3 和假说 4 进行实证检验。第一节为研究设计，设定资源依赖的中介传导机制检验模型和两步传导机制检验模型。第二节，首先对环境规制与资源依赖的交互项进行估计，分析两者间的交互效应或者调节效应；其次，对资源依赖的中介效应进行检验，验证了假说 3 的成立。在第三节，从产业结构高级化、产业结构合理化、政府制度质量、对外开放、人力资本、科技创新、制造业发展和物质资本投资八个方面，检验资源依赖的两步传导机制，即验证假说 4 的成立。同时，本章亦将 286 个城市样本划分为 97 个资源型和 189 个非资源型城市样本进行异质性分析。主要结论如下：

（1）从环境规制与资源依赖的交互效应检验结果看，地级市总体、资源型和非资源型城市样本均不存在交互效应或调节效应。从资源依赖中介效应检验结果看，总体样本中，资源依赖对绿色经济增长具有"资源诅咒"效应，且资源依赖是环境规制和绿色经济增长的中介变量。当环境规制较弱时，其对资源依赖具有正向促进作用，而资源依赖不利于绿色经济增长水平的提升。随着环境规制强度的提高，首先在环境规制强度为 0.5153 处表现出对资源依赖的抑制效应，此时环境规制对绿色经济增长的直接作用显著为负。当环境规制强度继续提高到 0.6104，此时同时实现环境规制对绿色经济增长的直接促进效应，以及环境规制通过抑制资源依赖从而促进绿色经济增长的中介传导机制。2003 ~ 2018 年，我国环境规制强度高于 0.6104 的城市数量从 39 个增加到 278 个，绝大多数城市环境规制力度都在逐年提升。

（2）对于资源依赖中介效应的城市类型异质性分析，在资源型城市样本中，资源依赖对绿色经济增长表现为更强的"资源诅咒"效应，且资源依赖的中介传导机制存在。随着环境规制强度的提高，首先在环境规制为 0.5173 处表现出对资源依赖的抑制效应，此时对绿色经济增长的直接作用为负，当其继续提高到 0.5753 后，能同时实现直接促进绿色经济增长，以及减弱资源依赖从而间接促进绿色经济增长的作用机制。在非资源型城市样本中，资源依赖对绿色经济增长表现出"资源福音"效应，且资源依赖也是其中介变量。环境规制强度首先在 0.6192 处提升绿色经济增长，在提高到 0.6891 后，其对资源依赖产生抑制从而间接降低绿色经济增长。

（3）在资源依赖的两步传导机制的检验中，对于 286 个总体城市样本，资源依赖对产业结构高级化、政府制度质量、科技创新、制造业发展和物质资本具有挤出效应，对产业结构合理化和对外开放具有促进效应，而人力资本并不是资源依赖与绿色经济增长之间产生"资源诅咒"的传导机制。

（4）在资源依赖两步传导机制的城市类型异质性分析中，对于 97 个资源型城市样本，资源依赖对政府制度质量、科技创新、制造业发展和物质资本具有抑制作用，对对外开放和人力资本具有促进效应，但产业结构高级化、产业结构合理化、政府制度质量和人力资本并不是资源依赖与绿色经济增长之间"资源诅咒"的传导机制。在非资源型城市样本中，资源依赖对产业结构高级化、政府制度质量、人力资本和科技创新具有负向抑制效应，对产业结构合理化和对外开放具有正向促进效应，制造业发展和物质资本并不是资源依赖与绿色经济增长之间产生"资源福音"的传导路径。

表 7 - 40 更为直观地展示资源依赖两步传导机制的检验结果。其中，"×"表示不构成传导机制，"√"表示构成传导机制；"＋"表示存在正向促进作用，"－"表示存在负向抑制效应，"0"表示无相关关系；"Y"表示总体样本资源依赖两步传导机制成立，"N"表示总体样本资源依赖两步传导机制不成立。

表 7 - 40　　　　　资源依赖两步传导机制的检验结果汇总

| 资源依赖→传导机制变量 | | | | | | 传导机制 | 传导机制变量→绿色经济增长 | | | | | | 两步传导机制 |
|---|---|---|---|---|---|---|---|---|---|---|---|---|---|
| 总体 | | 资源型 | | 非资源型 | | 样本类型 | 总体 | | 资源型 | | 非资源型 | | |
| √ | － | × | 0 | √ | － | 产业结构高级化 | √ | ＋ | √ | ＋ | √ | ＋ | Y |

续表

| 资源依赖→传导机制变量 | | | | | | 传导机制 | 传导机制变量→绿色经济增长 | | | | | | 两步传导机制 |
|:---:|:---:|:---:|:---:|:---:|:---:|:---:|:---:|:---:|:---:|:---:|:---:|:---:|:---:|
| 总体 | | 资源型 | | 非资源型 | | 样本类型 | 总体 | | 资源型 | | 非资源型 | | |
| √ | + | × | 0 | √ | + | 产业结构合理化 | √ | – | √ | – | × | 0 | Y |
| √ | – | × | – | √ | – | 政府制度质量 | √ | + | × | 0 | √ | + | Y |
| √ | + | √ | + | √ | + | 对外开放 | √ | + | √ | + | √ | – | Y |
| × | 0 | × | + | √ | – | 人力资本 | √ | + | × | 0 | √ | + | N |
| √ | – | √ | – | √ | – | 科技创新 | √ | + | √ | + | √ | + | Y |
| √ | – | √ | – | × | 0 | 制造业发展 | √ | – | × | 0 | √ | – | Y |
| √ | – | √ | – | × | 0 | 物质资本 | √ | + | √ | + | √ | + | Y |

注：作者依据第六、第七章的实证检验结论汇总整理得到。

# 第八章

# 研究结论与政策建议

## 第一节 研究结论

伴随着中国新型工业化、新型城镇化、生态环境保护和治理等发展战略的稳步推进，强有力的环境规制政策已经成为中国经济转型发展的基础策略和重要推动力。但中国在经济转型发展道路上还面临着如何实现经济增长、环境保护和资源利用协调发展的难题，如何充分发挥自然资源禀赋，实现经济增长和环境保护稳步提升的目标是当前中国城市发展亟待解决的矛盾和困难，亦是本研究的切入点。本书基于数据的可获取性筛选出中国286个地级市城市面板数据，同时依据中国国务院印发的《全国资源型城市可持续发展规划（2013～2020年）》中对于资源型城市的定义和名单，进一步将总体城市样本分为97个资源型城市和189个非资源型城市样本。基于绿色经济增长的内涵构建出中国城市绿色经济增长评价指标体系，利用具有测度优势的改进DEA方法——Metafrontier–Global–SBM超效率DEA模型测算出中国城市的绿色经济增长水平；利用改进模糊综合评价方法测算城市的环境规制；选取合适的资源依赖测度指标，从资源依赖视角研究环境规制对城市绿色经济增长的影响以及资源依赖与绿色经济增长之间的传导机制。从理论框架和实证检验层面寻求环境规制破解城市绿色经济增长陷入"资源诅咒"局面的新思路。本书的主要研究结论可以总结归纳为如下几个方面：

（1）通过对中国地级市环境规制、绿色经济增长以及资源依赖三个指标的测度，初步探索三者的现实状况。从对环境规制指标的测度结果可以看出，中国环境规制呈逐年增强的态势。对绿色经济增长的测度，不仅从全国和东中西区域、资源型和非资源型城市、31个省份以及286个地级市层面分析绿色经济绩效析，而且基于绿色经济增长的分解优势，从内在驱动因素探讨"追赶效应""创新效应"和"技术领导者转移效应"，发现我国城市绿色经济增长主要由反映群组内各城市绿色经济增长的"创新效应"驱动。通过对资源丰裕度和资源依赖两类指标的探讨以及数据可得性的考虑，选取采掘业从业人员占比衡量资源依赖状况。

（2）对于环境规制与绿色经济增长的关系的研究。首先，在非空间模型检验中，无论总体样本还是划分样本，环境规制对绿色经济增长之间都存在显著的U型非线性影响，研究假说1得到验证。在城市类型异质性分析中，资源型城市U型曲线最早达到极值点，即同等力度环境规制下的资源型城市，其环境规制更早促进绿色经济增长。其次，在对控制变量的回归中，总体样本的产业结构高级化、政府制度质量、对外开放程度、人力资本水平、科技创新水平、物质资本投资水平对绿色经济增长具有显著的提升作用，产业结构合理化和制造业发展对绿色经济增长具有显著的抑制作用。资源型城市的政府制度质量对绿色经济增长的表现转变为不显著的抑制作用，而非资源型城市的对外开放程度对绿色经济增长的影响呈现显著抑制作用。除此之外，两类城市的控制变量相比总体仅存在显著性水平下的变化。

（3）在对环境规制与绿色经济增长的空间关系检验中，通过一系列模型的优选检验，总体和资源型城市选取空间和时间双向固定效应的空间自回归模型估计结果，非资源型城市选择非空间模型估计结果，一方面由于非资源型城市不存在资源依赖上的相似特征，各地区在环境规制上的互相干扰较小，另一方面由于所研究的非资源型城市样本之间并非严格意义上邻近。在对空间溢出效应和空间反馈效应的检验中，总体和资源型城市结果显示，非空间计量模型估计系数被高估。总体样本存在空间溢出效应，环境规制的一次项对绿色经济增长的反馈效应占直接效应的1.67%，其二次项对绿色经济增长的反馈效应占直接效应的1.62%，验证了研究假说2。

（4）实证检验环境规制、资源依赖和绿色经济增长之间的关系。首先，环境规制与资源依赖之间不存在交互效应或调节效应。其次，总体样本存在"资源诅咒"效应，且验证了资源依赖在环境规制和绿色经济增长之间的中介作用，研究假说3得到验证。且从2003~2018年，绝大多数城市都在逐年提高环境规制。最后，城市类型异质性分析中，资源型城市的资源依赖对绿色经济增长表现出更强的"资源诅咒"效应；非资源型城市表现出"资源福音"效应。

（5）在资源依赖的两步传导机制假说4的检验中，总体样本中的资源依赖对产业结构高级化、政府制度质量、科技创新、制造业发展和物质资本具有"挤出"效应，对产业结构合理化和对外开放具有促进效应，而人力资本并非资源依赖与绿色经济增长之间"资源诅咒"的传导机制；资源型城市的资源依赖对政府制度质量、科技创新、制造业发展和物质资本具有"挤出"效应，对对外开放和人力资本具有促进效应，但产业结构高级化、产业结构合理化、政府制度质量和人力资本并不是资源依赖与绿色经济增长之间"资源诅咒"的传导变量；非资源型城市的资源依赖对产业结构高级化、政府制度质量、人力资本和科技创新具有"挤出"效应，对产业结构合理化和对外开放具有正向促进效应，制造业发展和物质资本并非资源依赖与绿色经济增长之间"资源福音"的传导路径。

# 第二节  政 策 建 议

一个地区的经济增长状况如何？实现增长的驱动因素是什么？这一增长是否具有可持续动能？这些经济增长相关问题一直受到经济学界的广泛关注。一方面，当前我国面临增长速度换挡期、结构调整阵痛期和前期刺激政策消化期"三期叠加"的关键时期，实现经济平稳增长至关重要。另一方面，居民环保意识正逐步提升，对于美好生活的向往日益强烈。因此，做好资源节约、环境保护和经济发展三者之间的协调发展就显得尤为重要。本书通过对中国城市环境规制、资源依赖与绿色经济增长三者之间关系的研究，以及对资源依赖与绿色经济增长之间传导路径的研究，基于资源型与非资源型城市类型异质性分析，取得了一系列有关环境规制、资源依赖与绿色经济增长的研究结论。在理论分析与实证检验相互印证的基础上，试图提出一些促进我国城市绿色经济增长的政策建议。

实施环境规制政策提升城市绿色经济增长的目标有两个：一是花费较少的资源环境成本，实现资源环境与经济社会的协调稳定发展；二是在充分保障区域经济和社会平稳发展的前提下，通过规范环境规制政策的施行从而更好地提升我国资源节约与环境友好型城市建设。以此为目标，从如下方面提出相关的政策建议。

## 一、兼顾资源依赖水平因地制宜制定环境政策

从本研究第五章的实证结论来看，环境规制和资源依赖对城市绿色经济增长的影响并不是线性的，而是存在某一阈值的非线性影响，并且对于资源型城市和非资源型城市这一阈值并不相同，资源依赖约束下环境规制对于绿色经济增长的影响也就不同。中央政府制定环境规制政策的目的是带来社会效益，但是这一目的与地方政府或者企业发展的出发点可能存在冲突，因此在环境规制的施行过程中存在较大的不确定性。如果环境规制力度过小，一方面对资源依赖起不到抑制作用，导致资源依赖对于绿色经济增长的"资源诅咒"效应等不得缓解，另一方面环境规制的实施增加了企业的生产成本，又没有形成环境规制的创新激励作用，对绿色经济增长同样造成了阻碍。如果环境规制的力度过大，甚至这种规制强度超出了地方企业的成本控制承受范围，不仅不会激励企业进行绿色转型升级，而且会伤害其进行绿色技术创新的积极性，逼迫一部分企业向环境规制较为宽松的地区迁移，甚至只能被迫停产停业，这对城市绿色经济增长的打击也是巨大的，不利于地区资源节约、环境保护和经济增长的协调发展。

因此，对资源依赖水平不同的地区或企业，应当充分考虑其自身状

态，制定适合其发展的环境规制标准，将目前常用的命令控制型、市场激励型和自愿型环境规制政策搭配结合使用，也要兼顾执行的力度和实施成效。对于部分只注重短期生产获利和遵循成本的企业，要积极发挥命令控制型环境规制对这些企业的倒逼作用机制，激发企业进行绿色技术创新和清洁生产，同时更加关注和利用事前激励环境规制的优势，如针对不同类型的行业和企业生产行为，通过对其绿色创新技术开发进行直接补贴或减免相关税收的间接优惠政策，大力鼓励和激励企业减少环境污染性的生产行为，实现环境保护和清洁转型。需要注意的是，创新补贴的政府选择性较强，主要补贴对象是以绿色创新和节能减排为目的的相关项目，补贴的方式是以单次或者分批次直接划拨的方式给予资金支持。税收优惠政策的本质是政府对于税收收入的间接转让，这更加有利于资源较为缺乏地区和污染性企业减少污染增加创新投入。这两种手段均能够在直接减少企业遵循成本的同时增加企业预期收入。当前阶段，中央政府需要将具有强制性约束的命令控制型环境规制与具有激励性的市场激励型环境规制相结合，针对具有不同资源依赖水平的地区和企业制定不同类型的环境规制政策，使环境规制政策既能够发挥出补贴措施的针对性，又能够发挥税收减免措施的普惠性。

## 二、组合利用环境规制政策工具

环境规制促进城市绿色经济增长的具体成效不仅是由环境规制的施行力度决定的，同样还取决于环境规制政策工具的类别。地方或企业对于资源环境保护成本的承受度是有一定限度的，一味依靠强制力提高环境规制水平和标准最终会造成环境规制政策的失效，这也说明了单纯依靠命令控制型的环境规制是不能满足中央对资源节约型和环境保护型社会建设的需要，单一类型的环境规制政策存在较大缺陷。因此，为了最大限度保证环境规制政策的施行效果，发挥其对于生态环境保护的作用，政府应该合理利用多种环境规制政策工具，组合利用具有不同功能的差异性环境政策工具。

具体来说，对于那些具有较大沉没成本且不易迁入迁出流动性较差的行业，应该将命令控制型的正式的环境规制与市场激励型和自愿型等非正式的环境规制政策相结合。因为这类行业一方面需要被严格监管和控制其对生态环境的破坏；另一方面又拥有较强的经济效应而受到地方政府庇护。如果仅通过正式的环境规制政策可能引起该类企业的寻租行为，不利于地方环境保护。将正式与非正式的环境规制政策组合在一起，一方面正式的环境规制政策工具能够发挥其"波特假说"中的"创新补偿"效应，通过环境规制"倒逼"污染企业采取末端治理的方式向清洁生产的转型，另一方面非正式的环境规制能够充分发挥其监督作用，通过环境投诉和公众举报等方式约束企业的污染行为。对于沉没成本较低且较易迁入迁出流动性较强的行业，应该采用市场激励和引导、政府和民众监督与惩罚等多种环境规制政策工具组合方式，积极引导企业进行绿色技术创新和清洁生产，而不应完全依赖强制性的环境规制政策工具约束其生产，防止由于过严的环境规制导致生产成本过高而逼迫企业迁入其他环境规制门槛较低的地区造成社会总福利降低的不利影响（岳书敬等，2015；高苇等，2018）。

## 三、加快推进资源型地区产业结构转型升级

资源型城市拥有较高的自然资源禀赋，如果对丰裕的自然资源加以合理开采和利用，对于地区经济发展和资源环境保护将有重要作用。但是，当前资源丰裕地区多数依赖于资源型产业部门，发展相关采掘业、能源产业和化工产业等仍然是资源型城市经济增长的重点产业。虽然资源型城市依靠其先天的自然资源禀赋能够得到较高的经济红利，但是这种经济增长一方面是短期且不可持续的，另一方面也是以牺牲生态环境为代价的。因此，一些资源型城市会寻求向其他产业进行转型升级，但是这种转型具有很大风险，在资源型地区没有发展出新的优势产业以前，如果大规模摒弃其资源优势而盲目转型，对于地区的经济发展可能产生严重打击。

因此，资源型城市转型升级的方式并非一定要将其拥有的自然资源禀赋完全抛弃，而是应该改进其落后的生产方式，在生产技术上进行改造升级。首先，资源型地区应该从对自然资源的开发利用入手，制订出科学合理的利用计划，从现有的技术水平逐步提升，达到资源行业的高

级化发展，同时要不断增加资源产品的附加值，最大限度地推动地区内以及地区间的生产要素的流动性，从而提升产业结构向合理化转型；其次，利用好大数据等新一代信息技术，将大数据技术充分应用在自然资源的选址、采掘以及生产等各个环节，提高资源的生产利用效率，使产业结构进一步向高级化发展转型；最后，资源型城市在充分利用自身资源禀赋的基础上，也必须努力寻求能够替代或者补充现有资源产业优势的其他优势产业，防止出现"矿竭城衰"甚至"矿干城亡"的现象。

寻找替代产业应该根据城市自身的发展特点进行充分判断，对此也有足够多的国内外经验可以参考。例如，迪拜从对石油的产业依赖逐步向服务业的多元化发展，其旅游业、金融服务业、房地产业、高新技术产业和会展业等五大产业成为迪拜多元化产业发展的典范。德国的鲁尔区则从以煤炭钢铁为主要生产支柱的产业模型向以高新技术为支柱的新兴产业如化学工业、物流产业、工业文化旅游业等发展。国内也有一些成功寻找到替代产业的城市，如山东省枣庄市充分发挥自身具有的自然和人文景观特点，积极推动旅游业发展，将旅游业作为其之前煤炭产业为主的替代产业，现已成为新型旅游城市。2019 年，枣庄市地区 GDP 为 1693.91 亿元，可比增长 3.6%。其中，第一产业增加值 158.87 亿元，增长 0.2%；第二产业增加值 736.98 亿元，增长 0.2%；第三产业增加值 798.06 亿元，增长 7.7%。① 三次产业结构调整为 9.4 : 43.5 : 47.1，成功实现产业结构转型升级。黑龙江大庆市是中国最大的石油石化基地，中国第一、世界第十大油田大庆油田所在地，是一座以石油、石化为支柱产业的著名工业城市，也是世界能源城市伙伴组织 19 个会员城市之一。与此同时，因其地处北温带大陆性季风气候区，受蒙古内陆冷空气和海洋暖流季风的影响，具有冬季寒冷有雪和春秋季风多的气候特点，并且全年无霜期较短，雨热同季，有利于农作物和牧草生长，同时大庆市共有耕地 45 万公顷，形成了得天独厚的农业资源，因此可将绿色有机食品产业作为石油产业的替代产业加以发展。

---

① 资料来源于《2019 年枣庄市国民经济和社会发展统计公报》，https：//baijiahao. baidu. com/s?id = 1682955973851170423&wfr = spider&for = pc。

## 四、充分利用科技创新优化环境规制政策选择

第五章的实证结果显示科技创新对城市绿色经济增长具有显著的正向促进作用，且是资源依赖与绿色经济增长之间的中介变量，因此对不同资源依赖阶段的城市，应该制定不同的环境规制政策，但是不论处于何种阶段，均应该充分利用好科技创新。第一，对于再生型资源城市，这类城市基本摆脱了资源依赖，经济和社会发展开始步入良性循环的轨道，被认为是资源型城市转变经济发展方式的先行区。应该依托科技创新成果，进一步优化经济结构，提高经济发展的质量和效益，同时深化对外开放和科技创新水平，改造提升传统产业，培育发展战略性新兴产业，加快发展现代服务业。加大民生投入，推进基本公共服务均等化。完善城市功能，提高城市品位，形成一批区域中心城市、生态宜居城市、著名旅游城市。第二，对于衰退型资源城市，这类城市的矿产资源开发已经进入衰退或枯竭过程，随着资源枯竭，其产业效益下降，并且资源衰退型城市通常产业结构单一，资源产业萎缩且尚未找到替代产业，经济总量不足，地方财力薄弱。对此，资源衰退型城市一方面应该通过利用科技创新成果，尽快找到新的替代产业，形成新的产业结构布局。资源型产业处于产业链的上游，利润率较低，资源的消耗使城市积累能力弱化，生产成本不断提高，对资源的强烈依赖又导致在市场分工中只生产初级产品，导致产业结构不断低级化的恶性循环。在这种情况下，以"减量化、再利用、资源化"为原则的循环经济能够提高资源利用效率，同时培育新的经济增长点，培养接续产业，变资源优势为市场优势、产品优势，进而形成特色的产业链优势，把利润转移到关联行业和其他产业，积极发展高新技术、化工、食品、纺织、医药等其他的支柱产业。第三，对于成长型和成熟型资源城市，这两类资源型城市具有较为相似的发展特点且处于再生型和衰退型两个阶段之间，因此，这些城市应该充分利用科技创新优化能源与资源产业链条。具体来说，一是要通过科技创新投入和相应的成果转化，在资源和能源的开发利用等环节提高效率；二是要通过财政补贴等相关政策支持这些城市的相关企业采用新技术等改造升级生产工艺，以资源环境保护和经济发展为目标

保障城市的稳步发展；三是充分利用科技创新成果开发高附加值和高技术水平的新材料和新能源等，保障相关资源产业与时俱进；四是给予与之配套的高兴技术服务业大力支持，从而吸引更多的人才进入技术开发市场，保持技术创新活力，最终实现成长型和成熟型城市的绿色经济增长。

## 五、塑造区域良好软环境以破解资源诅咒

首先，我国政府应该尽早融入世界范围资源诅咒的国际治理体系并参与该体系的构建和创新。资源型城市陷入"资源诅咒"问题不仅仅是中国资源依赖城市面临的困境，同样也是世界各国经济和社会发展中经历过或者正在经历的突出问题。为了找到突破这一窘境的合理方式，世界各国采取了很多具有针对性的全球治理活动，努力寻求破解资源诅咒的新方式。比如法国洛林是法国历史上以铁矿、煤矿资源丰富而著称的重化工基地，其通过实施"工业转型"战略，发展成为法国吸引外资最主要的地区。日本九州是著名的煤城，20 世纪 60 年代初，日本在该地区兴办一批现代化开发区，吸引大批企业迁入九州开发区，并按新产业政策兴办一批企业，使九州地区转型为日本新的重要高新技术产业区，等等。但是，中国在国际制度的建设和参与上并不积极主动，需要认识到，只有充分加入世界范围的资源诅咒治理国际制度建设中，才有机会将本国成功破解资源诅咒困境的经验教训传播到世界范围，并且能够主动吸收其他区域关于治理资源诅咒的经验，从而将这些西方经济加以创新改进应用到国内城市资源诅咒治理方式中。

其次，科学把握对外开放程度对于中国资源型城市实现资源环境保护和经济发展兼顾的局面具有重要意义。改革开放以来，东部地区由于其具有优越的地理区位条件得到了强有力的发展，但是中西部地区没有获得较多的发展要素资源。如今，党的十九届五中全会明确当前世界正在经历百年未有之大变局，国际环境日趋复杂，不稳定性不确定性明显增加，如今的中国应该努力形成对外开放新格局，积极参与国际经济合作和竞争，并提出实行高水平对外开放，开拓合作共赢新局面的新目标，即坚持实施更大范围、更宽领域、更深层次对外开放，依托我国大

市场优势，促进国际合作，实现互利共赢，同时要建设更高水平开放型经济新体制，全面提高对外开放水平，推动贸易和投资自由化便利化，推进贸易创新发展，推动共建"一带一路"高质量发展，积极参与全球经济治理体系改革。这一目标为我国中西部发展落后的资源型城市提供了充分依据，"一带一路"合作倡议为中西部资源丰裕的地区提高对外开放层次提供了新的契机，资源型城市应该充分利用这一新机遇，基于自身资源禀赋优势，尽快实现经济发展方式转型。

最后，应该提高人力资本水平，资源依赖显著抑制一部分地区人力资本，这会导致人力资本无法有效积累，人力资本的缺乏反过来对城市绿色经济增长形成锁定效应，从而进一步制约城市绿色转型。因此，一是应该大力提高资源型地区的人力资本投资力度，为此一方面需要加大高等教育投资力度，另一方面也需要提高教育的质量水准。二是政府应该提高对优秀人才的支持力度，破除人才地方保护措施，通过城市规划布局的优化来提升本地区的区域竞争力，创造良好的宜居环境，从而能够形成"引进人才—留住人才—培育人才"的人力资本积累的良性循环。三是应该统筹推进各类人才的队伍建设，加大专业教育和创新投入，同时结合城市发展的特点科学合理制定职业教育发展规划，提高全体劳动者的素质，围绕城市发展的主导产业和产业转型升级趋势，稳步推进人力资本积累与城市绿色经济增长协调发展。

## 第三节　研究展望

对环境政策与绿色经济增长的探讨是近些年资源环境经济学、生态学、地理学和统计学等学科及其交叉学科一直关注的热点话题。从不同视角研究环境规制对绿色经济增长的影响可能会产生不同结论。本研究基于资源依赖对城市发展的重要性，从资源依赖视角构建我国地级市层面环境规制对绿色经济增长影响的理论分析框架，取得一系列研究成果。但是，囿于数据可获取性、前沿研究方法适用性等一些客观条件限制，本书尚有值得商榷之处和进一步完善的空间，因此提出如下研究展望：

（1）本书测度环境规制的指标选取了工业烟尘去除率、工业二氧化硫去除率、生活污水处理率、工业固体废物综合利用率和生活垃圾无害化处理率5个指标，主要从对污染物的处理衡量环境规制。而环境规制包含政府主导的命令控制型、市场主导的市场激励型和自愿型等类型，因受制于地级市层面数据的可得性和齐整性，本书未能按照环境规制类型异质性对环境规制、资源依赖与绿色经济增长的关系及传导机制进行探讨。未来，随着地级市层面环境规制相关统计数据的不断更新和完善，可以从不同类型的环境规制出发构建理论框架并进行实证检验。

（2）本书从资源依赖视角研究环境规制对绿色经济增长的影响，将286个城市总体样本划分为97个资源型和189个非资源型城市样本探讨资源依赖的中介作用。但是，资源型城市还有很多分类标准，如按照发展阶段可以分为成长型、成熟型、衰退型和再生型四种类型；按照主要资源种类可以分为煤炭城市、黑金属城市、有色金属城市、石油城市和森林资源城市等；按照资源依赖程度的比例可以划分等级。不同类型的资源城市在环境规制制定、绿色经济增长模式以及资源依赖程度上存在较大差异。因此，将来可以进一步将资源型城市划分类别进行研究，从而更加细致地挖掘我国城市层面环境规制对绿色经济增长的影响。

（3）本书对资源依赖与绿色经济增长之间传导路径，从产业结构高级化、产业结构合理化、政府制度质量、对外开放、人力资本、科技创新、制造业发展和物质资本投资八个方面研究，检验了资源依赖的两步传导机制。但是，影响环境规制、资源依赖与绿色经济增长之间关系的因素众多，由于数据可获取性及建模限制，未能将更多指标纳入分析框架，对其他影响因素的探讨仍然存在较大的拓展空间。

# 第四节　本章小结

本章主要从本书的研究结论出发，利用两节的篇幅提出资源依赖视角下环境规制提升中国城市绿色经济增长的政策建议，具体来说是从基于环境规制、资源依赖与绿色经济增长关系以及基于环境规制、资源依赖与绿色经济增长作用机制两个角度展开的。基于本书的实证研究结论，分别从兼顾资源依赖水平因地制宜制定环境政策、破除地区间环境规制的"逐底竞争"行为以及组合利用环境规制政策工具三个方面提出相关政策建议。从资源依赖与绿色经济增长之间形成"资源诅咒"抑或"资源福音"的传导机制这一两步传导机制的实证检验，分别从加快推进资源型地区产业结构转型升级、充分利用科技创新优化环境规制政策选择以及塑造区域良好软环境以破解资源诅咒三个方面提出相关政策建议。这些政策建议紧密围绕本研究的实证结果，立足当前着眼未来，尝试从资源依赖视角寻找到环境规制破解资源依赖城市陷入"资源诅咒"窘境的新思路，旨在为中国城市实现资源节约、环境保护和经济发展的绿色经济增长模式提供有益的政策启示。

# 参 考 文 献

[1] [法] 安·罗伯特·雅克·杜尔哥. 关于财富的形成和分配的考察 [M]. 唐日松, 译. 北京: 东华夏出版社, 2007.

[2] [美] 莱斯特·R·布朗. B 模式: 拯救地球延续文明 [M]. 林自新, 暴永宁, 等译. 北京: 东方出版社, 2003.

[3] [美] 蕾切尔·卡森. 寂静的春天 [M]. 张白桦, 译. 北京: 北京大学出版社, 2015.

[4] [美] 施蒂格勒. 产业组织与政府管制 [M]. 潘振民, 译. 上海: 上海人民出版社, 1996: 210 - 241.

[5] [日] 植草益. 微观规制经济学 [M]. 北京: 中国发展出版社, 1992: 27 - 28.

[6] [英] 大卫·李嘉图. 政治经济学及赋税原理 [M]. 周洁, 译. 北京: 华夏出版社, 2005.

[7] [英] 威廉·配第. 赋税论 [M]. 邱霞, 译. 北京: 华夏出版社, 2006.

[8] [英] 亚当·斯密. 国民财富的性质和原因的研究 [M]. 郭大力, 王亚南, 译. 北京: 商务印书馆社, 1974.

[9] 曹建忠, 汪海凤. 基于坏产出动态 SBM 共同边界模型的资源型城市转型效率研究 [J]. 软科学, 2016, 30 (2): 117 - 120.

[10] 茶洪旺, 郑婷婷, 袁航. 资源诅咒与产业结构的关系研究——基于 PVAR 模型的分析 [J]. 软科学, 2018, 32 (7): 97 - 101.

[11] 茶洪旺, 郑婷婷. 资源依赖、产业结构与经济发展效率——基于中介传导模型的分析 [J]. 开发研究, 2018 (6): 14 - 22, 12.

[12] 陈斌开, 张川川. 人力资本和中国城市住房价格 [J]. 中国

社会科学，2016（5）：43－64，205.

[13] 陈超凡.中国工业绿色全要素生产率及其影响因素——基于 ML 生产率指数及动态面板模型的实证研究 [J].统计研究，2016，33 (3)：53－62.

[14] 陈端计.绿色发展：中国"十二五"发展转型升级的必然选择 [J].经济问题探索，2011（8）：153－158.

[15] 陈国阶.中国资源利用与产业结构的调整 [J].中国人口·资源与环境，1994（1）：30－35.

[16] 陈强.高级计量经济学及 Stata 应用 [M].北京：高等教育出版社，2010.

[17] 陈诗一.中国各地区低碳经济转型进程评估 [J].经济研究，2012，47（8）：32－44.

[18] 陈运平，何珏，钟成林."福音"还是"诅咒"：资源丰裕度对中国区域经济增长的非对称影响研究 [J].宏观经济研究，2018 (11)：139－152，175.

[19] 褚艳宁.生态经济视角下"资源诅咒"向"资源福祉"的转化 [J].经济问题，2015（2）：31－34.

[20] 戴星翼.走向绿色的发展 [M].上海：复旦大学出版社，1998.

[21] 邓波，张学军，郭军华.基于三阶段 DEA 模型的区域生态效率研究 [J].中国软科学，2011（1）：92－99.

[22] 丁从明，马鹏飞，廖舒娅.资源诅咒及其微观机理的计量检验——基于 CFPS 数据的证据 [J].中国人口·资源与环境，2018，28 (8)：138－147.

[23] 丁菊红，邓可斌.政府干预、自然资源与经济增长——基于中国地区层面的研究 [J].中国工业经济，2007（7）：56－64.

[24] 董利红，严太华，邹庆.制度质量、技术创新的挤出效应与资源诅咒——基于我国省际面板数据的实证分析 [J].科研管理，2015，36（2）：88－95.

[25] 董利红，严太华.技术投入、对外开放程度与"资源诅咒"：

从中国省际面板数据看贸易条件 [J]. 国际贸易问题, 2015 (9): 55 - 65.

[26] 樊纲, 王小鲁, 马光荣. 中国市场化进程对经济增长的贡献 [J]. 经济研究, 2011, 46 (9): 4 - 16.

[27] 范巧, 王成纲. 国家级新区辐射带动力评价及其影响因素分解——以重庆两江新区为例 [J]. 技术经济, 2017, 36 (1): 80 - 89, 116.

[28] 范巧. 明于道, 精于术, 方能经纬天下——《空间计量经济学——基于 MATLAB 的应用分析》评介 [J]. 社会科学动态, 2020, 1: 124 - 126.

[29] 方琳, 仇方道. 再生性资源型城市绿色发展效率评价——以徐州市为例 [J]. 国土与自然资源研究, 2019 (4): 28 - 31.

[30] 方颖, 纪衎, 赵扬. 中国是否存在 "资源诅咒" [J]. 世界经济, 2011, 34 (4): 144 - 160.

[31] 冯宗宪, 姜昕, 赵驰. 资源诅咒传导机制之 "荷兰病" ——理论模型与实证研究 [J]. 当代经济科学, 2010, 32 (4): 74 - 82, 126.

[32] 傅元海, 叶祥松, 王展祥. 制造业结构变迁与经济增长效率提高 [J]. 经济研究, 2016, 51 (8): 86 - 100.

[33] 干春晖, 郑若谷, 余典范. 中国产业结构变迁对经济增长和波动的影响 [J]. 经济研究, 2011, 46 (5): 4 - 16, 31.

[34] 高苇, 成金华, 张均. 异质性环境规制对矿业绿色发展的影响 [J]. 中国人口·资源与环境, 2018, 28 (11): 150 - 161.

[35] 高苇. 环境规制下我国绿色矿业发展研究 [D]. 北京: 中国地质大学, 2018.

[36] 郭存芝, 罗琳琳, 叶明. 资源型城市可持续发展影响因素的实证分析 [J]. 中国人口·资源与环境, 2014, 24 (8): 81 - 89.

[37] 何爱平, 安梦天. 地方政府竞争、环境规制与绿色发展效率 [J]. 中国人口·资源与环境, 2019, 29 (3): 21 - 30.

[38] 胡安军. 环境规制、技术创新与中国工业绿色转型研究 [D]. 兰州: 兰州大学, 2019.

［39］胡鞍钢. 绿色发展是中国的必选之路［J］. 环境经济, 2004
（2）：31 - 33.

［40］胡尧, 严太华. 资源依赖：增长诅咒还是贫困陷阱？［J］. 中
国人口·资源与环境, 2019, 29（4）：137 - 146.

［41］胡援成, 肖德勇. 经济发展门槛与自然资源诅咒——基于我国
省际层面的面板数据实证研究［J］. 管理世界, 2007（4）：15 - 23, 171.

［42］黄德春, 刘志彪. 环境规制与企业自主创新——基于波特假设
的企业竞争优势构建［J］. 中国工业经济, 2006（3）：100 - 106.

［43］黄建欢, 杨晓光, 成刚, 汪寿阳. 生态效率视角下的资源诅
咒：资源开发型和资源利用型区域的对比［J］. 中国管理科学, 2015, 23
（1）：34 - 42.

［44］黄亮雄, 王鹤, 宋凌云. 我国的产业结构调整是绿色的吗？
［J］. 南开经济研究, 2012（3）：110 - 127.

［45］黄茂兴, 杨雪星. 全球绿色经济竞争力评价与提升路径——以
G20 为例［J］. 经济研究参考, 2016（16）：27 - 36.

［46］黄茂兴, 叶琪. 马克思主义绿色发展观与当代中国的绿色发
展——兼评环境与发展不相容论［J］. 经济研究, 2017, 52（6）：17 - 30.

［47］蒋伏心, 王竹君, 白俊红. 环境规制对技术创新影响的双重
效应——基于江苏制造业动态面板数据的实证研究［J］. 中国工业经
济, 2013（7）：44 - 55.

［48］蒋南平, 向仁康. 中国经济绿色发展的若干问题［J］. 当代
经济研究, 2013（2）：50 - 54.

［49］金刚, 沈坤荣. 以邻为壑还是以邻为伴？——环境规制执行
互动与城市生产率增长［J］. 管理世界, 2018, 34（12）：43 - 55.

［50］李斌, 彭星. 环境机制设计、技术创新与低碳绿色经济发展
［J］. 社会科学, 2013（6）：50 - 57.

［51］李虹, 邹庆. 环境规制、资源禀赋与城市产业转型研究——
基于资源型城市与非资源型城市的对比分析［J］. 经济研究, 2018, 53
（11）：182 - 198.

［52］李怀政. 环境规制、技术进步与出口贸易扩张——基于我国

28 个工业大类 VAR 模型的脉冲响应与方差分解 [J]. 国际贸易问题, 2011 (12): 130 – 137.

[53] 李江龙, 徐斌. "诅咒" 还是 "福音": 资源丰裕程度如何影响中国绿色经济增长? [J]. 经济研究, 2018, 53 (9): 151 – 167.

[54] 李克强. 政府工作报告——2019 年 3 月 5 日在第十三届全国人民代表大会第二次会议上 [R]. 2019.

[55] 李胜兰, 初善冰, 申晨. 地方政府竞争、环境规制与区域生态效率 [J]. 世界经济, 2014, 37 (4): 88 – 110.

[56] 李天籽. 自然资源丰裕度对中国地区经济增长的影响及其传导机制研究 [J]. 经济科学, 2007 (6): 66 – 76.

[57] 李小平, 余东升, 余娟娟. 异质性环境规制对碳生产率的空间溢出效应——基于空间杜宾模型 [J]. 中国软科学, 2020 (4): 82 – 96.

[58] 李晓西. "两型社会" 建设路径的有益探索 [N]. 人民日报, 2012 – 03 – 19 (7).

[59] 李子豪, 毛军. 地方政府税收竞争、产业结构调整与中国区域绿色发展 [J]. 财贸经济, 2018, 39 (12): 142 – 157.

[60] 联合国环境规划署. 绿色经济报告 [R]. 2011.

[61] 梁斌, 姜涛. 自然资源、区域经济增长与产业结构——基于 DSGE 模型的理论与实证分析 [J]. 财经问题研究, 2016 (4): 24 – 31.

[62] 林伯强, 刘泓汛. 对外贸易是否有利于提高能源环境效率——以中国工业行业为例 [J]. 经济研究, 2015, 50 (9): 127 – 141.

[63] 林伯强. 结构变化、效率改进与能源需求预测——以中国电力行业为例 [J]. 经济研究, 2003 (5): 57 – 65, 93.

[64] 刘丹鹤. 环境政策工具对技术进步的影响机制及其启示 [J]. 自然辩证法研究, 2003 (1): 66 – 69.

[65] 刘伟明, 唐东波. 环境规制、技术效率和全要素生产率增长 [J]. 产业经济研究, 2012 (5): 28 – 35.

[66] 龙亮军. 基于两阶段 Super - NSBM 模型的城市生态福利绩效评价研究 [J]. 中国人口·资源与环境, 2019, 29 (7): 1 - 10.

[67] 卢丽文, 宋德勇, 李小帆. 长江经济带城市发展绿色效率研究 [J]. 中国人口·资源与环境, 2016, 26 (6): 35 - 42.

[68] 鲁永刚, 张凯. 资源依赖、政府效率与经济发展质量 [J]. 经济与管理研究, 2019, 40 (1): 3 - 13.

[69] 罗海霞, 段永峰. 内蒙古资源型城市绿色经济效率评价及其影响因素分析 [J]. 开发研究, 2018 (2): 117 - 122.

[70] 罗浩. 自然资源与经济增长: 资源瓶颈及其解决途径 [J]. 经济研究, 2007 (6): 142 - 153.

[71] 马丽. 环境规制对西部地区资源型产业竞争力影响研究 [D]. 兰州: 兰州大学, 2015.

[72] 马艳艳, 张晓蕾, 孙玉涛. 环境规制激发企业努力研发? ——来自火电企业数据的实证 [J]. 科研管理, 2018, 39 (2): 66 - 74.

[73] 马宇, 杜萌. 对资源诅咒传导机制的实证研究——基于技术创新的视角 [J]. 经济学动态, 2013 (1): 88 - 93.

[74] 德内拉·梅多斯, 乔根·兰德斯, 丹尼斯·梅多斯. 增长的极限 [M]. 王智勇, 译. 北京: 机械工业出版社, 2013.

[75] 梅冠群. 我国"资源诅咒"形成的条件与路径研究 [D]. 天津: 南开大学, 2013.

[76] 彭斯震, 孙新章. 中国发展绿色经济的主要挑战和战略对策研究 [J]. 中国人口·资源与环境, 2014, 24 (3): 1 - 4.

[77] 彭星, 李斌. 不同类型环境规制下中国工业绿色转型问题研究 [J]. 财经研究, 2016, 42 (7): 134 - 144.

[78] 齐红倩, 王志涛. 我国污染排放差异变化及其收入分区治理对策 [J]. 数量经济技术经济研究, 2015, 32 (12): 57 - 72, 141.

[79] 齐亚伟. 节能减排、环境规制与中国工业绿色转型 [J]. 江西社会科学, 2018, 38 (3): 70 - 79.

[80] 齐义军. 破解资源诅咒的内蒙古模式研究 [M]. 北京: 中央

民族大学出版社，2012.

[81] 钱争鸣，刘晓晨. 环境管制、产业结构调整与地区经济发展 [J]. 经济学家，2014（7）：73－81.

[82] 钱争鸣，刘晓晨. 环境管制与绿色经济效率 [J]. 统计研究，2015，32（7）：12－18.

[83] 乔根·兰德斯.《2052：未来四十年的中国与世界》（节选）[J]. 党政干部参考，2013（12）：43－44.

[84] 秦蒙，刘修岩，李松林. 中国的"城市蔓延之谜"——来自政府行为视角的空间面板数据分析 [J]. 经济学动态，2016（7）：21－33.

[85] 任海军，姚银环. 资源依赖视角下环境规制对生态效率的影响分析——基于SBM超效率模型 [J]. 软科学，2016，30（6）：35－38.

[86] 任胜钢，袁宝龙. 长江经济带产业绿色发展的动力找寻 [J]. 改革，2016（7）：55－64.

[87] 邵帅，范美婷，杨莉莉. 资源产业依赖如何影响经济发展效率？——有条件资源诅咒假说的检验及解释 [J]. 管理世界，2013（2）：32－63.

[88] 邵帅，齐中英. 西部地区的能源开发与经济增长——基于"资源诅咒"假说的实证分析 [J]. 经济研究，2008（4）：147－160.

[89] 邵帅，杨莉莉. 自然资源丰裕、资源产业依赖与中国区域经济增长 [J]. 管理世界，2010（9）：26－44.

[90] 邵帅，杨莉莉. 自然资源开发、内生技术进步与区域经济增长 [J]. 经济研究，2011，46（S2）：112－123.

[91] 邵帅，张可，豆建民. 经济集聚的节能减排效应：理论与中国经验 [J]. 管理世界，2019，35（1）：36－60，226.

[92] 邵帅. 煤炭资源开发对中国煤炭城市经济增长的影响——基于资源诅咒学说的经验研究 [J]. 财经研究，2010，36（3）：90－101.

[93] 沈坤荣，金刚，方娴. 环境规制引起了污染就近转移吗？

[J]. 经济研究, 2017, 52 (5): 44-59.

[94] 师博, 沈坤荣. 市场分割下的中国全要素能源效率: 基于超效率 DEA 方法的经验分析 [J]. 世界经济, 2008 (9): 49-59.

[95] 石华平, 易敏利. 环境规制对高质量发展的影响及空间溢出效应研究 [J]. 经济问题探索, 2020 (5): 160-175.

[96] 宋德勇, 杨秋月. 环境规制与人力资本在破解资源诅咒中的作用 [J]. 城市问题, 2019a (9): 62-73.

[97] 宋德勇, 杨秋月. 环境规制打破了"资源诅咒"吗? ——基于跨国面板数据的经验分析 [J]. 中国人口·资源与环境, 2019b, 29 (10): 61-69.

[98] 宋马林, 王舒鸿. 环境规制、技术进步与经济增长 [J]. 经济研究, 2013, 48 (3): 122-134.

[99] 孙大超, 司明. 自然资源丰裕度与中国区域经济增长——对"资源诅咒"假说的质疑 [J]. 中南财经政法大学学报, 2012 (1): 84-89, 144.

[100] 孙维峰, 贾玉霞. 自然资源依赖对技术创新的挤出效应研究 [J]. 科技管理研究, 2018, 38 (14): 19-24.

[101] 孙叶飞, 夏青, 周敏. 新型城镇化发展与产业结构变迁的经济增长效应 [J]. 数量经济技术经济研究, 2016, 33 (11): 23-40.

[102] 孙毅, 景普秋. 资源型区域绿色转型模式及其路径研究 [J]. 中国软科学, 2012 (12): 152-161.

[103] 田颖, 刘林. 我国资源型地区经济可持续增长问题研究——基于技术进步视角的再分析 [J]. 生态经济, 2019, 35 (5): 62-70.

[104] 童健, 刘伟, 薛景. 环境规制、要素投入结构与工业行业转型升级 [J]. 经济研究, 2016, 51 (7): 43-57.

[105] 万建香, 汪寿阳. 社会资本与技术创新能否打破"资源诅咒"? ——基于面板门槛效应的研究 [J]. 经济研究, 2016, 51 (12): 76-89.

[106] 王国印, 王动. 波特假说、环境规制与企业技术创新——对

中东部地区的比较分析 [J]. 中国软科学, 2011 (1): 100 – 112.

[107] 王嘉懿, 崔娜娜. "资源诅咒" 效应及传导机制研究——以中国中部 36 个资源型城市为例 [J]. 北京大学学报 (自然科学版), 2018, 54 (6): 1259 – 1266.

[108] 王娟茹, 张渝. 环境规制、绿色技术创新意愿与绿色技术创新行为 [J]. 科学学研究, 2018, 36 (2): 352 – 360.

[109] 王普查, 孙冰雪. 能源禀赋、贸易开放对资源绿色利用效率的影响 [J]. 大连理工大学学报 (社会科学版), 2019, 40 (2): 9 – 16.

[110] 王书斌, 徐盈之. 环境规制与雾霾脱钩效应——基于企业投资偏好的视角 [J]. 中国工业经济, 2015 (4): 18 – 30.

[111] 韦结余. 中国西部地区能源开发与经济增长关系的实证研究——基于资源诅咒假说 [J]. 重庆理工大学学报 (社会科学), 2018, 32 (9): 47 – 52.

[112] 邬晓燕. 绿色发展及其实践路径 [J]. 北京交通大学学报 (社会科学版), 2014, 13 (3): 97 – 101.

[113] 吴海兵, 肖地楚, 王欣欣, 邹安全, 王建平. 基于固定效应模型的能源资源禀赋与产业结构关系研究 [J]. 宏观经济研究, 2013 (10): 59 – 66.

[114] 吴巧生, 成金华. 论环境政策工具 [J]. 经济评论, 2004 (1): 104 – 109, 128.

[115] 习近平. 决胜全面建成小康社会, 夺取新时代中国特色社会主义伟大胜利——在中国共产党第十九次全国代表大会上的报告 [R]. 2017.

[116] 肖光恩, 刘锦学, 谭赛月明. 空间计量经济学: 基于 MAT-LAB 的应用分析 [M]. 北京: 北京大学出版社, 2019: 181 – 182.

[117] 谢千里, 罗斯基, 郑玉歆, 王莉. 所有制形式与中国工业生产率变动趋势 [J]. 数量经济技术经济研究, 2001 (3): 5 – 17.

[118] 徐康宁, 韩剑. 中国区域经济的 "资源诅咒" 效应: 地区差距的另一种解释 [J]. 经济学家, 2005 (6): 97 – 103.

［119］徐康宁，王剑. 自然资源丰裕程度与经济发展水平关系的研究［J］. 经济研究，2006（1）：78 - 89.

［120］许福志. 社会资本、人力资本与资源诅咒对经济增长作用［J］. 首都经济贸易大学学报，2018，20（2）：13 - 22.

［121］许宪春，任雪，常子豪. 大数据与绿色发展［J］. 经济研究参考，2019（10）：97 - 110.

［122］薛雅伟，张剑，云乐鑫. 资源产业空间集聚、传导要素萃取与"资源诅咒"中介效应研究［J］. 中国管理科学，2019，27（6）：179 - 190.

［123］薛雅伟，张在旭，王军. 自然资本与经济增长关系研究——基于资本积累和制度约束视阈［J］. 苏州大学学报（哲学社会科学版），2016，37（5）：102 - 111.

［124］杨俊，邵汉华，胡军. 中国环境效率评价及其影响因素实证研究［J］. 中国人口·资源与环境，2010，20（2）：49 - 55.

［125］杨莉莉，邵帅，曹建华. 资源产业依赖对中国省域经济增长的影响及其传导机制研究——基于空间面板模型的实证考察［J］. 财经研究，2014，40（3）：4 - 16.

［126］杨莉莉，邵帅. 人力资本流动与资源诅咒效应：如何实现资源型区域的可持续增长［J］. 财经研究，2014，40（11）：44 - 60.

［127］姚予龙，周洪，谷树忠. 中国资源诅咒的区域差异及其驱动力剖析［J］. 资源科学，2011，33（1）：18 - 24.

［128］姚毓春，范欣. 有条件资源诅咒在中国存在吗［J］. 吉林大学社会科学学报，2014，54（5）：49 - 56，172.

［129］殷宝庆. 环境规制与我国制造业绿色全要素生产率——基于国际垂直专业化视角的实证［J］. 中国人口·资源与环境，2012，22（12）：60 - 66.

［130］原毅军，刘柳. 环境规制与经济增长——基于经济型规制分类的研究［J］. 经济评论，2013（1）：27 - 33.

［131］原毅军，谢荣辉. 环境规制的产业结构调整效应研究——基于中国省际面板数据的实证检验［J］. 中国工业经济，2014（8）：57 - 69.

［132］岳书敬，邹玉琳，胡姚雨．产业集聚对中国城市绿色发展效率的影响［J］．城市问题，2015（10）：49－54.

［133］张成，陆旸，郭路，于同申．环境规制强度和生产技术进步［J］．经济研究，2011，46（2）：113－124.

［134］张菲菲，刘刚，沈镭．中国区域经济与资源丰度相关性研究［J］．中国人口·资源与环境，2007（4）：19－24.

［135］张贡生，李伯德．驳资源诅咒论［J］．经济问题，2010（3）：19－23.

［136］张景华．经济增长：自然资源是"福音"还是"诅咒"——基于自然资源作用机制的分析［J］．社会科学研究，2008（6）：49－55.

［137］张璐，刘鹏．再论恩格斯的自然辩证法思想及其当代意义［J］．自然辩证法研究，2020，36（2）：10－15.

［138］张平，张鹏鹏，蔡国庆．不同类型环境规制对企业技术创新影响比较研究［J］．中国人口·资源与环境，2016，26（4）：8－13.

［139］张瑞．环境规制、能源生产力与中国经济增长［D］．重庆：重庆大学，2013.

［140］张三峰，卜茂亮．环境规制、环保投入与中国企业生产率——基于中国企业问卷数据的实证研究［J］．南开经济研究，2011（2）：129－146.

［141］张野，周嘉，刘继生，王秀．基于人类发展指数的金砖五国资源诅咒效应分析［J］．世界地理研究，2018，27（5）：167－175.

［142］赵康杰，景普秋．资源依赖、资本形成不足与长期经济增长停滞——"资源诅咒"命题再检验［J］．宏观经济研究，2014（3）：30－42.

［143］赵领娣，张磊，徐乐，胡明照．人力资本、产业结构调整与绿色发展效率的作用机制［J］．中国人口·资源与环境，2016，26（11）：106－114.

［144］赵敏．环境规制的经济学理论根源探究［J］．经济问题探索，2013（4）：152－155.

［145］赵霄伟.地方政府间环境规制竞争策略及其地区增长效应——来自地级市以上城市面板的经验数据［J］.财贸经济，2014（10）：105-113.

［146］赵新宇，范欣.区域发展战略、自然资源与经济增长——基于中国省际面板数据的实证研究［J］.武汉大学学报（哲学社会科学版），2013，66（5）：35-42.

［147］赵玉民，朱方明，贺立龙.环境规制的界定、分类与演进研究［J］.中国人口·资源与环境，2009，19（6）：85-90.

［148］郑婷婷.资源诅咒、产业结构与绿色经济增长研究［D］.北京：北京邮电大学，2019.

［149］钟茂初，李梦洁，杜威剑.环境规制能否倒逼产业结构调整——基于中国省际面板数据的实证检验［J］.中国人口·资源与环境，2015，25（8）：107-115.

［150］钟茂初.绿色发展理念融入区域协调发展战略的对策思考［J］.区域经济评论，2018（5）：84-88，2.

［151］周喜君，郭丕斌.煤炭资源就地转化与"资源诅咒"的规避——以中国中西部8个典型省区为例［J］.资源科学，2015，37（2）：318-324.

［152］周肖肖.中国环境规制对化石能源耗竭路径的影响研究［D］.徐州：中国矿业大学，2016.

［153］朱东波，任力.环境规制、外商直接投资与中国工业绿色转型［J］.国际贸易问题，2017（11）：70-81.

［154］朱平芳，张征宇，姜国麟.FDI与环境规制——基于地方分权视角的实证研究［J］.经济研究，2011，46（6）：133-145.

［155］诸大建.生态经济学：可持续发展的经济学和管理学［J］.中国科学院院刊，2008（6）：520-530.

［156］邹倩，朱兆阁，王艳秋.石化企业生态效率评价［J］.生态经济，2018，34（8）：70-74.

［157］Ahmadov A K, van der Borg C. Do natural resources impede renewable energy production in the E U? A mixed-methods analysis［J］. Energy Policy, 2019 (126): 361 - 369.

[158] Alexeev M, Conrad R. The elusive curse of oil [J]. The Review of Economics and Statistics, 2009, 91 (3): 586 - 598.

[159] Ambec S, Barla P. Can Environmental Regulations be Good for Business? An Assessment of the Porter Hypothesis [J]. Energy Studies Review, 2005, 14 (2): 601 - 610.

[160] Amiri H, Samadian F, Yahoo M, Jamali S J. Natural resource abundance, institutional quality and manufacturing development: Evidence from resource-rich countries [J]. Resources Policy, 2019, 62: 550 - 560.

[161] Anselin L, Gallo J L, Jayet H. Spatial panel econometrics [M]. Berlin: Springer, 2008.

[162] Antonakakis N, Cunado J, Filis G, Gracia FPd. Oil dependence, quality of political institutions and economic growth: A panel V A R approach [J]. Resources Policy, 2017, 53: 147 - 163.

[163] Antweiler W, Copeland B R, Taylor M S. Is free trade good for the environment [J]. American Economic Review, 2001, 91 (4): 877 - 908.

[164] Arezki R, Ismail K. Boom-bust cycle, asymmetrical fiscal response and the Dutch disease [J]. Journal of Development Economics, 2013, 101: 256 - 267.

[165] Arezki R, Ploeg F V D. Can the Natural Resource Curse Be Turned Into a Blessing? The Role of Trade Policies and Institutions [J]. IMF Working Papers, 2007, 07.

[166] Atkinson G, Hamilton K. Savings, Growth and the Resource Curse Hypothesis [J]. World Development, 2003, 31 (11): 1793 - 1807.

[167] Auty R M. Sustaining development in mineral economies: The resource curse thesis [M]. London: Routledge, 1993.

[168] Auty R M. The political economy of resource-driven growth [J]. European Economic Review, 2001, 45 (4): 839 - 846.

［169］Baltagi B H. Econometric analysis of panel data ［M］. Chichester: Wiley, 2005.

［170］Banker R D, Charnes A, Cooper WW. Some models for estimating technical and scale Inefficiencies in data envelopment analysis ［J］. Management Science, 1984, 30 (9): 1078 – 1092.

［171］Barbera A J, Mcconnell V D. The Impact of environmental regulations on industry productivity: Direct and indirect effects ［J］. Journal of Environmental Economics and Management, 1990, 18 (1): 50 – 65.

［172］Barbier E. The policy challenges for green economy and sustainable economic development ［J］. Natural Resources Forum, 2011, 35 (3): 233 – 245.

［173］Baron R M, Kenny D A. The moderator-mediator variable distinction in social psychological research: Conceptual, strategic, and statistical considerations ［J］. Journal of Personality and Social Psychology, 1987, 51 (6): 1173 – 1182.

［174］Barro R T, Sala – I – Martin X. Regional growth and migration: A Japan – United States comparison ［J］. Journal of the Japanese and International Economies, 1992, 6 (4): 312 – 346.

［175］Battese G E, O'Donnell C J, Rao D S P. A meta-frontier frameworks production function for estimation of technical efficiency and technology gap for firms operating under different technology ［J］. Journal of Productivity Analysis, 2004, 21 (1): 91 – 103.

［176］Battese G E, Rao D S P. Technology gap, efficiency and a stochastic meta-frontier function ［J］. International Journal of Business and Economics, 2002, 1 (2): 87 – 93.

［177］Blackman A, Kildegaard A. Clean technological change in developing-country industrial clusters: Mexican leather tanning ［J］. Environmental Economics and Policy Studies, 2010, 12 (3): 115 – 132.

［178］Blattman C, Hwang J, Williamson J G. Winners and losers in the commodity lottery: The impact of terms of trade growth and volatility in the

Periphery 1870 – 1939 [J]. Journal of Development Economics, 2007, 82 (1): 156 – 179.

[179] Böcher M. A theoretical framework for explaining the choice of instruments in environmental policy [J]. Forest Policy and Economics, 2012, 16 (2): 14 – 22.

[180] Boschini A D, Pettersson J, Roine J. Resource curse or not: A question of appropriability [J]. The Scandinavian Journal of Economics, 2007, 109 (3): 593 – 617.

[181] Brunnschweiler C N, Bulte E H. The resource curse revisited and revised: A tale of paradoxes and red herrings [J]. Journal of Environmental Economics and Management, 2008, 55 (3): 248 – 264.

[182] Bruntland G H. Our common future: Report of the world commission of environment and development [J]. International Affairs, 1987, 64 (1): 126.

[183] Bulte E H, Damania R, Deacon R T. Resource intensity, institutions, and development [J]. World Development, 2005, 33 (7): 1029 – 1044.

[184] Cao Y, Wan N, Zhang H, Zhang X, Zhou Q. Linking environmental regulation and economic growth through technological innovation and resource consumption: Analysis of spatialinteraction patterns of urban agglomerations [J]. Ecological Indicators, 2020, 112: 106062.

[185] Charnes A, Cooper W W, Rhodes E. Measuring the efficiency of decision making units [J]. European Journal of Operational Research, 1978, 2 (6): 429 – 444.

[186] Coase R H. The problem of social cost [J]. Journal of Law and Economics, 1960 (3): 1 – 44.

[187] Cole M A. Air pollution and "dirty" industries: how and why does the composition of manufacturing output change with economic development? [J]. Environmental and Resource Economics, 2000, 17 (1): 109 – 123.

［188］ Collier P, Hoeffler A. Greed and grievance in civil war ［J］. Oxford Economic Papers, 2004, 56 (4): 563 –595.

［189］ Collier P, Hoeffler A. On economic causes of civil war ［J］. Oxford Economic Papers, 1998, 50 (4): 563 –573.

［190］ Collier P, Hoeffler A. Resource rents, governance, and conflict ［J］. The Journal of Conflict Resolution, 2005, 49 (4): 625 –633.

［191］ Cooper W W, Seiford L M, Tone K. Data envelopment analysis: A comprehensive text with models, applications, references and DEA – Solver software ［M］. New York: Springer Science and Business Media, 2007.

［192］ Corden W M, Neary J P. Booming sector and de-industrialisation in a small open economy ［J］. The Economic Journal, 1982, 92 (368): 825 – 848.

［193］ Coxhead I. A new resource curse? Impacts of China's boom on comparative advantage and resource dependence in southeast Asia ［J］. World Development, 2007, 35 (7): 1099 –1119.

［194］ Davis G, Tilton J. The resource curse ［J］. Natural Resources Forum, 2005, 29: 233 –242.

［195］ Davis G A. Learning to love the Dutch disease: Evidence from the mineral economies ［J］. World Development, 1995, 23 (10): 1765 – 1779.

［196］ Debnath S C. Environmental regulations become restriction or a cause for innovation – A case study of Toyota Prius and Nissan Leaf ［J］. Procedia – Social and Behavioral Sciences, 2015, 195: 324 –333.

［197］ Dyckhoff H, Allen K. Measuring ecological efficiency with data envelopment analysis (DEA) ［J］. European Journal of Operational Research, 2001, 132 (2): 312 –325.

［198］ Ekins P. Economic growth and environmental sustainability: The prospects for green growth ［M］. London: Psychology Press, 2000.

［199］ Elhorst J P. Spatial panel data models ［M］. Berlin: Springer, 2010.

[200] Faere R, Grosskopf S, Lovell C A K, Pasurka C. Multilateral productivity comparisons when some outputs are undesirable: A nonparametric approach [J]. Review of Economics and Statistics, 1989, 71 (1): 90.

[201] Feng T, Du H, Lin Z, Zuo J. Spatial spillover effects of environmental regulations on air pollution: Evidence from urban agglomerations in China [J]. Journal of Environmental Management, 2020, 272.

[202] Frankel J A. The Natural resource curse: A survey [J]. NBER Working Papers, 2010, 67 (15836): 1 – 35.

[203] Fünfgelt J, Schulze G G. Endogenous environmental policy for small open economies with transboundary pollution [J]. Economic Modelling, 2016, 57: 294 – 310.

[204] Giddings B, Hopwood B, O'Brien G. Environment, economy and society: Fitting them together into sustainable development [J]. Sustainable Development, 2002, 10 (4): 187 – 196.

[205] González – Val R, Pueyo F. Natural resources, economic growth and geography [J]. Economic Modelling, 2019, 83: 150 – 159.

[206] Gray W B, Deily M E. Compliance and enforcement: Air pollution regulation in the U. S. steel industry [J]. Journal of Environmental Economics and Management, 1996, 31 (1): 0 – 111.

[207] Gray W B, Shadbegian R J. When is enforcement effective or necessary [R]. NBER Environmental Economics Summer Workshop, 2000.

[208] Greenstone M, List J A, Syverson C. The effects of environmental regulation on the competitiveness of U. S. manufacturing [J]. American Economic Review, 2012, 93 (2): 431 – 435.

[209] Grossman G M, Krueger A B. Economic growth and the environment [J]. NBER Working Papers, 1994, 110 (2): 353 – 377.

[210] Guo J, Zheng X, Song F. The resource curse and its transmission channels: An empirical investigation of Chinese cities' panel data [J]. Emerging Markets Finance and Trade, 2016, 52 (6): 1325 – 1334.

[211] Gylfason T, Herbertsson T T, Zoega G. A mixed blessing: Nat-

ural resources and economic growth [J]. Macroeconomic Dynamics, 1999, 3 (2): 204 – 225.

[212] Gylfason T, Zoega G. Natural resources and economic growth: The role of investment [J]. The World Economy, 2006, 29 (8): 1091 – 1115.

[213] Gylfason T. Natural resources, education, and economic development [J]. European Economic Review, 2001, 45 (4): 847 – 859.

[214] Habakkuk H J. American and British technology in the nineteenth century [M]. Cambridge: Cambridge University Press, 1962.

[215] Han B, Ouyang Z, Wang W. The relationship between regional, industrial organizing levels and ecological economic efficiency [J]. Journal of Cleaner Production, 2018, 171: 857 – 866.

[216] Harding T, Venables A J. The implications of natural resource exports for nonresource trade [J]. IMF Economic Review, 2016, 64 (2): 268 – 302.

[217] Hayami Y, Ruttan V W. Agricultural productivity differences among countries [J]. The American Economics Review, 1970, 60 (5): 895 – 911.

[218] He J, Wang H. Economic structure, development policy and environmental quality: An empirical analysis of environmental Kuznets curves with Chinese municipal data [J]. Ecological Economics, 2012, 76: 49 – 59.

[219] Honma S, Hu J L. Industry-level total-factor energy efficiency in developed countries: A Japan-centered analysis [J]. Applied Energy, 2014, 119: 67 – 78.

[220] Hu W, Wang D. How does environmental regulation influence China's carbon productivity? An empirical analysis based on the spatial spillover effect [J]. Journal of Cleaner Production, 2020, 257.

[221] Huang Y, Fang Y, Zhang Y, Liu J. A study of resource curse effect of Chinese provinces based on Human Developing Index [J]. Chinese

Geographical Science, 2014, 24: 732 – 739.

［222］Iraldo F, Testa F, Melis M, Frey M. A literature review on the links between environmental regulation and competitiveness ［J］. Environmental Policy and Governance, 2011, 21 (3): 210 – 222.

［223］Isham J, Woolcock M, Pritchett L, Busby G. The varieties of resource experience: How natural resource export structures affect the political economy of economic growth ［J］. The World Bank Economic Review, 2005, 19 (2): 141 – 174.

［224］Jaffe A B, Palmer K L. Environmental regulation and innovation: A panel data study ［J］. The Review of Economics and Statistics, 1997, 79 (4): 610 – 619.

［225］Javorcik B S, Wei S. Pollution havens and foreign direct investment: Dirty secret or popular myth? ［J］. CEPR Discussion Paper, 2001: 2966.

［226］Ji K, Magnus J R, Wang W. Natural resources, institutional quality, and economic growth in China ［J］. Environmental and Resource Economics, 2014, 57 (3): 323 – 343.

［227］Jorgenson D W, Wilcoxen P J. Intertemporal general equilibrium modeling of U. S. environmental regulation ［J］. Journal of Policy Modeling, 1990, 12 (4): 715 – 744.

［228］Kennet M, Heinemann V. Green economics: setting the scene. Aims, context, and philosophical underpinning of the distinctive new solutions offered by green economics ［J］. International Journal of Green Economics, 2006, 1 (1/2): 68.

［229］Korhonen P J, Luptacik M. Eco-efficiency analysis of power plants: An extension of data envelopment analysis ［J］. European Journal of Operational Research, 2004, 154 (2): 437 – 446.

［230］Lanoie P, Laurent – Lucchetti J, Johnstone N, Ambec S. Environmental policy, innovation and performance: New insights on the Porter hypothesis ［J］. Journal of Economic and Management Strategy, 2011, 20

(3): 803 – 842.

[231] Laplante B, Rilstone P. Environmental inspections and emissions of the pulp and paper industry in Quebec [J]. Journal of Environmental Economics and Management, 1996, 31 (1): 19 – 36.

[232] Lee L, Yu J. A spatial dynamic panel data model with both tome and individual fixed effects [J]. Econometric Theory, 2010b, 26 (2): 564 – 597.

[233] Lee L, Yu J. Efficient GMM estimation of spatial dynamic panel data models with fixed effects [J]. Journal of Econometrics, 2014, 180 (2): 174 – 197.

[234] Lee L, Yu J. Estimation of spatial autoregressive panel data models with fixed effects [J]. Journal of Econometrics, 2010a, 154 (2): 165 – 185.

[235] Lesage J P, Pace R K. Introduction to spatial econometrics [M]. Boca Raton: C R C Press, 2009a.

[236] Lesage J P, Pace R K. Spatial econometric model for origin-destination flows [M]. Berlin: Springer, 2009b.

[237] Li B, Dewan H. Efficiency differences among China's resource-based cities and their determinants [J]. Resources Policy, 2017, 51: 31 – 38.

[238] Li B, Wu S. Effects of local and civil environmental regulation on green total factor productivity in China: A spatial Durbin econometric analysis [J]. Journal of Cleaner Production, 2017, 153: 342 – 353.

[239] Li K, Lin B. Economic growth model, structural transformation, and green productivity in China [J]. Applied Energy, 2017, 187: 489 – 500.

[240] Li L, Hu J. Ecological total-factor energy efficiency of regions in China [J]. Energy Policy, 2012, 46 (2): 216 – 224.

[241] Li L, Liu X, Ge J, Chu X, Wang J. Regional differences in spatial spillover and hysteresis effects: A theoretical and empirical study of envi-

ronmental regulations on hazepollution in China [J]. Journal of Cleaner Production, 2019, 230.

[242] Lu C, Wang D, Meng P, Yang J, Pang M, Wang L. Research on resource curse effect of resource-dependent cities: Case study of Qingyang, Jinchang and Baiyin in China [J]. Sustainability, 2019, 11 (1): 21.

[243] Magat W A, Viscusi W K. Effectiveness of the EPA's regulatory enforcement: The case of industrial effluent standards [J]. The Journal of Law and Economics, 1990, 33 (2): 331 – 360.

[244] Marshall A. Principles of economics [M]. London: Macmillan, 1890.

[245] Matsuyama K. Agricultural productivity, comparative advantage, and economic growth [J]. Journal of Economic Theory, 1992, 58 (2): 317 – 334.

[246] Mikesell R F. Explaining the resource curse, with special reference to mineral-exporting countries [J]. Resources Policy, 1997, 23 (4): 191 – 199.

[247] Mirza M U, Richter A, Nes E, Scheffer M. Technology driven inequality leads to poverty and resource depletion [J]. Ecological Economics, 2019, 160: 215 – 226.

[248] Moon H, Min D. A D E A approach for evaluating the relationship between energy efficiency and financial performance for energy-intensive firms in Korea [J]. Journal of Cleaner Production, 2020, 255: 120283.

[249] Murphy K, Shleifer A, Vishny R. Income distribution, market size, and industrialization [J]. Quarterly Journal of Economics, 1989, 104 (3): 537 – 564.

[250] Murshed S M. When does natural resource abundance lead to a resource curse? [J]. EEP Discussion Paper, 2004, 1.

[251] Namazi M, Mohammadi E. Natural resource dependence and economic growth: A TOPSIS/DEA analysis of innovation efficiency [J]. Resources Policy, 2018, 59: 544 – 552.

［252］ Ning D, Field B C. Natural resource abundance and economic growth ［Z］. Working Paper Series National Bureau of Economic Research Massachusetts, 2005, 81 (4): 496 – 502.

［253］ Norman C S. Rule of law and the resource curse: Abundance versus intensity ［J］. Environmental and Resource Economics, 2009, 43 (2): 183.

［254］ O'Neil P H. Essentials of comparative politics ［M］. New York: Norton, 2010: 147.

［255］ OECD. Towards green growth ［R］. OECD Meeting of the Council, 2011.

［256］ Oh D H, Lee J D. A metafrontier approach for measuring Malmquist productivity index ［J］. Empirical Economics, 2010, 38 (1): 47 – 64.

［257］ Ouyang X, Li Q, Du K. How does environmental regulation promote technological innovations in the industrial sector? Evidence from Chinese provincial panel data ［J］. Energy Policy, 2020, 139: 111310.

［258］ Oyinlola M A, Adeniyi O A, Raheem I D. Natural resource abundance, institutions and economic growth in Africa ［J］. African Journal of Economic and Sustainable Development, 2015, 4 (1): 34 – 48.

［259］ Papyrakis E, Gerlagh R. Resource abundance and economic growth in the United States ［J］. European Economic Review, 2007, 51 (4): 1011 – 1039.

［260］ Papyrakis E, Gerlagh R. The resource curse hypothesis and its transmission channels ［J］. Journal of Comparative Economics, 2004, 32 (1): 181 – 193.

［261］ Pargal S, Wheeler D. Informal regulation of industrial pollution in developing countries: Evidence from Indonesia ［R］. Policy Research Working Paper, 1995: 1416.

［262］ Pastor J T, Lovell C A K. A global Malmquist productivity index ［J］. Economics Letters, 2005, 88 (2): 266 – 271.

[263] Pearce D, Markandya A, Barbier E. Blueprint for a green economy [M]. Earthscan Publications Ltd. , 1989.

[264] Pigou A C. The economics of welfare [M]. London: Macmillan and Co, 1920.

[265] Porter M E, Van der Linde C. Toward a new conception of the environment-competitiveness relationship [J]. Journal of Economic Perspectives, 1995, 9 (4): 97 – 118.

[266] Porter M E. America's green strategy [M]. Scientific American, 1991.

[267] Prebisch R. Commercial policy in the underdeveloped countries [J]. American Economic Review, 1959, 49 (2): 251 – 273.

[268] Prebisch R. The economic development of Latin American and its principal problems [J]. Geographical Review, 1950.

[269] Puzon K. Cost-reducing R & D in the presence of an appropriation alternative: An application to the natural resource curse [J]. FEEM Working Paper, 2013: 30.

[270] Ramanathan R, He Q, Black A, Ghobadian A, Gallear D. Environmental regulations, innovation and firm performance: A revisit of the Porter hypothesis [J]. Journal of Cleaner Production, 2017, 155: 79 – 92.

[271] Rao D S P, Christopher J O D, George E B. Metafrontier functions for the study of inter-regional productivity differences [D]. School of Economics, University of Queensland, Australia, 2003.

[272] Rasche R H, Tatom J A. Energy resources and potential GNP [J]. Federal Reserve Bank of St. Louis Review, 1977, 6: 10 – 24.

[273] Rosenstein – Rodan P N. Problems of Industrialisation of eastern and south-eastern Europe [J]. Economic Journal, 1943, 53 (210 – 211): 202 – 211.

[274] Ross M L. Does oil hinder democracy? [J]. World Politics, 2001, 53 (3): 325 – 361.

[275] Ross M L. How do natural resources influence civil war? Evi-

dence from thirteen cases [J]. International Organization, 2004, 58 (1): 35 - 67.

[276] Ross M L. What have we learned about the resource curse? [J]. Annual Review of Political Science, 2015, 18 (1): 239 - 259.

[277] Ruan F, Yan L, Wang D. The complexity for the resource-based cities in China on creating sustainable development [J]. Cities, 2020, 97: 102571.

[278] Sachs J D, Warner A M. Natural resource abundance and economic growth [Z]. NBER Working Paper, 1995: 5398.

[279] Sachs J D, Warner A M. Fundamental sources of long-run growth [J]. American Economic Review, 1997, 87 (2): 184 - 188.

[280] Sachs J D, Warner A M. The big push, natural resource booms and growth [J]. Journal of Development Economics, 1999, 59 (1): 43 - 76.

[281] Sachs J D, Warner A M. The curse of natural resources [J]. European Economic Review, 2001, 45 (4): 827 - 838.

[282] Sala-i-Martin F X, Subramanian A. Addressing the natural resource curse: An illustration from nigeria [Z]. IMF Working Paper, 2003, 139: 1 - 46.

[283] Shahbaz M, Raghutla C, Song M, Zameer H, Jiao Z. Public-private partnerships investment in energy as new determinant of $CO_2$ emissions: The role of technological innovationsin China [J]. Energy Economics, 2020, 86.

[284] Shao S, Luan R, Yang Z, Li C. Does directed technological change get greener: Empirical evidence from Shanghai's industrial green development transformation [J]. Ecological indicators, 2016, 69: 758 - 770.

[285] Shao S, Yang L. Natural resource dependence, human capital accumulation, and economic growth: A combined explanation for the resource curse and the resource blessing [J]. Energy Policy, 2014, 74: 632 - 642.

[286] Singer H. The distribution of gains between investing and borrow-

ing countries ［J］. American Economic Review, 1950, 40 （2）: 473 – 485.

［287］ Solow R M. A contribution to the theory of economic growth ［J］. The Quarterly Journal of Economics, 1956, 70 （1）: 65 – 94.

［288］ Solow R M. Perspective on growth theory ［J］. Journal of Economics Perspectives, 1994, 8 （1）: 45 – 54.

［289］ Song M, Wang S. Can employment structure promote environment-biased technical progress? ［J］. Technological Forecasting and Social Change, 2016, 112: 285 – 292.

［290］ Song M, Yang L, Wu J, Lv W. Energy saving in China: Analysis on the energy efficiency via bootstrap – DEA approach ［J］. Energy Policy, 2013, 57: 1 – 6.

［291］ Song M, Zhao X, Shang Y, Chen B. Realization of green transition based on the anti-driving mechanism: An analysis of environmental regulation from the perspective of resource dependence in China ［J］. Science of the Total Environment, 2020, 698: 134317.

［292］ Stijns J P C. Natural resource abundance and economic growth revisited ［J］. Resources Policy, 2005, 30 （2）: 107 – 130.

［293］ Sun H P, Sun W F, Geng Y, Kong Y S. Natural resource dependence, public education investment, and human capital accumulation ［J］. Petroleum Science, 2018, 15 （3）: 657 – 665.

［294］ Sun Y, Ding W, Yang Z, Yang G, Du J. Measuring China's regional inclusive green growth ［J］. Science of the Total Environment, 2020, 713: 136367.

［295］ Swinton J R. At what cost do we reduce pollution? Shadow prices of $SO_2$ emissions ［J］. Energy Journal, 1998 （4）: 63 – 84.

［296］ Tobler W R. A Computer movie simulating urban growth in the Detroit region ［J］. Economic Geography, 1970, 46 （sup1）: 234 – 240.

［297］ Tone K. A slacks-based measure of efficiency in data envelopment analysis ［J］. European Journal of Operational Research, 2001, 130 （3）:

498 – 509.

[298] Tone K. A slacks-based measure of super-efficiency in data envelopment analysis [J]. European Journal of Operational Research, 2002, 143 (1): 32 – 41.

[299] Torvik R. Natural resources, rent seeking and welfare [J]. Journal of Development Economics, 2002, 67 (2): 455 – 470.

[300] Tsuboi M. Resource scarcity, technological progress, and stochastic growth [J]. Economic Modelling, 2019, 81: 73 – 88.

[301] Wang K, Wu M, Sun Y, Shi X, Sun A, Zhang P. Resource abundance, industrial structure, and regional carbon emissions efficiency in China [J]. Resources Policy, 2019, 60: 203 – 214.

[302] Watkins M H. A staple theory of economic growth [J]. The Canadian Journal of Economics and Political Science, 1963, 29 (2): 141 – 158.

[303] Wright G, Czelusta J. Why economies slow: The myth of the resource curse [J]. Challenge, 2004, 47 (2): 6 – 38.

[304] Xiong S, Ma X, Ji J. The impact of industrial structure efficiency on provincial industrial energy efficiency in China [J]. Journal of Cleaner Production, 2019, 215: 952 – 962.

[305] Xu X L, Xu X F, Chen Q, Che Y. The research on generalized regional "resource curse" in China's new normal stage [J]. Resources Policy, 2016, 49: 12 – 19.

[306] Yang L, Yang Y. Evaluation of eco-efficiency in China from 1978 to 2016: Based on a modified ecological footprint model [J]. Science of the Total Environment, 2019, 662: 581 – 590.

[307] Zallé O. Natural resources and economic growth in Africa: The role of institutional quality and human capital [J]. Resources Policy, 2019, 62: 616 – 624.

[308] Zhao X, Shang Y, Song M. Industrial structure distortion and urban ecological efficiency from the perspective of green entrepreneurial eco-

systems［J］. Socio – Economic Planning Sciences, 2020, 72: 100757.

［309］Zhao X, Shang Y, Song M. What kind of cities are more conducive to haze reduction: Agglomeration or expansion? ［J］. Habitat International, 2019, 91: 102027.

［310］Zheng D, Shi M. Multiple environmental policies and pollution haven hypothesis: Evidence from China's polluting industries ［J］. Journal of Cleaner Production, 2017, 141: 295 – 304.